JN095931

子どもを支援する教育の心理学

村上香奈/山崎浩一

[編著]

ミネルヴァ書房

は じ め に

　子どもたちの笑顔を見ていると，これから続いていく未来もたくさんの笑顔が溢れるものであってほしい，このような想いが募ります。しかし，私たち大人は，人生はそう甘いものではなく，多くの困難に出遭うことを知っています。だからこそ，子どもたちにはたくさんの知識や技術を身につけ，人と信頼関係を築き，いずれ自分の足で歩みを進め，たとえ困難に出遭ったとしても対処できるようになってほしいと強く願うのです。教育とは，家庭であっても，学校であっても，このような子どもたちへの願いを形にするものではないでしょうか。

　教育の土台は生まれ育った環境（家庭等）にあります。それらを持ち寄り子どもたちは学校生活を通して多くの他者と出会います。そして，自分とは異なる存在を認めること，助け合うこと，共に力を合わせること，刺激し合うことを経験し，世界を広げていくのです。これこそ，学校のもつ力といえるでしょう。

　しかし，個性豊かな子どもの集団に対して，学校という場で画一的な教育を行うことは必要なことでもあり，難しいことでもあります。たとえば，学習指導要領によって各学年で学ぶ内容が定められているように画一的な教科教育は，誰もが平等に教育を受ける権利として必要なことです。一方で，人には得意・不得意があるため，同じ内容を同じスピードで学ぶことは難しく，その子どもにあったペースで学ぶことが必要なこともあります。言い換えれば，どの子どもにも得意・不得意はあるため，教育とは長い目で見て，その子どもにとって今，何が必要かを見極めることが重要なのです。つまり，教育には支援の視点が求められるのです。

　上記は教科学習を例に挙げましたが，学校は教科学習・対人関係・適応など，その子どもがもつ課題が表面化するところでもあり，中には学校が苦痛な場所

となっていることがあります。学校はあくまでも社会システムの一つであり，そこに適応することを目標とした場合，子どもや保護者を苦しめる結果につながることがあります。この場合であっても，長い目で見て，その子どもにとって今，何が必要かを考えることが重要になります。つまり，どのような課題に対応するにしても，教育に携わる者が見失ってはならないことは，このような支援の視点なのです。

　本書『子どもを支援する教育の心理学』は，教職課程コアカリキュラム「教育心理学」「教育相談」に対応したテキストであり，心理学の知見が教育現場に活かされることを目指して，具体的かつ実践的な内容にしました。そのため，「第Ⅰ部　児童・生徒を理解するためのまなざし──心理学の基礎知識」各章には「子どもを理解するためのまなざし」，「第Ⅱ部　児童・生徒を支援するための気づきと関わり──SOSを見逃さないために」各章には「気づきのポイントと関わり」，「第Ⅲ部　児童・生徒を支援するための具体的な方法──日常生活で心理学を活用する」各章には「支援の実践例」を載せました（なお，本書では，児童・生徒全般を指す場合，「子ども」と表記し，必要に応じて学校教育法に則り，小学生を「児童」，中学生・高校生を「生徒」と記します）。

　教員を目指す学生には，心理学という科学的な学問の視点から‘子どもたちを理解し支援するために必要な知識’を学び，理論的背景をもつ基礎知識を身につけ実際の教育に臨んでいただきたいのです。子どもを取り巻く環境は変わってきていますが，子どもそのものが変わってきているわけではありません。そのため，基本をしっかりと押さえることが重要なのです。

　また，本書は現場ですでに教育を行っている教員の方々にも読んでいただきたいと思います。実際の現場に出てみると，多様な子どもたちに出会い，どのように関われば良いのかと迷いが生じることもあるでしょう。その時に見開き，心理学の基礎知識と自分が関わっている目の前の子どもたちとを照らし合わせ，現状を理解し，教育実践のヒントを得てほしいのです。筆者は長年スクールカウンセラーとして学校現場に携わり，子どもたちに寄り添い，将来を見据え，しっかりと教育を行っている多くの先生方に出会いました。そういった先生方

を見て，教員を目指す学生がいます。これからも，そういった素晴らしい出会いが増えることを期待しています。

　さらに保護者の方にも，是非，手に取っていただきたいと考えています。保護者からの「うちの子は何か問題があるのではないか」「どう接すれば良いのかわからない」という相談は珍しいことではありません。多くの保護者が悩んでいます。しかし，それは子どもの将来が未知なるものであり，もっている可能性を引き出すために，より良い教育を与えたいという親心によるものでしょう。基礎知識は教育の根底であり，不安を解消する材料の一つになります。その基礎知識を得て，目の前の子どもに今，必要なことを考えていただきたいと思います。

　教員，保護者，スクールカウンセラーや関係機関など，子どもの教育に関わる者が手を携え，支え合い，補い合いながら，それぞれができることを実践していくことができたなら，子どもたちの未来がたくさんの笑顔で溢れるものになると信じています。そして，本書がその一助になることを切に願っています。

　本書の作成は2019年夏に始まり，新型コロナウィルス感染症が蔓延した2020年に進められ，その年末にようやく形が見えてきました。そして，編集の最終段階として一文字一文字を追いながら感じることは，力を結集することの素晴らしさです。企画の段階からご尽力いただき共に歩んでくださったミネルヴァ書房の川松いずみさん，丁寧に編集に携わってくださった佐川嘉子さん，自らの専門性を存分に発揮してくれた著者の仲間たちがいたからこそ，かけがえのないものが出来上がりました。感謝の意を表し，心から御礼申し上げます。

　これからも，私たち心理学に携わる者は，変化を憂い立ち止まるのではなく自分たちの成すべきことを考え，実践していきたいと思います。

2020年12月31日

　　　　　　　　　　　　　　　　　　　　　村上香奈・山崎浩一

目　次

はじめに

第 I 部　児童・生徒を理解するためのまなざし──心理学の基礎知識

第 1 章　乳幼児の発達の心理学 …………………………………3

1　遺伝と環境　3
2　新生児期　6
3　乳児期　10
4　幼児期　14
5　子どもを理解するためのまなざし　16

コラム①胎児の発達　18

第 2 章　小学生の発達の心理学 ……………………………21

1　子どもの視点から見た学校　21
2　認知の発達についての考え方　23
3　児童期　31
4　子どもを理解するためのまなざし　35

第 3 章　中学生・高校生の発達の心理学 ……………………37

1　思春期と青年期　37
2　心理・社会的発達についての考え方　39
3　中学生・高校生の発達　49

4 子どもを理解するためのまなざし　54

第 4 章　アタッチメントの心理学 ……………………………………57

1 アタッチメントとは何か　57
2 アタッチメント障害　62
3 子どもを理解するためのまなざし　66

第 5 章　感覚・知覚の心理学 ……………………………………69

1 感覚の種類と特徴　69
2 知覚（視覚）の種類と特徴　74
3 子どもを理解するためのまなざし　80

第 6 章　学習・記憶の心理学 ……………………………………83

1 レスポンデント条件づけ　83
2 オペラント条件づけ　86
3 学習性無力感　88
4 記憶研究の基礎　90
5 記憶における3つのプロセス　90
6 記憶貯蔵モデル　92
7 子どもを理解するためのまなざし　95

コラム②ユニバーサルデザインを意識した教室づくり　98

第 7 章　知能の心理学 ……………………………………101

1 知能の定義　101
2 知能の捉え方　102
3 知能検査　107

4　子どもを理解するためのまなざし　111

第 **8** 章　集団の心理学 ……………………………………………115

1　学校・学級で生じる集団心理　115
2　子どものモチベーション　118
3　教師のリーダーシップ　123
4　子どもを理解するためのまなざし　125

コラム③教育評価──教育的観点からのアセスメント　131

第Ⅱ部　児童・生徒を支援するための気づきと関わり──SOS を見逃さないために

第 **9** 章　いじめ・非行に気づき関わる ………………………135

1　いじめ・非行の理解　135
2　いじめへの対応　140
3　非行への対応　143
4　気づきのポイントと関わり　145

第 **10** 章　不登校に気づき関わる ………………………………147

1　不登校とは何か　147
2　不登校の背景とその理解　149
3　気づきのポイントと関わり　154

コラム④ゲーム障害とは何か　160

第11章 虐待に気づき関わる ································163

1 虐待とは何か　163

2 虐待の影響　168

3 気づきのポイントと関わり　173

第12章 発達障害に気づき関わる ·······················181

1 発達障害の理解　181

2 ASD，ADHD，SLD の特徴の理解　183

3 発達障害のある子どもへの学校でのアセスメントと支援

189

4 気づきのポイントと関わり　195

第13章 精神障害・心身症に気づき関わる ···············197

1 精神障害と心身症　197

2 子どもに見られる精神障害（不安障害，強迫性障害，摂食障害，統合失調症，自傷行為）　199

3 子どもに見られる心身症（過換気症候群，起立性調節障害）

205

4 気づきのポイントと関わり　208

コラム⑤ひきこもりと8050問題　212

第Ⅲ部　児童・生徒を支援するための具体的な方法──日常生活で心理学を活用する

第14章 支援に携わる者の構え ···························217

1 カウンセリングの基本　217

　　　2　カウンセラーの基本的な態度とカウンセリングマインド

　　　　　　　　　　　　　　　　　　　　　　　　　　　　　220

　　　3　支援者に求められる資質　223

　　　4　支援の実践例　225

　　コラム⑥スクールカウンセラーの実際　228

第15章　日常生活で使える心理学的支援……………………………231

　　　1　ソリューション・フォーカスト・アプローチとは何か

　　　　　　　　　　　　　　　　　　　　　　　　　　　　　231

　　　2　解決に向かうための質問とコンプリメント　232

　　　3　支援の実践例　239

第16章　学校現場における多様な教育・支援の在り方……………245

　　　1　多様な教育・支援を支える「チーム学校」　245

　　　2　多様な教育・支援のための支援計画　247

　　　3　支援を計画・実施する際のポイント　251

　　　4　支援の実践例（発達障害のある中学生の事例）　255

　　コラム⑦通級，特別支援学級，特別支援学校の実際　261

第Ⅰ部

児童・生徒を理解するためのまなざし
――心理学の基礎知識――

第1章

乳幼児の発達の心理学

【ポイント】

第1章の学びのポイントは以下の3点です。

①私たちの発達に影響を与える要因について理解しましょう。

②私たちが生物であることを再確認しましょう。

③私たちの発達の初期のすがたを理解しましょう。

1 遺伝と環境

生まれたばかりの赤ちゃんは，まっ赤な顔をして力強く泣いていても，自分では移動どころか姿勢を保つこともできません。完全に周りに自分の命を預けている，といってもいいでしょう。そのような状態で生まれてくる私たちは，どのようにさまざまなことができるようになっていくのでしょうか。第1章～第3章ではそのプロセスを，私たちが出合う世界とのやりとりを軸に，高校生までみていきます。

ところで，「私たち」と「出合う世界」，そして「やりとり」と簡単に書いてしまいましたが，これらの点については少し説明が必要です。というのも，発達の研究者たちはこの3つの点についてさまざまな立場で自分の考えを展開しているからです。「私たち」というのは，親から受け継いだ遺伝的特徴をもった個人，「出合う世界」は「私たち」にとっての環境，もちろんそこには他の個人も含まれます。そして「やりとり」は，「私たち」と「出合う世界」がどのように関わるのか，という点についての考えです。少し詳しくみていきましょう。

1 「遺伝か環境か」

私たちの発達について考えるとき，遺伝と環境はどうしても避けて通れない

重要事項です。その遺伝と環境はまず，「成熟優位説」と「環境優位説」という2つの説の対立によって，その関連ではなく，どちらが人間の発達にとって必要なのか，という視点から捉えられました。

「成熟優位説」は，「個体発生の基礎的な形態・行動の系列は遺伝的に決定されており，成熟によって発現する」という考えです。この立場からの研究としては，一卵性双生児を対象としたゲゼル（Gesell, A. L.）の実験が有名です。ゲゼルら（Gesell & Thompson, 1941）は，一卵性双生児の一方に，生後46週から6週間，階段登りの訓練をさせ，もう一方には7週遅れ，つまり生後53週から2週間，同じ訓練をさせました。その結果，遅れて訓練を開始した子どもは，訓練開始から2週間で，先に訓練を開始した子どもの6週間の訓練の結果の半分の速さで同じ階段を登ることができたのです。この結果からゲゼルは，成熟（遺伝的要因）は訓練（環境的要因）に優る，と結論づけたのです。

一方，「環境優位説」は，環境からの働きかけのみで，人間の発達を左右させることができる，という考えです。パヴロフ（Pavlov, I. P.）の条件づけ実験から始まった，環境からの働きかけが重要だとする考えが，ワトソン（Watson, J. B.）の「私に健康な赤ん坊を何人かと，その子たちを育てる環境を与えてくれれば，その子たちの才能，好み，能力，人種などにかかわりなく，その子たちを医者にでも，法律家にでも，泥棒にでも育てあげることができる」といった，環境こそが大事なのだという考えへと進展したのです（Watson, 1930）。

しかし，この2つの説はそれぞれ「環境的要因は不要である」，「遺伝的要因は不要である」とはいい切れていません。たとえば「成熟優位説」では，環境が入り込む余地として，「そこに階段があるから階段登りが可能となる」というように行動の方向づけには環境はやはり必要で，「環境優位説」においては，その「赤ん坊」はやはり「人間」の「赤ん坊」でなくてはならないのです。

2　「遺伝も環境も」から「遺伝と環境の相互作用」へ

その後，シュテルン（Stern, W.）が，これら2つの説は極端であると批判して，遺伝的要因と環境的要因とが輻輳（あちこちからいろいろなものが集まること）して発達を規定する，という輻輳説を提唱しました。この説は，遺伝も環

境も重要だ，と捉えることを提唱したという点で発達研究へ大きな影響を与え
ましたが，2 つの要因を単に集める（加算的）のみで，それらの関連について
は説明していなかったため批判されました。そのような批判は，遺伝と環境が
お互いに影響を与えあいながら発達を推し進める，つまり，両者を相互作用的
（乗算的）に捉える視点へと道を開きました。この視点は相互作用説と呼ばれ，
今では，遺伝と環境を捉える視点として中心的なものとなっています。この相
互作用説は，そもそも遺伝と環境は別々に捉えることはできない，という考え
方で，世界二大発達研究者であるピアジェ (Piaget, J.) やヴィゴツキー (Vygostky,
L. S.) の発達理論もこの立場から発達を捉えています。ピアジェは個人と環境
との相互作用を中心に自身の発達理論を，ヴィゴツキーはピアジェの理論を批
判的に自身の理論に取り入れ，ことばを含めた道具を用いた人との相互作用を
中心に自身の発達理論を発展させました（第 2 章参照）。

　以降本章では，この相互作用的な視点から，私たちの発達の初期である，新
生児期，乳児期，幼児期についてみていきます。その際，「私たち」が「出合
う世界」とどのように「やりとり」していくのかということを，それぞれの期
に個人がもつ「特徴（能力）」，個人をとりまく「環境（文脈；個人が環境をどの
ように意味づけして捉えるか）」，そして，個人の「道具使用」，すなわち，どの
ような道具を使うのか，という 3 つの側面から見ていきます。

　ここで，発達の初期を見ていく前に，私たちがまぎれもなく生物であること
を再確認しておきたいと思います。これは，私たちが何らかの材料によって大
量生産されているわけでは決してなく，親となる個体から生まれ，死に至るこ
と，さらに，環境への長い適応の過程を経て，「ヒト」という種としての現在
の姿，現在の生活をしているという事実によって明らかにわかります。この過
程を系統発生といいます。そして，このことは，系統発生の結果として私たち
に残っている遺伝的要因と，私たちが出合う環境的要因との関連を考えなけれ
ば，個の発達（個体発生）を捉えることはできないということを示していると
いえるでしょう。

$$\boxed{2}　新生児期$$

　母胎での約40週間，つまり胎児期（コラム①参照）を経て，胎児は母胎の外
へと産み出され，新生児と呼ばれます。心理学の領域では生後4週間を新生児
期と呼びますが，この期間は私たちが，安全・安心な母胎から，自分自身で呼
吸をして，栄養をとらなければならない，そして，酸素や光，音に直接さらさ
れる外の世界へ適応していくための第一歩といえます。それは同時に，「ヒト」
から「人」への第一歩でもあります。「ヒト」とは，私たちを動物として見る，
つまり，生物として私たちを取り上げるときに用いられる表現です。そして「人」
は，社会的な面から私たちを見るときに用いられます。つまり，生まれたばか
りの私たちは，社会に適応した存在としては捉えることができず，動物として，
生物学的要因の影響が強い「ヒト」として捉えられることがわかります。そし
て，実際に社会において他の「人」と生活することを通して「人」として捉え
られるようになっていくのです。新生児期以降は，それまで間接的だった物理
的・社会的環境と直接的に関わるようになり，個体発生への社会の影響がより
強くなっていくといえるのです。

1　新生児の特徴（能力）

①生理的早産

　ヒトの新生児は，他の動物の新生仔*1とは大きく異なる特徴をもっています。
すでに胎児期に感覚器官は高度に機能していて，新生児期にはその機能によっ
て，出合う世界についての知識を積極的に吸収し始めます。一方で運動機能は，
ほとんど無力といっていいでしょう。他の動物，たとえば牛などは，生まれて
すぐに自分の力で立ち上がり，自分の力で母牛の乳房を探し，母乳を飲むこと
ができます。このような新生仔の特徴を，早成性（早熟性）といいます。新
生仔が早成性の特徴をもつ動物は，妊娠期間が長く，多くの場合，一度の出産

＊1　「仔」は，主に動物の子どもを表すときに用いる漢字です。

で生まれる仔は 1 頭です。一方，ネズミなどは，ほぼ眼も開いていない状態で生まれ，自力で移動することもできません。このような新生仔の特徴を，晩成性（晩熟性）といいます。新生仔が晩成性の特徴をもつ動物は，妊娠期間が短く，一度の出産で生まれる仔の数は多くの場合，複数です。

　この早成性・晩成性という見方でヒトの新生児を見てみると，感覚機能は早成性ですが，運動機能は晩成性であるといえます。ヒトが，感覚機能も運動機能も早成性の特徴をもって生まれてくるためには，母胎で約80週，単純計算で現状の倍の期間を過ごさなければならないといわれています。つまりヒトは，早く生まれすぎているのです。ポルトマン（Portman, A.）はこのことを，生理的早産，すなわち，早産が当たり前になってしまったのだ，と捉えました（ポルトマン，1961）。ヒトは，進化の過程で脳が大きくなり，脳の入れ物である頭が大きくなりました。一方で，直立二足歩行に関連して産道が狭くなりました。ヒトは，種として生き残るために，胎児の頭が産道を通れる大きさのうちに出産してしまうという仕組みを獲得したのだ，とポルトマンは説明しています。ヒトの新生児の脳がいかに大きいかは，新生児がほぼ 4 頭身であることからわかります。大人がほぼ 8 頭身であることを考えると，いかに「頭の割合が大きい」かがわかるでしょう。他の動物にはこのような割合は見られません。

②知覚能力・学習能力

　下條（1988）は，1970年代のすさまじいばかりの乳幼児研究方法の開発を，ベビー・レボリューションと呼んでいますが，当時，まさに革命と呼ぶにふさわしいほどさまざまな方法が提案され，それまで「無能無力」と考えられていた新生児がとても有能であることが明らかとなりました。たとえば，味覚に関しては，生後 1 週間以内に自分の母親の母乳の味を他の母親の母乳と判別できる，聴覚に関しては，‘l’ と ‘r’ を判別することができる，などです。このような知覚能力，たとえば ‘l’ と ‘r’ の判別が可能であることは同時に，新生児に学習能力があることも示しています。なぜなら，‘l’ と ‘r’ を判別するには，いま聞こえている ‘l’ とさっき聞こえていた ‘l’ が同じであることを学習する必要があるからです。その上で，新たに聞こえてきた ‘r’ はさっ

きまで聞こえていた「I」とは違う，という判別が可能になるのです。

　新生児は自分の力のみでは移動できないなど，無力である印象を与えること
は否めませんが，上述の通り有能です。この，相反する特徴は，「有能無力」と
呼ばれています（「コンピテント（competent＝競争できる）な存在」とも呼ばれま
す）。

③社会的志向性

　新生児の視覚能力に関して，単純なものより複雑なもの，非社会的なものよ
り顔など社会的なものの方をより見る傾向があることが知られています（Fantz,
1963）。また，メルツォフ（Meltzoff, A. N.）とムーア（Moore, M. K.）は，生
後12〜21日の新生児を対象にした実験から，新生児が大人の表情を模倣できる
ことを明らかにしました（Meltzoff & Moore, 1977；図1-1）。この模倣は，厳
密には意図的な模倣とはいえず，より反射的な現象として捉えられ，共鳴動作
（co-action）と呼ばれています。

　これらは，新生児が他者という社会的な存在に対して注意をむける傾向を
もっていることを示しています。このような傾向を社会的志向性と呼びますが，
「ヒト」はこのような傾向をもって「人」の間（社会）に生まれ出ることによっ
て「人」となっていくのです。

④気　質

　親子ひろばなどで新生児を観察してみると，大きな声で泣いている子もいれ
ば，その隣で笑っていたり，眠っている子もいるといったように，同じ新生児
でもさまざまであることがわかります。このような，生まれつきといえるよう
な個性を，気質といいます。気質は，刺激に対する反応は強いか，気が散りや
すいかなどのいくつかの基準から捉えられますが，それらを総合して，たとえ
ば「扱いやすい－扱いにくい」という次元で子どもの個性を捉えることになり
ます。子どもそれぞれの個性であることから，気質が親との関係づくりに大き
な影響を与えることは想像に難くないでしょう。

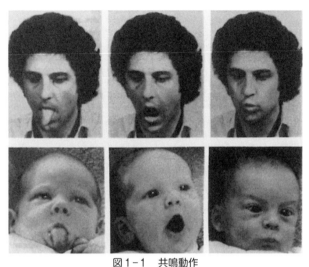

図1-1　共鳴動作
出所：Meltzoff & Moore, 1977, p.75.

2　新生児の環境（文脈）

　安全・安心な母胎から外の世界へ生まれ出てくることによって，新生児は自身で呼吸をしたり栄養をとらなければならなくなります。しかし，新生児は自身で動くことができません。運動機能は晩成性なのです。新生仔が晩成性の特徴をもつ動物は，巣に就いて仔を養育する必要があります。これを就<ruby>巣性<rt>しゅうそうせい</rt></ruby>といいます。一方，新生仔が早成性の特徴を持つ動物は，仔が自ら移動できるので巣に就いて養育する必要がありません。このような養育形態を<ruby>離巣性<rt>りそうせい</rt></ruby>といいます。この見方から人間の新生児の環境を考えると，生理的早産によって感覚機能は早成性，しかし，運動機能は晩成性の新生児を親（養育者；以下養育者も含みます）がいつも近くにいて養育し，社会的な刺激を与え続けるという養育形態だといえるでしょう。このような形態をポルトマン（1961）は，二次的就巣性と呼びました。新生児にとってのこの環境が，世代間の文化伝達を可能としたと考えられています。つまり，社会的存在である親が常に近くにいるという環境で，早成性の感覚機能をもって自身の周りの物理的・社会的環境から情報を取り込み，処理することによって，自身を取り巻く世界についての認識

を形成していくようになった，と考えられるのです。

3　新生児の道具使用

①泣　き

　新生児が母胎から生まれ出てきてはじめにすることは，泣くことでしょう。泣くことによって肺がふくらみ，呼吸が始まります。この泣きを産声といいますが，まさに声として，それを聞いた人に自分の存在をアピールしているといえます。つまり，泣きは新生児にとって非常に重要な道具，コミュニケーションのための道具となります。そして，泣くことによって親の養育行動を引き出すことができるのです。

②微　笑

　新生児は外からの刺激のある・なしに関係なく微笑むことがあります。眠っている時などに見られるこの現象を生理的微笑といいます。この微笑は文字通り，生理的な反応の一種です。生後2〜3週間経つと，視覚，聴覚，皮膚感覚への外からの刺激によって微笑するようになります。この微笑は，決して社会的な刺激への反応として起きているわけではありませんが，それを見る人にとっては応えるに値する刺激となります。つまり，泣きと同様，この生理的微笑も親から養育行動を引き出すのに十分といえます。

3　乳児期

　英語で乳児を表すinfantは，「話さないもの」を語源とします。このことからわかるのは，古くから「ことば」が個体発生を捉える上での重要な鍵となっていたということでしょう。しかしこのことは，新生児期や乳児期が心理学の研究対象とはなっていなかったことも示しています。それまでの心理学の研究方法は，主に研究対象のことばでの報告をデータとしていたからです。先に書いたベビー・レボリューションが示すような，ことばによる応答の得られない研究対象からデータを得る研究方法が発明され，確立されて初めて，新生児期・

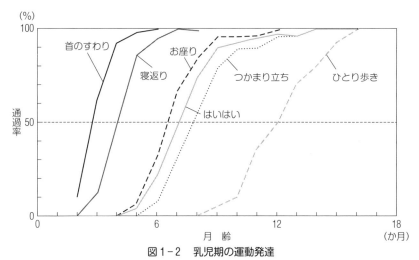

図1-2　乳児期の運動発達

出所：厚生労働省，2010をもとに筆者作成。

乳児期への心理学的アプローチが可能となったのです。

　乳児期は一般的に，新生児期を含めて1歳半くらいまで，つまり，歩行とことばの獲得くらいまでを指します。この時期には，感覚・知覚（第5章参照）そして運動機能の発達もあいまって，社会的な関係づくり（第4章参照）や，「出合う世界」を自分から理解していくことが本格的に始まります。

1　乳児の特徴（能力）

　生まれたときに約3,000gだった体重は，生後3か月でほぼ倍になり，生後1年で3倍になります。そして，約50cmだった身長は生後1年でほぼ1.5倍になります。私たちにはこのような急成長期が2度あります。乳児期と青年期です。このような急激な変化は，乳児期も新生児期と同じように，生物学的要因の影響が強いことを示しています。

　運動機能の変化としては，生後2か月頃にはうつ伏せになって頭を維持できるようになり，4か月頃には寝返り，7か月頃にはひとり座り，また，「はいはい」ができるようになり，10か月頃にはつかまり立ち，12か月頃にはひとり立ち，そして生後15か月頃には歩けるようになります（図1-2）。この運動機

能の発達は，どのような活動ができて，どのような関係を周りの人たちとつくることができるのかを示しています。この時期は，ピアジェの発達段階説（第2章参照）の「感覚運動期」にあたります。自分自身の感覚と運動を通して，具体的な対象に直接的に働きかけて，「出合う世界」を知って，新しい場面に適応する段階です。たとえば，「はいはい」ができるようになり，動き回れるようになる頃には，周りの人の表情を自身の行動の基準として用いることができるようになります。これは，社会的参照（あるいは「他者への問い合わせ」）と呼ばれます。この時期は相手が親に限られますが，その相手と信頼関係を築いていることの証しといえます。

　乳児期はまた，ことばの獲得のための準備が進んでいく時期でもあります。生後2か月頃には「アー」とか「ウー」といった発声ができるようになり，7か月には喃語が，そして，12か月頃に，誰が聞いても意味がわかる初語が発せられます。ひとりで座れるようになる頃に喃語が，ひとりで立てるようになる頃に初語が発せられるのは決して偶然ではなく，身体的な発達もことばの獲得の重要な要因になっていることを表しています。

2　乳児の環境（文脈）

　第1項に書いたような，身体的特徴・運動機能のめまぐるしい変化は，乳児が「出合う世界」を自分自身で理解していく上で重要な意味をもちます。それは，乳児が自分自身で社会へ参加しはじめている，つまり，「ヒト」から「人」への発達を主体的に推し進めていると捉えられます。そして，親にとってもそれは，「人」として乳児を捉えていくきっかけとなります。しかし同時に，さらに目が離せない存在への変化ともいえます。親は，新生児期と同様，特に乳児が起きている間は終始，近くにいて見ていなければなりません。結果的に，社会的存在としての親が，社会的存在として発達していく乳児の近くにいて，環境とのやりとりを調整することになるのです。

　乳児が自らの姿勢を維持できるようになってくると，親の親としての余裕と

＊2　ことばを発する前段階の時期に乳児が発する声のことです。「バブバブ」「アーアー」などがあります。

もあいまって，外出の機会も増えてきます。まだまだ家庭が環境の中心であることには変わりありませんが，社会的環境が広がることで，それまでには見たこともない社会的・物理的環境に出合うことになり，結果的にそのことが乳児の社会化，すなわち，社会的存在として受け入れられるような発達をさらに促進するといえます。

3　乳児の道具使用

①音声・リーチング・指さし

　乳児は，単なる泣きではない，ことばに近い音声や，運動機能の発達によるリーチング（手を伸ばしてものをとる行動）や指さしを，自分の意図を相手に伝える道具として用いるようになります。たとえば，親や周りの大人は，乳児のリーチングの失敗（手を伸ばしたが，ものをとれなかった）を，「この子はあれがとりたいんだな」と解釈してとってあげたり，乳児をそれがとれるところへ移動させたりします。これは乳児にとって，自身の能力のフィードバックとなり，幼児期につながる自己効力感の発達を促し，かつ，他者との社会的な関係づくりを発展させる重要な道具となります。

②他者との信頼関係の上に成り立つ社会的参照

　乳児は「はいはい」で動き回れるようになる頃には，他者の表情を自身の行動の是非を判断するための基準として用いることができるようになります。これは，その他者との間の信頼関係（アタッチメント）の上に成り立つもので，他者を自身の行動をコントロールするための道具として用いていることの現れでもあります。つまり，他者が乳児の行動に介入し，周りの環境との橋渡しをしているのみでなく，乳児自身が他者を利用して環境を理解していることの現れといえるのです。このようなやりとりは，ヴィゴツキーが心理的道具と称した，ことばの獲得，すなわち，幼児期への発達が進んでいることも示しているといえます。

$$\boxed{4}\quad \text{幼児期}$$

　幼児期は，ひとり歩きならびにことばの獲得に始まり，就学前までの時期を指します。歩けるようになるとともに自らの力で動きまわり，その行動範囲をさらに広げ，ことばを用いてコミュニケーションをとることによって他者を含め「出合う世界」との関係に乳児期以上の変化が訪れます。たとえば，この頃には保育所や幼稚園へ登園することで，同年齢の子どもたちからなる集団での行動を経験する子どももいます。もちろん，どちらにも通っていない子どもにとっても，自身の小学校入学の準備期間とも考えられるこの時期には，さまざまな社会的広がりを経験する時期となるのです。その広がりはやはり，親によって準備されます。しかしそれも，子ども本人の行動手段が増えることによって，親が子どもを連れて行く範囲を広げることができるからなのです。親の出向く先，という制限はあるものの，さらなる社会的広がりを経験し，それまでの「赤ちゃん」という存在から「子ども」という，社会化を前提とした存在へと，親や社会からの捉えられ方も変化する時期といえます。

1　幼児の特徴（能力）

　生まれたときに4頭身だった身体は，2歳では5頭身，6歳では6頭身となります。頭の大きさが相対的に小さくなると，直立姿勢が安定し，行動のパターンも変わります。たとえば，2歳で走ることが可能になり，3歳から4歳では足を交互に出して階段をのぼれるようになり，片足跳びができ，5歳ではスキップができるようになります。このような身体全体の運動を粗大運動（ボールを蹴ったり，速く走ったりなど）と呼びますが，幼児期には微細運動（針に糸をとおしたり，積み木を崩さないように積むなど）と呼ばれる，いわゆる器用さの発達が見られます。すでに1歳の頃に親指と人差し指で物をつまむことができるようになり，1歳半ではコップからコップへ水を注ぐことができるようになります。さらに，2歳ではページを1ページずつめくれるようになり，3歳になると鉛筆などを大人が持つように持てるようになります。この粗大運動と

微細運動の発達を乳児期からの連続として見てみると，発達が頭から脚の方へ，中心から周辺へと進んでいくことがわかります。

　幼児期は，ピアジェの発達段階説（第 2 章参照）の「前操作期」にあたります。イメージを用いて考えることが可能になりますが，ものごとの一側面にこだわってしまうなど，論理的に考えることはまだ難しい時期です。そのため，自分自身がさまざまなことが「できる」存在であることを認識し，自身のつもり（意図・プラン）を主張するようにはなりますが，その「つもり」は未熟なものであり，多くの場合，親からの制止を受けることになります。この「つもり」の主張は，親には「反抗」として受け取られます。しかし，親からの制止との摺り合わせを通して，自身の「つもり」を調整できるようになってもいきます。

2　幼児の環境（文脈）

　乳児期に比べてさらにできることが増えることは，同時に，してはいけないことをするようになることも意味します。上記の「つもり」をもとにした幼児の行動は，親にとってしばしば「危ない」ことや「放っておけない」ことと映ります。そして上記の通り親はそれを制止しようとします。幼児期は，この制止，すなわち「しつけ」の重要性が増す時期でもあります。この「しつけ」は，社会に受け入れられるための振る舞いである社会的スキルの獲得につながり，児童期での社会的やりとりへとつながっていきます。このように，幼児期には，社会的な場面での振る舞い方を，親からの「しつけ」によって，あるいは，子ども自身が親や周りの年長者の行動を観ることによって獲得していくのです。言うなれば，生物学的要因と文化的要因のぶつかり合いによって，社会化を前提とした存在へと，親や社会からの捉えられ方が変化する時期なのです。

3　幼児の道具使用

①ことば

　幼児期は，「語彙の爆発」といわれる時期でもあり，2 ～ 3 歳で300語，3 歳以降では1,000語ほどの語彙を獲得し，4 歳になると，会話の聞き手としての

役割が可能になるほど，ことばを道具として使えるようになります。しかし，論理的に思考するための心理的道具としての使用は，児童期以降を待たねばなりません。

②「安全の基地・港」としての「アタッチメント対象」の利用

　幼児期には，親との基本的信頼関係であるアタッチメント（第4章参照）の発達が進み，アタッチメント対象である親を「安全の基地・港」として利用し，「出合う世界」についてさまざまな探索行動を展開します。つまり，親がそこにいれば，初めての場所であっても，自身にとって興味のあるおもちゃなどがあれば，近づいて遊んだりなど，親から離れて探索することが可能となります。しかし，ひとたび不安や恐怖などを感じると，親のもとへ戻り，安心を得ようとします。これは，社会的存在（この場合は親）を道具として利用し，自分自身の行動をコントロールしたり調整したりできるようになることを意味します。さらにこのことは，自身が社会的存在として社会に受け入れられるためにも重要であり，社会化の過程において必須の社会的スキルといえます。

　5　　子どもを理解するためのまなざし

　当たり前のことですが，私たちはいきなり児童生徒という大きさで存在し始めるわけではありません。母胎での40週を経て生まれ，その後6年以上の月日を経て，児童となります。本章に書かれているのは，その6年間のおおまかな発達の過程です。「私たち」は有能であり，その有能さをもって，「出合う世界」と「やりとり」をし，発達していくのです。この事実は，目の前にいる児童生徒について考える上で重要です。胎児期，新生児期，乳児期，幼児期という，それぞれに特徴のある時期において「出合う世界」から影響を受け，また，影響を与え，目の前にいる姿をしているのです。もし，何らかの困り感や不適応が児童生徒に見られたら，「今」だけではなく，それまでの発達過程へもしっかりとまなざしを向けていく必要があるのです。

📖 さらに学びたい人のために

〇下山晴彦・佐藤隆夫・本郷一夫（監修）林創（編著）（2019）．発達心理学　ミネルヴァ書房

〇高橋惠子・湯川良三・安藤寿康・秋山弘子（編著）（2012）．胎児期〜児童期　東京大学出版会

〇渡辺弥生・西野泰代（2020）．ひと目でわかる発達──誕生から高齢期までの生涯発達心理学──　福村出版

引用文献

Fantz, R. L.（1963）. Pattern vision in newborn infants. *Science*, 140, 296-297.

Gessel, A. L., & Thompson, H.（1941）. Twins T and C from infancy to adolescence : a biogenetic study of individual differences by the method of co-twin control. *Genetic Psychology Monographs*, 24, 3-121.

厚生労働省（2010）．「平成12年乳幼児身体発育調査報告書」https : //www.mhlw.go.jp/houdou/0110/h1024-4 c.html#hyo 9-1　（2021年3月12日）

Meltzoff, A. N., & Moore, M. K.（1977）Imitation of facial and manual gestures by human neonates. *Science*, 198, 75-78.

ポルトマン，A.（高木正孝訳）（1961）．人間はどこまで動物か　岩波書店

下條信輔（1988）．まなざしの誕生──赤ちゃん学革命──　新曜社

Watson, J. B.（1930）*Behaviorism*, Norton.

コラム①
胎児の発達

　生まれたばかりの赤ちゃんは，無力・無能に見えます。それが「かわいさ」や，守ってあげたいと思わせるもとなのかもしれません。しかし母胎ですでに，赤ちゃんの発達は立派に進んでいます。

　胎児期の様子を，第1章に倣って，3つの視点から見ていきましょう。

胎児の特徴（能力）

①身体的特徴

　私たちの一生は，母胎から生まれ出て外気に触れ，光にさらされるより約40週前，2種類の配偶子（女性からの卵子と男性からの精子）が出合い，受精した瞬間から始まります。しかし，必ずしも受精した卵子（受精卵）がそのまま成長して生まれてくるとは限りません。受精卵が子宮内に付着（着床）する必要があります。受精卵が子宮内に着床するのが受精後10日前後，その期間を含め，受精後約2週間を卵体期といいます。まだ卵の形のままですが，受精卵は細胞分裂を繰り返し，その形態を変化させていきます。受精後3週から8週は胎芽期と呼ばれ，文字通り，さまざまな部位の萌芽の見られる時期です。この時期の形の特徴から，以前は，私たちは母胎で進化の過程を繰り返す，といわれていました。これを反復説といいます。胎芽期に見られる鰓のようなものは，太古の昔，人間がまだ海の中で暮らしていた時の名残である，あるいは，尻尾状のものに関しても，魚だったことの証拠となる，など。確かに進化はそれぞれの一生の積み重ねですが，必ずしもそのことが，進化の過程を繰り返していることの証拠とはいえず，反復説は支持されていません。出生までの全期間を胎児期（あるいは胎生期）と呼びますが，形の特徴から，卵体期，胎芽期に倣って，受精後9週から出生までの時期を胎児期と呼ぶこともあります。この時期になると，「児」と呼べる形になるからです。

②感覚器官の成立（第5章も参照）

　胎児の味覚に関しては，味蕾が妊娠3か月には成立していて，味の弁別（違いがわかること）ができることがわかっています。聴覚は妊娠6か月で成立しますが，大脳が未発達で，音として捉えることができるのは8か月頃からです。また，羊水の中では水中で音を聴くような感じで，母親の声をやっと聞き取れる程度です。嗅覚に関しては，妊娠7か月の未熟児が臭いを弁別できたことが報告されています。視覚は，光を感じるのが妊娠7か月頃，妊娠9か月になると胎児は強い光に対して顔をそむけるようになります。視神経が未発達な胎児にとって子宮内の暗さは好都合といえます。最後に皮膚感覚ですが，特に唇や口の周辺の発達が早く，手の指が触れると「指しゃぶり」をすることが知られています。子宮の収縮や胎児自身が絶えず動いており，全身

で刺激を受けているといえるでしょう。

まとめると，妊娠早期から胎児の感覚器官は発達していて，母胎でさまざまな刺激を受け，脳の発達が促されているといえます。特に，妊娠7〜8か月で母胎外で生活できるくらい充分な発達が見られるので，高度に機能している感覚器官を駆使して胎内でさまざまな学習をし，母胎外での活動に備えている，といえるでしょう。

③胎児の活動

妊娠4か月になると心拍がしっかりし，手足を活発に動かすようになります。そして，妊娠5か月には，母親がはっきりと「胎動」を感じるほどその動きが活発になります。また，母体外部からも胎児の動きが観察できるようになります。妊娠7〜8か月には羊水を多量に飲みますが，これは，羊水の汚れを除去するためとも，母乳を飲む練習をしているのではないかともいわれています。胎児は決して母胎で静かに動かずにいるわけではなく，積極的に活発に動いていることがわかります。

胎児の環境（文脈）

胎児にとっての環境は，母胎です。母胎にいる限り，栄養を自身で摂取する必要はなく，呼吸をする必要もなく，眩しい光にさらされる心配もなく，外気に触れることもなく，安全・安心でいられます。しかしこれは，母胎が母親の一部であることを考えずに単なる環境として捉えた場合です。母胎は母親の一部です。そして，胎児は母胎において母親と，胎盤さらに臍帯を通し

てつながっています。また，当然ながら胎児は母親と常に行動を共にしています。このことは，母親自体が胎児の環境として，胎児に対し非常に大きな影響力をもっていることをあらわしています。母親の心身の疲労や精神的な起伏，摂取するものなどが直接，胎児へ影響を与えることは想像に難くないでしょう。

しかし一方で，母胎が母親の一部であることが，胎児がさまざまな刺激を受ける機会を提供していて，社会的な存在として受け入れられるべく，母胎外での活動に備えるために欠かせない環境，すなわち文脈となっていることも事実です。荒井（1976）はこのことを「胎児の環境としての母体」と位置づけ，その重要性を指摘しています。

胎児の道具使用

胎児は胎動をコミュニケーションの道具として，母親ならびに父親を含めた社会的存在に対して自分自身の存在を発信しています。もちろん，胎児が自ら胎動を道具として使用しているとは考えられませんが，結果的に胎動が親を養育行動へと巻き込むための道具として機能しているといってもいいでしょう。そして，その発信をどのように受け止めるかが，その後の親子関係の成立に少なからず影響を与えると考えられます。

引用文献

荒井良（1976）．胎児の環境としての母体　岩波書店

第2章

小学生の発達の心理学

【ポイント】

　第2章の学びのポイントは以下の3点です。

①学校とは何か，考えてみましょう。

②ピアジェとヴィゴツキーの発達についての考え方を理解しましょう。

③小学生の発達過程を理解しましょう。

1 子どもの視点から見た学校

　今や9割以上の子どもが5歳までには保育所あるいは幼稚園に通う（内閣府，2019）という状況でも，やはり幼児期までの「出合う世界」は家族や近親者，近所の人などが中心といえます。また，保育所や幼稚園は，似たような家庭環境の子どもが集まっているといえます。つまり幼児期は，どちらかといえば狭い範囲での「やりとり」が中心で，そういう意味では私的な「やりとり」に関わる時間が多い時期といえます。そのような時間の流れの中で，大きな転機が訪れます。それが，小学校への入学です。日本の学校制度では，子どもは7歳になる年度の4月に，望むと望まざるとにかかわらず，小学校へ入学します。子ども自身の意志は尊重されません。小学校は，子どもにとって初めて通う「学校」と名の付く場所です。そもそも，学校とは何なのでしょうか。

　広辞苑第6版（新村，2008）の【学校】の項にはまず，「一定の教育目的のもとで教師が児童・生徒・学生に組織的・計画的に教育を行う所，またその施設。「学校」の語は「孟子」に由来。」とあります。そして次には「一条校に同じ」とあります。【一条校】の項には「学校教育法の第1条に定められる学校。小学校・中学校・高等学校・中等教育学校・大学・高等専門学校・特別支援学校・幼稚園の8種。一条学校。」とあります。

　小学校も含まれている学校は，何らかの目的と計画に基づいて教師が子ども

たちを教え育む場所，と読めます。ただしこれは，あくまでも学校側からの視点で書かれたもので，教わり育まれる子ども側の視点から書かれているとはいえそうにありません。子どもの側からはどのように捉えることができるかを考えてみましょう。

1　勉強が中心となる

　小学校への入学と同時に，幼児は児童（あるいは学童）と呼ばれるようになります。これは，単に呼ばれ方が変わるのみでなく，新たな社会的位置づけを与えられることを示しています。つまり，「出合う世界」がより広がるとともに，それに相応しい責任を担うことになります。その責任は，小学校への入学が，それまで遊び中心の生活であったのに比べて，圧倒的に勉強（教科学習）が中心となるという変化に子どもたちが向き合わなければならないという形であらわれます。保育所や幼稚園に通っていた子どもにとっては，同年齢の子どもたちから成る集団での生活という意味では大きな変化はありませんが，そうではなかった子どもも含め，勉強が中心になり，そのために椅子に座って先生の話を聞いていなくてはならないなど，自分の行動を責任もって調整しなければならなくなるわけです。大きな戸惑いを子どもたちの中に引き起こすのには十分でしょう。

2　やるべきことが増える

　勉強が中心となる，というのは，勉める（頑張る）ことを強いられるため，そもそもストレスが大きいのです。どのようなことに勉めなければならなくなるかというと，勉強は当たり前ですが，それ以前に，時間通りに朝起きて，ご飯を食べ，身支度をして家を出る，前の晩までに持ち物を確認する，宿題も済ませておかなければなりません。幼児期に比べると，やるべきことが膨大になります。他にやりたいことがあってもそれらを封印し，勉める場所へいざ出陣なのです。大人にとっては当たり前に思えますが，それらやるべきことができること自体が奇跡としかいいようがありません。さまざまなトラブルが起こっても，それこそ当たり前なのです。

　先ほども書きましたが，9 割以上の幼児が保育所あるいは幼稚園に通っていることを考えると，小学校への入学自体は今や，それほど大きなイベントとはいえないのかもしれませんが，このように，入学後に子どもたちを待っている「出合う世界」は，想像以上に子どもたちを悩ませる可能性を含んでいるのです。これが，子どもの側から見た学校なのです。

　ここでは小学校での発達を理解するナビゲーターとして，発達心理学の 2 つの巨星の理論を紹介します。すでに第 1 章で登場していますが，その 2 巨星とは，ジャン・ピアジェ（Piaget, J.）とレフ・セミョーノヴィッチ・ヴィゴツキー（Vygotsky, L. S.）です。ともに，さまざまな発達の側面について観察，実験，面接などによって研究をし，その考えを発表しました。特に，ここで取り上げる学校での勉強に関係の深い認知の発達についての 2 人の理論は，21 世紀になってもいまだに大きな影響力をもっています。ここでの認知とは，感覚，知覚から推論，考察，そこから導き出される行動などを含め，「私たち」が「出合う世界」を理解し適応することとしておきます。

［2］　認知の発達についての考え方

　1896 年，発達心理学の 2 巨星であるピアジェはスイスに，ヴィゴツキーはベラルーシに生まれています。そして，ピアジェは 1980 年に，ヴィゴツキーは 1934 年に亡くなっています。ヴィゴツキーがいかに夭折であったかがわかります。2 巨星はともに，ユダヤ系家庭の出身です。このことは，それぞれが自身の発達理論を形作っていく上で，非常に重要な役割を果たしたといえます。この点について詳しくは他書を参照して頂きたいのですが，2 人の受けた独特の家庭教育や理念が影響を与えているのです。

　また 2 巨星とも，「私たち」が「やりとり」を通して「出合う世界」をどのように取り込んで自分のものにしようとするのか（理解し適応するのか），その流れについて明らかにしようとした，という点では共通しているといえます。ただその際に，ピアジェは「私たち」自身を中心に（アムリン＆ヴォネッシュ，2021），ヴィゴツキーは「やりとり」を中心に（佐藤，2015）考えました。その違いの

大きさについては，少し難しいですが，章末の「さらに学びたい人のために」に挙げた本を読んでみてください。

1　ピアジェの発達理論

　ピアジェは，生物が自分の力で環境とやりとりをして環境へ適応していく過程にそもそもの関心がありました。10歳の頃，公園ですずめを観察して論文（1ページですが）を書いているくらいです（アムリン＆ヴォネッシュ，2021）。学問的には生物学が背景にあるといえますが，生物の環境への適応過程を捉える考え方（モデル）を，ヒトの環境への適応，特にそこに含まれる知的側面の発達を考える際にも用いました。ピアジェの発達理論の詳細を書くと，それだけでシリーズ本ができてしまいますので，ここではそのエッセンスのみを説明します。

①均衡化

　「私たち」は手持ちの能力，たとえば，音がする方を見る，手のひらに何かが触れると握る，さらには枠組み，たとえば，昆虫には羽がある，蟻には羽がないので昆虫ではない，など，ピアジェはこれをシェマと呼びますが，この能力や枠組みを用いて「出合う世界（環境)」を理解しようとします。これを同化と呼びます。同化は生物学の用語で，草木が栄養分を含んだ水を根から吸い上げ，自らの身体を作り上げる，といった仕組みを表します。ピアジェはこの用語を，「私たち」が「出合う世界」を理解する，つまり，自分のものにする仕組みを表すものとして借用したわけです。うまく同化できればいいのですが，同化は失敗することもあります。そうすると，環境からの反応によってシェマが修正されたり，結果的に新しいシェマが獲得されたりします。これを調節と呼びます。これも生物学の用語から借用しています。第1章で取り上げた生理的早産も調節の結果と言えます。「私たち」は「出合う世界」を同化するために積極的に働きかけ，うまくいかない場合，たとえば，羽のある蟻を見た，などの場合には，別のシェマを使ってみたり，シェマを変えてみたり，すなわち調節して，同化を成功させようとするわけです。ピアジェはこのように，「私

24

たち」が「出合う世界」に自身で積極的に働きかけること，主体性を重視しました。そして，「私たち（＝シェマ）」が「出合う世界」をスムーズに理解することを均衡化と呼びました。「私たち」と「出合う世界」がバランス（均衡）良く「やりとり」できている，「私たち」が「出合う世界」を理解できている，と考えればわかると思います。この均衡化のためには，同化と調節がスムーズに働くことが必要です。もし，同化がうまくいかず，調節もうまくいかないままの状態が続くと，「私たち」は「出合う世界」をなかなか理解することができず，うまく立ち振る舞うことができなくなってしまうでしょう。

　ピアジェはこの均衡化の考えをもとに，認知の発達は次のような質的に異なる段階で進んでいくと考えました（ピアジェ，1978）。なお，カッコ内の年齢区分はあくまでも目安で，段階を進むのは何ができるようになるのかという質的な変化をもとに考えます。

②感覚運動期（感覚運動的段階：0歳〜2歳頃）

　この時期には，「私たち」は見る，聞く，触るなど自分の感覚と運動を通しての「やりとり」で「出合う世界」についての知識を増やしていきます。しかしこの時期には，たとえば，目の前にあるおもちゃに布がかけられて見えなくなってしまうと，あたかもそこにはもう，そのおもちゃはないかのように振る舞います。目の前にあって，手で触れること，つまり，直接的・具体的に「やりとり」ができる「出合う世界」の理解はできますが，目の前にあったおもちゃが布の下にあり続ける（物の永続性）という理解まではまだできないのです。このことを理解できるようになるためには，布をかけられてもその下におもちゃがあるというイメージ（表象）をもつ必要があります。生後8〜9か月以降くらいから，布をとるような行動が見られるようになり，2歳頃までかけて，イメージを頼りに「出合う世界」と「やりとり」できるようになっていきます。

③前操作期（前操作的段階：2歳頃〜7歳頃）

　イメージを頼りに「出合う世界」と「やりとり」ができるようになります。それは前操作期に入った証しです。目の前にないものとも，つまり，直接的に

ではなく，さっきはあったものとも，時間を超えて「やりとり」が可能になっ
てきます。これは物の永続性が獲得されたともいえます。「見えていなくても，
布の下にはおもちゃがある」「さっき遊んでいたおもちゃを，次は……」とい
うようなおもちゃとの「やりとり」も，イメージを頼りに可能になってきます。
直接的でないこのような「やりとり」をピアジェは操作と呼びました。この時
期にはことばも使えるようになってくるなど，「私たち」は「出合う世界」と
さまざまな方法で「やりとり」ができるようになるため，「出合う世界」との
関係の在り方も変わってきます。この時期の後期には，複雑なルールに沿って
ゲームができるようにもなります。相手がルールに従っていないことを，こと
ばで指摘したりもします。しかし，まだこの時期の操作は前操作期というこの
段階の名称が示すように不完全です。それはたとえば，見た目に騙される，と
いうこの時期の子どもの認知の特徴にあらわれます。図2-1を見てください。
これはピアジェが，操作がどのくらいできるのかを確認するために子どもを対
象に用いた，保存課題と呼ばれるものです。「液量の保存」課題では，同じ大
きさの容器AとBに液体を同じ量だけ入れ，「どっちの方が多い？　それとも
同じ？」と聞きます。子どもが「同じ」と応えたら，「じゃあ，見ててね」と
いって，目の前でBに入っている液体をCの容器に移します。そして「どっ
ちの方が多い？　それとも同じ？」と聞きます。この段階の子どもは勇んで，「C
の方が多い！」と応えます（「数の保存」課題の方の手続きと実験の結果は，考え
てみてください）。「液量の保存」課題の場合，どんな容器に入れても，液体を
加えたりこぼしたりしない限り，量は変わらないということがわかるかどうか
を確認しています。この，量は変わらないことを保存といいます。

④具体的操作期（具体的操作段階：7歳頃～12歳頃）
　この段階はほぼ，小学校の6年間と重なっています。この段階になると，保
存課題に正答できるようになります。「数の保存」課題を例にすると，列Bに
はおはじきを加えたり減らしたりしていないし（同一性），全体の横幅は広く
なっているけれどそれは一つ一つのおはじきの間の幅が広くなっているからで
（相補性），そもそも一つ一つのおはじきの間の幅を元に戻せば同じになる（可

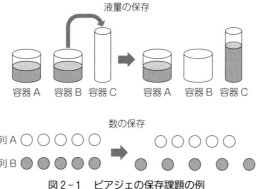

図2-1　ピアジェの保存課題の例
出所：中道，2019をもとに作成。

逆性），ということがわかるようになるので，正答できるのです。これが具体的操作期の特徴です。見た目に騙されずに，ものごとの本質をわかるといえるでしょう。目の前のおはじきを動かすまでもなくそれがわかる，つまり，操作ができるようになったのです。

　ものごとの本質がわかる，という点では，自分の考えと他の人の考えは異なる，他の人は自分とは違うものの見方をしている，ということもわかるようになります。前操作期には，自分が考えていること・知っていることは他の人も同じように考えている・知っていると「出合う世界」を捉える自己中心性という特徴を示すのですが，この段階になるとそれらが異なることがわかるようになります。

　ただし，具体的操作期というように，操作の対象は実際に手に触れられる・存在する具体的な対象に限ります。間接的・具体的な「出合う世界」が対象なのです。

⑤形式的操作期（形式的操作段階：12歳〜）

　ピアジェは，具体的操作期について次のように述べています（エヴァンズ，1975）。「具体的諸操作の特性は，もろもろの事物を直接対象にしたり，（中略），事物を数えることを対象にするところにある。だから，その判断や推理の論理的形式は，それらの判断や推理の内容を多少とも分かちがたく結びつい

てしか組織されない。換言すれば諸操作は，確認されたことや，あるいは真実であると判断されるもろもろの表象についてのみ働いて，単なる仮説にすぎないものだと働かない」。そして，次の段階である形式的操作期に関しては，「これにたいして，形式と内容とが分化することによって，主体は，自分の信じていない，またはまだ信じるにいたってはいないような，言い換えれば，純然たる仮説にすぎないとみなされるような諸命題にもとづいて正しく推論しうるようになる」と述べています。つまり，この２つの「　　」内に書いてあるような文章を理解できるようになるのです。抽象的なことばや内容の関係，仮説について考えたり語ったりすることが可能になるのです。それは，間接的・抽象的な「出合う世界」をも対象にできるようになることを意味するのです。たとえば，「髪の毛一本でコップを叩くと割れる」「ミナは髪の毛一本でコップを叩きました」「コップはどうなったでしょう？」という問いに，「割れた」と答えられるようになるのです。具体的操作期の子どもは，「（そもそも）髪の毛一本ではコップは割れない」と答えてしまいます。

　ピアジェは，この段階が認知発達の最終段階で，どんな人種・民族でも，どこに住んでいても，これまでの段階を経て，形式的操作に辿り着くと考えました。

　このピアジェの理論を検証するために，さまざまな地域で調査研究が実施されましたが，結果的に，ピアジェの主張は必ずしも正しいわけではない，ということがわかりました。たとえば，大人でも保存課題に正答できない地域があるなどです。

　このピアジェの理論を補うのが，次項で紹介するヴィゴツキーの理論です。

2　ヴィゴツキーの発達理論

　ヴィゴツキーには学校教員という経歴があり，その経験からのちに，障害のある子どもと障害のない子どもが一緒に課題に取り組むことの重要性に気づき，「私たち」の発達は，他者と何かをすることによって進んでいくのだ，という考えを提案しました。ピアジェの理論は，一人の科学者としての子どもに焦点を当てていて，一方でヴィゴツキーの理論は，「やりとり」をもとにして大人

や仲間から学ぶ子どもに焦点を当てていたという指摘（ハリス＆ウェスターマン，2019）の通り，ヴィゴツキーは発達を，「出合う世界」との「やりとり」，もっと言ってしまえば，発達は文化や社会に起源があり，それらを通して進み，文化的・社会的に構成されると捉えたのです。

① 「発達の源泉」「発達の原動力」「発達の条件」

　ヴィゴツキーは「私たち」の発達を，文化を獲得する過程と考え，その発達が進んでいくためには「発達の源泉」「発達の原動力」「発達の条件」が必須であると考えました。「発達の源泉」とは文化のことです。文化があるからこそ，発達が進んでいきます。「発達の原動力」は子ども自身が能動的に文化を獲得していく活動です。ピアジェの理論では，同化に対応するといえます。そして，「発達の条件」は大人による「発達の源泉」と「発達の原動力」の橋渡し（媒介）です。条件と位置づけているように，ヴィゴツキーはこの橋渡しを重要視したのです。ただし，ここで子ども・大人と書かれているのは，必ずしも文字通りの「子ども」や「大人」というわけではありません。ここでの子どもは，その文化を獲得しようとしている者であり，大人は，子どもよりはその文化を獲得している者です。子どもは大人と「やりとり」することによって，「出合う世界」に橋渡しされると考えていいでしょう。このように捉えると，たとえば，その子どもが住んでいる地域で重要だとされている事柄は橋渡しされ，そうではない事柄は橋渡しされないと考えられます。ピアジェの理論の弱点を補えるといえます。その地域で液量の保存が重要だとされていなければ，液量の保存は橋渡しされないのです。また，橋渡しされる際，完全なコピーではなく，あくまでも「やりとり」として橋渡しされるため，多少，あるいは大きくずれる場合もあるでしょう。ここに，新しい文化の誕生の芽を見ることができます。

② 文化的発達の一般的発生法則

　ヴィゴツキーは，「人間の精神機能は社会的生活の中にその起源があり，その精神機能は発達の過程で二度，二つの水準で現れる。まず人々との間で（社会的水準）そして，個人内で（心理的水準）」と述べています（ヴィゴツキー，1970）。

図2-2にあるように，「私たち」の発達は，まずは誰かとの間で精神間機能として機能しはじめたものが，自分自身で精神内機能として利用できるようになる（内化）という仕組みで進む，ということです。この，「精神機能は発達の過程で二度，二つの水準で現れる」という仕組みを，文化的発達の一般的発生法則と呼びます。先にも書きましたが，ヴィゴツキーは「やりとり」を中心に「私たち」の発達を捉えたのです（佐藤，2015）。そしてこれは，発達の最近接領域という考え方につながります。

③発達の最近接領域

　「私たち」の発達が大人との「やりとり」，つまり，橋渡しによって進められることをヴィゴツキーは，図2-3のようなモデルで捉えました。現時点(1)の発達水準とは，たとえば，子どもがその時点で自分の力で解ける問題のレベルです。その子どもには，誰かと「やりとり」をすることによって，そのレベルを超えた問題を解くことができる可能性があります。その可能性が，現時点(1)の発達水準を取り囲んでいるドーナツ状の図で表されています。このドーナツ状の部分を，発達の最近接領域と呼びます。あくまでも，誰かと「やりとり」をすることによって発達が進む可能性について示しているので，この部分をどうこうする，ということを示しているわけではありません。誰かと「やりとり」しながら取り組むうちに，自分だけでその問題を解けるようになったとします。それは，その子どもの発達の水準が，現時点(2)の発達水準になったとあらわされます。その水準の周りには，やはり，誰かと「やりとり」をすることによって，そのレベルを超えた問題を解くことができる可能性があります。このようにして発達が進んでいく可能性が示されるのです（ヴィゴツキー，2003）。

　ヴィゴツキーは先に書いた通り早くに亡くなってしまったので，この発達の最近接領域についても，またその発達の進む仕組みについても，詳細を検討することが叶いませんでした。この点を補うことができる一つの理論が，ピアジェの均衡化の考え方といえるでしょう。

　また，ピアジェの理論についてヴィゴツキーは，「彼は，子どもの思考の発達を子どもの教授の過程から完全に切り離して研究しています」と記していま

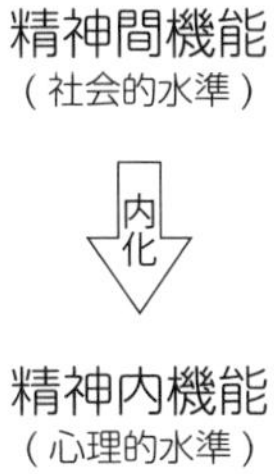

精神間機能
（社会的水準）
内化
精神内機能
（心理的水準）

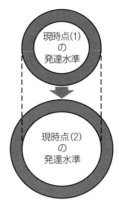

図2－2　ヴィゴツキーの文化的発達の一般的発生法則
出所：ヴィゴツキー，1970。

現時点(1)
の
発達水準
現時点(2)
の
発達水準

図2－3　ヴィゴツキーの発達の最近接領域
出所：ヴィゴツキー，1970。

す（ヴィゴツキー，2003）。これは裏を返せば，ピアジェの理論が学校での教授過程の影響を受けている子どもたちのデータをもとに提案されたということを示していると考えられ，少なくとも，学校における子どもたちの認知の発達を捉える眼差しとして用いることができることをも示しているといえるでしょう。

3　児童期

ここまで，ピアジェとヴィゴツキーの発達理論について説明してきましたが，以降，第1章に倣って，そのまなざしから児童期，すなわち小学生の発達について見ていきます。

1　児童の特徴（能力）

幼児期に，脳は大人の90％まで急激に成長しますが，それに比べると児童期には，その他の身体面を含め，変化はそれほど顕著ではありません。「緩慢期（かんまんき）」などと呼ばれますが，児童期を通して，男女の差は際だってきます。表2－1ならびに表2－2にある通り，特に，高学年になると女子の成長が早いのが特徴です。また，それぞれの表は1960年，1980年，2000年，2019年の児童の身長・体重の推移を年齢別に比較していますが，1960年から2000年にかけて，明らか

表2−1　年齢別に見た小学生の平均身長の年次推移　　（cm）

年　齢		小　　　学　　　生					
		6歳	7歳	8歳	9歳	10歳	11歳
男子	1960年	111.7	117.0	121.9	126.8	131.6	136.2
	1980年	115.8	121.4	126.9	132.0	137.3	142.9
	2000年	116.7	122.5	128.1	133.6	139.1	145.3
	2019年	116.5	122.6	128.1	133.5	139.0	145.2
女子	1960年	110.6	115.9	121.1	126.3	132.0	138.1
	1980年	114.9	120.6	126.2	131.9	138.3	144.9
	2000年	115.8	121.7	127.5	133.5	140.3	147.1
	2019年	115.6	121.4	127.3	133.4	140.2	146.6

出所：文部科学省，2019をもとに筆者作成。

表2−2　年齢別に見た小学生の平均体重の年次推移　　（kg）

年　齢		小　　　学　　　生					
		6歳	7歳	8歳	9歳	10歳	11歳
男子	1960年	19.1	21.0	23.2	25.5	28.0	30.7
	1980年	20.8	23.2	26.0	28.9	32.4	36.2
	2000年	21.8	24.4	27.7	31.2	35.1	39.4
	2019年	21.4	24.2	27.3	30.7	34.4	38.7
女子	1960年	18.5	20.5	22.7	25.2	28.2	32.3
	1980年	20.3	22.6	25.5	28.5	32.6	37.3
	2000年	21.3	23.8	27.0	30.7	34.9	40.1
	2019年	20.9	23.5	26.5	30.0	34.2	39.0

出所：文部科学省，2019をもとに筆者作成。

に身長・体重ともに値が大きくなっていることがわかります。これに，第二次性徴*1（男子の精通，女子の初経など）の低年齢化を含めた現象は，「発達加速現象」と呼ばれています。しかし近年では，その加速度が上げ止まりになっています。2000年と2019年の数値を比較してみてください。ほぼ全ての年齢で，身長・体重ともに，数値が下がっています。実はその傾向はすでに，1980年から2000年までの数値の変化にあらわれています。1960年から1980年までの数値の増加に比べて1980年から2000年までの増加が緩やかであることがわかるでしょう。食生活の変化や移動手段の変化による人々の交流など，原因はさまざまに

＊1　性徴とは「性の特徴」のことで，生まれてすぐに目視できる，生殖器（陰嚢・陰茎，陰門など）の差による特徴は第一次性徴といいます。人間の場合，この性が法律的性と一致します（赤井，2006）。

推測されますが，この加速の停滞は，「私たち」が「出合う世界」に影響を受ける生物であることをあらためて示しているといえるでしょう。

　また，身体面としては，粗大運動や微細運動といった運動能力はともに複雑化し，用具（バットなど）をもちいた運動が上手になります。

　児童期はピアジェの発達段階説の具体的操作期にあたります。具体的な内容に限られますが，筋道を立てて辻褄の合う考え方（論理的思考）ができるようになる段階です。目の前に存在しない，あるいは，目の前で起こっているわけではない事柄に関しても筋道を立てて考えること，実はそれは，学校でのそれぞれの教科の学びに必要とされる能力です。たとえば，目の前に存在しない，会ったこともない誰かが読んでもわかるように文章を書く，などの能力です。また，そのように誰かわからない相手が読んでも，失礼のないような「丁寧なことば」も使うことができるようになっていきます。むしろ，そういうことばを使うように勉めることを求められ，私的な「やりとり」からより公的な「やりとり」が可能になり，結果的に社会的スキルが向上します。

2　児童の環境（文脈）

　児童期は小学校の 6 年間を指します。それは，その年数を基本的に同じ小学校で過ごすことを意味します。つまり，小学校では，自分とは年齢の異なる児童との交流も持ちながら，勉強を中心に過ごさなければならないのです。

　年齢の異なる児童はもちろん，同年齢の児童であっても，保育所や幼稚園とは異なり，さまざまな家庭の背景をもった集団であり，他児童とのやりとりは簡単には進まず，そのことが，自他を比較するきっかけになるといえます。また，小学校への入学時には，最年少，つまり，同じ年の児童たち以外は全て年上ですが，年々，自分より年上の児童が卒業し，年下の児童が増えることによって，自分自身の学校における位置づけも変えなければならなくなります。そのような異年齢の集まりで構成される小学校で過ごす時間の割合が多くなることと相まって，家族関係に比べて友だち関係を大切にするようにもなってきます。小学校においてはこのように，自分が社会からどのように期待されているのか，ということを意識するようになり，自身の置かれている「出合う世界」への適

応のみでなく，それ自体を変えていくような活動も始めるようになります。

　また小学校では，ルールに従う集団行動を求められ，そのことによってそれまではわからなかった不適応・困り感が際立つこともあります。たとえば，学習障害は，学校という勉強を中心とする場所への参加をきっかけに気づかれることがほとんどです。

3　児童の道具使用

①二次的ことば

　第1項で取り上げた，誰が読んでもわかる文章を書くには，二次的ことばを使う必要があります。二次的ことばとは，岡本（1985）が提唱した用語です。岡本は，幼児期までの親しい特定の人を宛先にした日常会話的な話しことばを一次的ことばと呼び，それと比較して，不特定の一般者を宛先にした一方向的な話しことば・書きことばであり，小学校への入学で獲得が求められることばを二次的ことばと呼びました（岡本，1985）。二次的ことばは，不特定の一般者を宛先にするという特徴から，第1項でも書いた通り，勉強のために使う道具として，小学校において獲得が必須とされます。また，二次的ことばは，親しい特定者ではない相手とのやりとりの道具としても有効であり，社会化を促進する機能もあります。

　この二次的ことばの獲得は，幼児期以前に比べて，より社会的スキルが必要とされる場面へ参加すること，また，そのスキルを使って振る舞うことが，児童期に要求されるようになることを意味しています。

②ギャング集団

　まるで特撮ヒーローものの悪役軍団のような表現ですが，この時期に形成される，異なる年齢を含めた児童たちの集まりのことです。ギャング集団は，単に友だち関係を重んじるための集まりではなく，集まりの中で，来るべき社会関係がシミュレーションされるなど，自分自身の役割や責任，社会的スキルに関して考える機会になります。小学校という公の「出合う世界」における，非常に私的な集団であるにもかかわらず，まだ完全なる責任ではないものの，少

なくとも自分自身の行動の責任を負うような経験をすると考えられます。そういう意味で，ギャング集団自体が社会への橋渡しの道具となっているといえます。

4　子どもを理解するためのまなざし

児童期はゆっくりと発達が進んでいく時期です。幼児期までの急激な発達と比べると，小学校での 6 年間はあたかも発達が停滞しているかのようです。しかし，このゆっくりさは，6 年間をフルに使って，この後に「出合う世界」，大海原に漕ぎ出すための船をじっくりと建造中という感じでしょう。

とは言え，その船は，やはりまだまだ具体的操作期から抜け出せてはいません。より広い海原で，たくさんの「出合い」と「やりとり」を体験することによって，社会を担う存在へと発達していくのです。この時期に何かができないからといって急かしたり，考えを押しつけたりするのは，大人の傲慢でしかありません。これからの社会を担う有望な存在の発達を支援するには，大人こそがじっくりと取り組まなければならないのです。

まずは中学校への入学を一つのランドマークとして，それまでに○○ができるようになっておこう，という「めあて」をたてて，そのためにはどのような働きかけが必要なのかを考えるために，個々の特徴を理解することが肝要です。

📖 さらに学びたい人のために

○アムリン，D.・ヴォネッシュ，J. 芳賀純・原田耕平・岡野雅雄（訳）（2021）．ピアジェ入門　活動と構成──子どもと学者の認識の起源について──　三和書籍
○ハリス，M.・ウェスターマン，G. 小山正・松下淑（訳）（2019）．発達心理学ハンドブック──子どもの発達理解のために──　明石書店
○佐藤公治（2015）．ヴィゴツキーの思想世界──その形成と研究の交流──　新曜社

引用文献

赤井誠生（2006）．性徴　中島義明・繁桝算男・箱田裕司・安藤清志・子安増生・坂野雄二・立花政夫（編）心理学辞典（MLP 版）　有斐閣

アムリン，D.・ヴォネッシュ，J. 芳賀純・原田耕平・岡野雅雄（訳）（2021）．ピアジェ入門　活動と構成――　子どもと学者の認識の起源について――　三和書籍

エヴァンズ，R. 宇津木保（訳）（1975）．ピアジェとの対話　誠信書房

ハリス，M.・ウェスターマン，G. 小山正・松下淑（訳）（2019）．発達心理学ハンドブック――子どもの発達理解のために――　明石書店

新村出（編）（2008）．広辞苑　第 6 版　岩波書店

文部科学省（2019）．学校保健統計調査

内閣府（2019）．令和元年版少子化社会対策白書　全体版（PDF 版）（p.68）https：//www8.cao.go.jp/shoushi/shoushika/whitepaper/measures/w-2019/r01pdfhonpen/pdf/s 2 - 2 -2.pdf（2020年 4 月25日）

中道圭人（2019）．認知の発達　下山晴彦・佐藤隆夫・本郷一夫（監修）林創（編著）発達心理学（公認心理師スタンダードテキストシリーズ12）（pp.54-69）ミネルヴァ書房

岡本夏木（1985）．ことばと発達　岩波書店

ピアジェ，J. 谷村覚・浜田寿美男（訳）（1978）．知能の誕生　ミネルヴァ書房

佐藤公治（2015）．ヴィゴツキーの思想世界――その形成と研究の交流――　新曜社

ヴィゴツキー，L. S. 柴田義松（訳）（1970）．精神発達の理論　明治図書

ヴィゴツキー，L. S. 土井捷三・神谷栄司（訳）（2003）．「発達の最近接領域」の理論――教授・学習過程における子どもの発達――　三学出版

中学生・高校生の発達の心理学

【ポイント】

第3章の学びのポイントは以下の3点です。

①青年期の特徴について理解しましょう。

②エリクソンの心理社会的発達の8段階説（漸成説），コールバーグの道徳的判断の発達段階説に触れましょう。

③中学生・高校生の発達過程を理解しましょう。

1 思春期と青年期

児童期には，「緩慢期」と呼ばれるほどゆっくりと発達が進んでいきますが，児童期後期になると身体的発達の進みが急速になります。これを「発育スパート」と呼びます。第2章の表2-1，表2-2，本章の表3-1，表3-2を見ると，小学校5年生から中学校2年生にかけての伸びが大きいことがわかります。また，女児には，乳房の発達・腰幅の広がり・皮下脂肪の発達等，男児には，肩幅の広がり・筋肉の発達・ひげをはじめとする体毛の発達・喉頭の発達と声変わり等の第二次性徴が見られます。また，中学校1年女子の80%に初経が，男子の40%ほどに精通が訪れ，生物学的に男女とも次の世代を育めるように身体的な成熟が進みます（東京都幼・小・中・高・心性教育研究会，2014）。この性的・身体的発達が一生の中で最も急速に進む時期を思春期といいます（遠藤，1995）。思春期の訪れは，自分自身をまだ子どもだと捉えていた児童生徒に，その性的・身体的変化への戸惑いと，親を含めた社会からの，今までと変わらない子どもとしての扱いに対して葛藤を引き起こします。この不安定な心理・社会的側面に焦点を当ててこの思春期以降の時期を捉える用語が青年期です。発達心理学の領域では大まかに言って，思春期，つまり第二次性徴の開始（児童期の後期から中学生以降）から，社会・経済的自立までを青年期と位置づ

表3-1　年齢別に見た中学生・高校生の平均身長の年次推移　　　　(cm)

年　齢		中学生			高校生		
		12歳	13歳	14歳	15歳	16歳	17歳
男子	1960年	141.9	148.1	155.1	161.2	163.6	165.0
	1980年	149.8	156.9	163.6	167.0	168.9	169.7
	2000年	152.9	160.0	165.5	168.6	170.1	170.8
	2019年	152.8	160.0	165.4	168.3	169.9	170.6
女子	1960年	144.0	148.1	150.7	152.7	153.3	153.7
	1980年	150.6	154.0	156.0	156.6	156.9	157.0
	2000年	152.1	155.1	156.8	157.3	157.7	158.1
	2019年	151.9	154.8	156.5	157.2	157.7	157.9

出所：文部科学省，2019をもとに筆者作成。

表3-2　年齢別に見た中学生・高校生の平均体重の年次推移　　　　(kg)

年　齢		中学生			高校生		
		12歳	13歳	14歳	15歳	16歳	17歳
男子	1960年	34.6	39.3	45.3	51.0	54.1	56.1
	1980年	41.4	46.7	52.4	56.9	59.2	60.6
	2000年	45.4	50.4	55.4	59.7	61.2	62.6
	2019年	44.2	49.2	54.1	58.8	60.7	62.5
女子	1960年	36.9	41.5	45.3	48.1	49.6	50.4
	1980年	42.6	46.5	49.6	51.4	52.2	52.1
	2000年	45.0	48.3	50.7	52.1	53.0	53.1
	2019年	43.8	47.3	50.1	51.7	52.7	53.0

出所：文部科学省，2019をもとに筆者作成。

けます。社会・経済的自立に関しては，それぞれの「出合う世界」によって定義が曖昧なので，30歳位までも青年期に含めることもあります。青年期の区切りに関しては，文化的要因の影響が大きいといえるのです。

　変化が緩慢で，そのおかげでどちらかといえばバランスが保たれていた児童期から，性的・身体的成熟への大きな変化が始まる思春期の訪れをきっかけに，青年期は心身ともにさまざまな部分でのバランスが崩れ，そこから新しいバランスを見つけようとする時期であるといえます。特に性的成熟に関しては個人差が大きく（赤井，2006），心理的な不安定さのきっかけになっているといえるでしょう。そして，その解決，つまり新しいバランスへは，身体的な側面よりも，心理・社会的な側面から到達するといえます。その意味で青年期は，生物学的要因と文化的要因がぶつかり合う，「ヒト」から「人」への真の移行期と

捉えられるでしょう。

　この青年期の内の6年間を占める中学生・高校生の発達を理解するナビゲーターとして，発達心理学の2人の巨人の理論を紹介します。エリク・ホムブルガー・エリクソン（Erikson, E. H.）とローレンス・コールバーグ（Kohlberg, L.）です。エリクソンは，フロイト（Freud, S.）の影響を受け，私たちの生涯を支援・研究の対象にすべきという観点から，ライフサイクル論を提唱しました。そのライフサイクル論の中に，アイデンティティという青年期を捉えるための重要な考え方が含まれています。一方のコールバーグは，ピアジェの発達段階説に影響を受けた道徳的判断の発達段階説を提唱しました。両者もピアジェやヴィゴッキーと同じように，「私たち」は「出合う世界」との「やりとり」を通して発達していくのだ，という視点から自身の考えを展開しました。ただ，ここまで書いてきた通り，青年期はより文化的な影響を強く受ける時期ですので，「出合う世界」の意味が大きくなります。その世界でどのように生きていくのか，というまなざしが「私たち」に必要になってくるといえます。エリクソンとコールバーグの考えはそのような，「出合う世界」との「やりとり」を通して「私たち」が「私たち」自身を見つめるようになる，という視点に重きが置かれた発達論です。

［2］　心理・社会的発達についての考え方

　青年期は，ピアジェの発達段階の形式的操作期にあたり，間接的・抽象的に「出合う世界」を捉えられるようになってきます。その意味で，先に書いた通り，量的な変化よりも質的な変化，身体的発達よりも心理・社会的発達が中心になってくる時期です。その心理・社会的発達を，段階的に捉えたエリクソンとコールバーグの理論を紹介します。

1　エリクソンの心理・社会的発達の8段階説（漸成説）

　1902年，エリクソンはユダヤ系デンマーク人女性の子としてドイツに生まれました。生まれる前に両親は離別しています。3歳の時，母親がドイツ人医師

と再婚し，エリクソンは養子になったのですが，ユダヤ人学校では「北欧的容貌」から「異教徒」として扱われ，ドイツ人コミュニティでは「ユダヤ人」として扱われ，家庭では「養子」という，どこかに受け入れられているという感覚を持てないままに青年期を迎えました。このことが，のちのアイデンティティの概念へつながったといわれています。エリクソンは大学に進学せず，「私は画家であった」（岡堂，1981）ということばが暗示するように放浪します。ウィーンで美術教師をすることになり，そこで児童精神分析に出合い，魅せられ，フロイトの末娘で児童精神分析を発展させていたアンナ・フロイト（Freud, A.）に師事し，精神分析家としての訓練を受けました。その後，アメリカへ渡り，児童・青年を対象として臨床・研究ならびに精神分析の教育にも携わりました。そして，臨床事例や自身の生育歴・生活体験をもとに，生涯における他者や世界との関わり方（エリクソンはこれを，心理・社会的モダリティと呼びました）を中心に据えた心理・社会的発達の8段階説を提唱しました（図3-1；9段階になっていますが，そのことについては後述します）。この段階説は漸成説とも呼ばれ，「私たち」が生まれてから「出合う世界」との「やりとり」の中で乗り越えるべき課題が発達段階ごとに決まっていて，それらを乗り越えることによって生きるための力（「徳（basic virtue）」と呼ばれます）を獲得する，というものです。課題には，それぞれの段階で「出合う世界」に適応的な状態（同調傾向）と不適応的な状態（失調傾向）との葛藤として直面します。これを心理社会的危機と呼びます。たとえば，第Ⅰ段階は生後約1年間の乳児期で，乳児自身の欲求と「出合う世界」とのあいだに対応関係があることを学習する「基本的信頼」と，自身がさらされる可能性のある危険に対しての準備や不安の予期である「基本的不信」の葛藤に直面します。お腹が空いたときにお母さんがミルクをくれる（対応関係）ということを学習しつつ（「基本的信頼」），ミルクをくれないこともあるので，死んでしまうかもしれないと覚悟（予期）もします（「基本的不信」）。このような葛藤を経験する中で，「基本的信頼」が「基本的不信」を上回るようなバランスになると，「希望」という力を手に入れます。この「希望」についてエリクソンは，「希望こそ，まさに基本的な人間の強さです。希望がなければ人間は生きながらえることができません」と述べています（エヴァ

		1	2	3	4	5	6	7	8	9
超高齢期	9									摑まえておくこと 対 手放すこと 老年的超越
老年期	Ⅷ								統合 対 絶望，嫌悪 英知	
成人期	Ⅶ							生殖性 対 停滞 世話		
前成人期	Ⅵ					親密性 対 孤立 愛				
青年期	Ⅴ					アイデンティティ 対 アイデンティティ拡散 忠誠				
学童期	Ⅳ				勤勉性 対 劣等感 適格					
遊戯期	Ⅲ			自主性 対 罪悪感 目的						
幼児期初期	Ⅱ		自律性 対 恥，疑惑 意志							
乳児期	Ⅰ	基本的信頼 対 基本的不信 希望								

図 3-1　心理・社会的発達段階

注：それぞれのマスの中の上段が「同調傾向」，中段が「失調傾向」，下段が「徳」。
出所：エリクソン＆エリクソン，2001；エリクソン，2011をもとに筆者作成。

ンズ，1981）。ある段階で手に入れる「徳」は，次の段階以降に影響を与える，あるいは，発達の土台になる，と考えていたのです。なおエリクソンは，「基本的信頼」が「基本的不信」を完全に排除するとは考えませんでした。危険を予期するという点から見れば，「基本的不信」も必要だからです。前者が常に後者を上回っていれば適応的に振る舞える，ということを想像することは難しくないでしょう。エリクソンはそのように「徳」を考えたのです。

①アイデンティティとライフサイクル

　エリクソンには同名の著書があります（エリクソン，2011）。アイデンティティは無冠詞，ライフサイクルには定冠詞の‘the’がついています。ライフサイクルとは，「私たち」の生涯に起こる変化には，ある程度の似たところがある，という考え方です。たとえば，生まれ・育てられ・育てる者となり・死んでい

く，という変化，また，育てられている期間・育てる者となった期間にも，安定と不安定を行き来するなどといった，似たサイクル（環）が見られます。このようなことは，多くの人が感覚としてはわかっているだろうということで 'the' をつけたのでしょう。一方，無冠詞のアイデンティティは，それ自体は一般的なことばですが，エリクソンは独特の思いを込めて取り上げています。

　アイデンティティとは，簡単に言ってしまうと，「自分とは何者か」という感覚で，心理・社会的発達段階の第Ⅴ段階，青年期の同調傾向として位置づけられています。この段階の課題は，アイデンティティとアイデンティティ拡散の葛藤を乗り越え，「忠誠」という「徳」を手に入れることです。アイデンティティの中身についてエリクソンは，「自分自身の斉一性と時間の流れの中での連続性を直接的に知覚すること。それと同時に，自分の斉一性と連続性を他者が認めてくれているという事実を知覚すること」と説明しています（エリクソン，2011）。斉一性と連続性というのは，「あの時のおねしょをした私も，その時の遅刻ばかりしていた私も，この時の最優秀賞をもらった私も，これから社会人になっていく私もすべて私です」，つまり，同じで連なっている，という感覚のことです。また，直接的に知覚すること，というのは，その感覚は主観的であるということで，さらに，その感覚を周りの人たちが認めてくれているという感覚と相まってアイデンティティという感覚をもつに至る，ということを示しています。自分で勝手に「自分とはこういう者だ」という感覚をもつだけでなく，それを「出合う世界」も認めてくれている，という確信をもつことが重要なのです。この確信がもてていない状態をアイデンティティ拡散（または「役割の混乱」）といいます。そして，「希望」と同様に，アイデンティティがアイデンティティ拡散よりも上回るようなバランスになると，「忠誠」という力を手に入れるのです（図3-1，図3-2）。

　「忠誠」についてエリクソンは，「（私は）特定の現存組織によって確立された価値を順守する能力の発達について述べているのです」「忠誠にたいする能力の発達がなければ，個人は，いわば弱い自我をもつか，あるいは従属しうる逸脱集団を探すかいずれかでしょう」と述べています（エヴァンズ，1981）。つまり，「出合う世界」に誠実に向き合う力を「忠誠」としているといえます。自

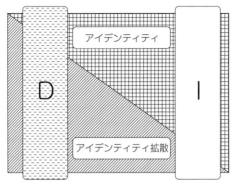

**図3-2　アイデンティティとアイデンティティ
拡散のバランス**

注：アイデンティティがアイデンティティ拡散を上回って
いる場合（「I」の状態），その個人は全体としてアイ
デンティティの感覚をもっていると捉えられる。一方，
その逆の場合（「D」の状態），その個人は全体として
アイデンティティ拡散の状態であると捉えられる。
出所：エリクソン，2011をもとに筆者作成。

分自身の存在を時間（過去・現在・未来）と空間（「出合う世界」）の両方の面か
らしっかりと捉えることで，社会で真に生きていく力を身につけられるのだ，
といえるでしょう。

　アイデンティティの感覚に至る道筋を，エリクソンは次のように3つの過程
で捉えています。

　1）「出合う世界」から与えられた自分の姿を見つめ直し，それが本当に自
　　　分なのかあらためて考える。

　2）自分自身で真の自分と感じられる自分を探す。

　3）探し出した自分は，「出合う世界（他者や社会）」にとっても意味があり，
　　　かつ，認められる自分であることが必要である。

　第Ⅳ段階（学童期；児童期）までに「私たち」は，「出合う世界」から「足速
いよね」「国語が得意だね」「良い子だよね」などと，受け身的にある姿を与え
られます。自分でもその姿で自分を捉えているのですが，思春期の訪れととも
にその姿を疑うようになり，それで良いのかどうか悩むようになります。これ
が第Ⅴ段階の危機です。そして，自分はどんなことが得意なんだろう，どんな

ことができるんだろう，と自分自身で主体的・能動的に本当の自分を探します。エリクソンは，この探すための期間を「モラトリアム」，探すための営みを「役割実験」と呼びました。「モラトリアム」はもともとは経済用語で，借金などの支払いが猶予される期間のことです。社会の責任から開放されていて，自分自身の役割についてさまざまな実験ができる期間を表す用語として的確といえるでしょう（「モラトリアム」の考えは，エリクソン自身の放浪がヒントになっていると言われています）。そして，モラトリアムを通して探し出した自分の姿が「出合う世界」からも認められているという実感から得られる感覚が，アイデンティティなのです。一方，この感覚が得られていない状態をアイデンティティ拡散と呼びます。エリクソンは，「アイデンティティの感覚は肯定的と否定的との両方の要素から成り立っていると思う」と述べていますが（エヴァンズ，1981），先に書いた通り，エリクソンはアイデンティティがアイデンティティ拡散を完全に排除するとも考えていないのです。両方の要素のバランスがアイデンティティの感覚を作り上げるのです（図3-2）。「私たち」は「出合う世界」との「やりとり」の中で，自分自身について悩みながら「出合う世界」で生きていきますが，真の自分自身について悩み始めるのが青年期なのです。

②アイデンティティ・ステイタス

　マーシア（Marcia, J. E.）は自身の臨床事例をもとに，危機を経験したかどうか，何かに傾倒しているかどうかという2つの点からアイデンティティを分類するというかたちでエリクソンの考え方を発展させました。ここでの「危機」とは，自身に関するいくつかの可能性について迷い苦しむこと，「傾倒」とは，自身の信念に沿って責任もって行動することです（Marcia, 1966）。分類は次の通りです。

　1）アイデンティティ達成：危機を経験した＋傾倒している（エリクソンのいうアイデンティティ）
　2）モラトリアム：危機の最中＋傾倒しようとしている（エリクソンのいうモラトリアム）
　3）早期完了：危機を経験していない＋傾倒している

4 a）アイデンティティ拡散（危機前）：危機を経験していない＋傾倒していない

4 b）アイデンティティ拡散（危機後）：危機を経験した＋傾倒していない（エリクソンのいうアイデンティティ拡散）

マーシアの貢献としては，エリクソンが想定をしていなかった早期完了をアイデンティティの在り方（ステイタス）として位置づけたことだといえます。「自分の目標と親の目標の間に不協和がない。どんな体験も，幼児期以来の信念を補強するだけになっている」と説明されるアイデンティティの在り方です。

③エリクソンの考え方の変遷

エリクソンは心理・社会的発達段階の図（図3-1）に関して，「こうした図は，これを理解してそして捨て去ることができる人が，真剣な注意を向ける場合にのみ，お薦めできるものである」（エリクソン，2011）と書いているように，自身の考えを柔軟に修正しました。その修正は先にも書いたとおり，自身の生活体験をもとにしています。たとえば，元々は第Ⅶ段階が老年期だったのを，自身が子育てをする中でその期間の重要性に気づき，成人期を第Ⅶ段階としたり，90歳を超えたときに老年期の後にも心理・社会的発達はあると考え，妻のジョウン（Joan M. Erikson）とコラボレーションして，超高齢期である第9段階を構想しました（エリクソン＆エリクソン，2001：図3-1）。そもそも，自身の理論を漸成（epigenesis：生物の形態や構造は，発生の過程で漸次形成されていくという考え）ということばで理論化したように，「私たち」が「出合う世界」との「やりとり」の中で漸次変化していると捉えたエリクソンが，自身の理論の漸成を拒むことは自身の意に反することになったでしょう。

2　コールバーグの道徳的判断の発達段階説

エリクソンの理論は，「私たち」があの自分もこの自分も自分である，という感覚をもつだけではなく，「出合う世界」から「私たち」自身が受け入れられているという感覚をもつことを重視していることがわかります。そして，そのように受け入れられるためには，受け入れられるような振る舞いをすること

が必要です。では，どのように振る舞えば良いのでしょうか。その一つの目安となるのが道徳です。「人のふみ行うべき道」（新村，2008）などと説明される道徳ですが，心理学の領域では道徳性（morality）と呼ばれ，2つの側面から捉えられています。一つは道徳的判断で，社会で認められている正しいことと正しくないことについてのルールを受け入れること，もう一つは道徳の行動的側面で，そのルールに基づいて行動しようとする心理的な傾向です。道徳的判断の発達について，認知的側面からの研究の流れを作ったのはピアジェでした。ピアジェは「子どもの道徳的判断に関する私の研究は，同僚のひとりが言った言葉がきっかけになったものです」と述べていますが（エヴァンズ，1975），その成果を発展させたのがコールバーグです。

　コールバーグは1927年に，ニューヨークでユダヤ系ドイツ人の家に生まれました。大学進学前にイスラエルの難民問題関係のボランティアをし，大学は成績が優秀だったため1年間で学部課程を修了し，大学院へ進みロジャーズ（Rogers, C. R.；第14章参照）などに学びました。ピアジェの発達段階説や道徳研究に影響を受け，青年男子の道徳的推理に関する研究で博士号を取得しました。大学に職を得てからは，道徳教育のためにオルタナティブ・スクールを開くなどしました（若井，1995）。

①モラルジレンマ

　ピアジェに影響を受けたコールバーグは，ピアジェが用いた臨床法（子どもとの対話を通して，子どものありのままの思考を引き出す方法（滝沢，1995））によって道徳的判断の発達を研究しました。コールバーグは，モラルジレンマと呼ばれる題材（図3-3）を提示して，たとえば，「1）ハインツはその薬を盗むべきですか？　それはなぜですか？……，7）人は，法に従うためにでき得るすべてのことをしようとすべきですか？　それはなぜですか？」といった質問をし，子どもたち（を含む研究協力者）の判断とその理由を引き出しました（ライマー，パトリオット＆ハーシュ，2004）。モラルジレンマは図3-3にあるように，「そうすべきかどうか」に正しい答えがなく，葛藤を引き起こすような題材です。コールバーグは，「そうすべきかどうか」の判断自体ではなく，その理由

　　ヨーロッパのある国で，ある女性が特別な種類の癌にかかって死にそうになっています。医者によれば，この人を救うことができる薬が1つだけあります。その薬が，同じ町に住んでいる薬剤師が最近発見したラジウムの一種です。その薬を作るのにはお金がかかるけれども，その薬を製造するための費用の10倍の値段を薬剤師はつけています。つまり，薬剤師はそのラジウムには200ドル使い，わずか一回分の薬に2,000ドルの値段をつけているのです。病気の女性の夫であるハインツは，あらゆる知人からお金を借りましたが，薬の値段の半分の1,000ドルしか集められませんでした。彼は薬剤師に自分の妻が死にかけていることを話し，値引きしてくれるよう，あるいは後払いをさせてくれるように頼みました。けれども薬剤師は「それはできない。私がその薬を発見したんだし，それでお金を稼ぐつもりだからね」と言います。ハインツは思いつめてしまい，妻のために薬を盗もうと，その男の薬局に押し入ることを考えています。

図3-3　モラルジレンマの例（ハインツのジレンマ）

出所：ライマー，パトリオット＆ハーシュ，2004をもとに筆者作成。

に注目し，6段階からなる道徳的判断の発達段階説を提唱しました。

②道徳的判断の3水準6段階説（表3-3）

　ピアジェに影響を受けたコールバーグの道徳的判断の発達段階説は，それぞれ前操作期，具体的操作期，形式的操作期に対応する前慣習的水準，慣習的水準，原理的水準から成り立っています。さらに，それぞれの水準には2段階が設定されていて，細かい質的な違いを捉えようとしています。ピアジェは道徳性を，他者の立場を考えずにわかりやすい基準を絶対的なものとして判断する「他律的な判断」から，行為の意図や動機，自分や他者の立場やさまざまな条件を考えに入れる「自律的な判断」へと発達すると捉えました（エヴァンズ，1975）。同様にコールバーグも，結果のみを重視して正しさを判断する前慣習的水準から，行動の意図や社会的なルールとの関連を基準として判断する慣習的水準，そして，人の命の尊厳という，社会的ルールだけでは判断することができない，ルールを超えた理由づけを基にした判断ができるようになる原理的水準へと発達していくと捉えました。

　青年期は，原理的な水準に入っていく段階です。形式的操作期の特徴である抽象的に考える能力をもとに，ルールに従うことの重要性は理解しつつも，ルールだけでは割り切れない判断にも向き合っていけるようになるのです。たとえば，図3-3のハインツのジレンマの場合，「盗むべき。なぜなら，生命を尊

表3-3　コールバーグの道徳的判断の発達段階

水　準	段　階
I. 前慣習的 (preconventional) 水準	1. 服従と罰への志向
	2. 道具的功利的相対的志向
II. 慣習的 (conventional) 水準	3. 対人的一致，良い子への志向
	4. 社会システム・社会的秩序維持への志向
III. 後慣習的 (postconventional)	5. 社会契約的遵法的志向
あるいは原理的 (principled) 水準	6. 普遍的な倫理的原理への志向

出所：二宮，2016，P. 398。

表3-4　ギリガンの道徳性の発達段階

レベル	段　階
レベル I	個人的生存への志向
移行期 I	利己主義から責任性へ
レベル II	自己犠牲としての善良さ
移行期 II	善良さから真実へ
レベル III	非暴力の道徳性

出所：二宮，2016，P. 398。

重し保護するという原理に従って行動することは，道徳的に正しいから」，「盗むべきではない。なぜなら，他にも薬を必要としている人がいるはずであり，困っている全ての生命の価値を考慮に入れなければならないから」（コールバーグ，1987）というような判断理由を示すことができるようになるのです。

③道徳的判断の男女差に関する指摘

　コールバーグの道徳的判断の発達段階説は，フロイトやピアジェ，エリクソンの理論のように，基本的には男性のデータ中心に築かれました。その点についてギリガン（Gilligan, C）は，男性が自身とは関係ないところでの道徳性を想定する一方，女性は自身の文脈で考える，男性は正義に重点を，女性は配慮と責任に重点を置くとして，コールバーグとは異なる発達段階を提案しました（表3-4）。道徳性という，「私たち」が同じようにもっていると考えられるような側面さえ，男女差，すなわち，生物学的な違いをもとにして歴史的つくられてきた違いがあることを指摘しているといえるでしょう。しかし，ギリガンが想定したほどには男女差はないことも示唆されています（ハリス＆ウェスターマン，2019）

$$\boxed{3}\quad 中学生・高校生の発達$$

　ここまで，エリクソンとコールバーグの発達段階説をナビゲーターとして青年期の特徴を見てきました。以降，第 2 章までに倣って，「出合う世界」との「やりとり」から自分を見つめるようになる中学生以降の発達について，見ていきます。

1　中学生・高校生の特徴（能力）

　先にも取り上げましたが，児童期後期から中学まで，身体的発達が急速に進みます（表 3-1，表 3-2）。この変化が青年期の葛藤のきっかけになるのですが，児童期同様，ここでも年次推移に上げ止まりが見られます。さらに，初経・精通の年次推移に注目してみると，特に男子でその傾向が強く見られます（図3-4）。中学校 1 年生から 3 年生の精通の割合が，2002年から2014年にかけて，約10ポイント下がっています。同じ調査では，中学校 3 年生の男女に性交願望をきいていますが，1987年には男子生徒の86％が「ある」と答えていたのに比べ，2002年では50％，2014年では25.7％と減っています。また女子生徒の結果は，1987年が36％，2002年が26％，2014年は10.9％です（東京都幼・小・中・高・心性教育研究会，2014）。この性交願望の減少は，生理学的な要因のみではなく，文化的な影響が示唆されます。身体的発達は高校に入るとスローダウンします（表 3-1，表 3-2）。量的な変化が質的な変化に取って代わられる，といえるでしょう。

　中学生・高校生の時期は，ピアジェの認知発達段階説の形式的操作期にあたります。具体的・直接的な思考から間接的・抽象的な思考が可能になり，そちらに重きが置かれるようになります。友情や愛，平和など，抽象的な事柄について論理的に考えることが可能になることによって，論理的に他者と自分自身とを比較することが可能になり，自身の将来などに関しての悩みを増大させる結果にもなるといえます。そして，身体的な変化をきっかけに始まる不安定さと相まって，不満や不安を，身近な存在や社会全体に対する反抗として発散さ

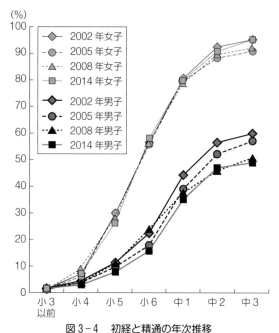

図3-4 初経と精通の年次推移
出所：東京都幼・小・中・高・心性教育研究会，2014，p. 3。

せるようになります。このような反抗を見せる時期を，第二反抗期と呼びます
（幼児期前期のイヤイヤ期を第一反抗期と呼びます）。反抗はそのまま自分自身を
見直すきっかけともなり，自分自身の模索（アイデンティティ）へとつながっ
ていきます。

2 中学生・高校生の環境（文脈）

①学校環境・進学率

中学校は小学校と同様，義務教育ですが，それまでの学級担任制から教科担
任制へ変わります。教科ごとに担当する先生が替わることに戸惑う生徒もいま
すが，一方で，小学校までは学級担任とうまくいかない場合，少なくともその
年度は我慢せざるをえませんでしたが，中学校ではさまざまな先生との「やり
とり」が可能となることで，閉塞感は軽減されるといえます。

　中学校ではまた，試験の形式も変わります。中間試験，期末試験と，試験の期間や範囲が決められます。それは，高校入試の準備でもあるため，中学校での3年間が，高校入試のためだけに費やされる可能性も否めません。その高校入試ですが，2020年度の進学率は98.8％（通信教育課程を除くと95.5％），男子は98.7％，女子は99.0％であり，ほぼ全員が進学するといえます（文部科学省，2020）。

　昨今では，公立学校も中高一貫校が増えてきましたが，高校が義務教育ではないことには変わりありません。高校へは，それぞれの学校が用意する入学試験に合格して入学するため，同じような興味・能力をもった生徒が集まる場所となります。つまり，他の生徒との比較が厳しく，容赦のないものになります。そのような環境であることも原因として挙げられますが，退学する生徒も一定程度でてきます。2019年度の高校退学者数は全国で42,882名でした（文部科学省，2020）。

　2020年度の大学進学率は55.8％（男子53.2％，女子58.3％；文部科学省，2020）で，全入時代（少子化によって大学の入学定員が入学年齢の人口を上回り，大学を選ばなければ希望者が全員入学できるようになること）と言われて久しいですが，決して全入しているわけではなく，むしろ，進学に慎重になっている，とも考えられます。また，子どもの貧困も影響を与えているといえます。図3-5は，ある地域の進学希望を，一般世帯と相対的貧困世帯で比較したものです。大学進学を希望する子どもの割合の差が，学年が上がるにつれて広がっていることが見てとれます。

②仲間関係

　児童期後期から中学・高校は，仲間との関係の重要性が家族との関係の重要性を上回ります。この時期の仲間関係の在り方を保坂・岡村（1992）は，ギャング・グループ（gang-group），チャム・グループ（chum-group），ピア・グループ（peer group）として以下のように捉えています。

　ギャング・グループ（gang-group）は，親から心理的に離れる（心理的離乳）ための準備段階として児童期後期に作られます。外面的に同じような行動をし，そのことによって一体感，まとまり感を持とうとします。

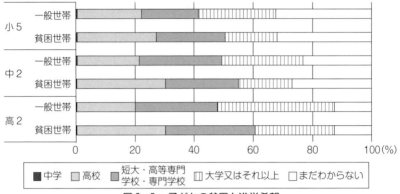

図3-5　子どもの貧困と進学希望

出所：加藤，2019，p. 64。

　チャム・グループ（chum-group）は，興味，趣味や自身の境遇，生活感情などを含めて，内面的に似ていることをお互いにことばで確認するなどして一体感，まとまり感をもとうとします。中学生によく見られる仲良しグループです。

　ピア・グループ（peer group）は，高校生以上で，チャム・グループとしての関係に加えて，お互いの価値観や理想，将来の生き方などを語りあう関係が生じてくるグループです。お互いの共通点や似ているところだけでなく，異なっていることをぶつけあうこと，つまり，内面的にも外面的にもお互いに自立した個人としての違いを認めあいながらまとまり感をもてるグループです。

　さらに保坂・岡村（1992）は，ギャング・グループでは主として「無条件の積極的関心」，チャム・グループでは主として「共感的理解」，そしてピア・グループでは主として「純粋性」が，仲間集団全体の雰囲気として重要な意味をもっていると指摘しています。これら3つは，Rogers（1957）の提唱したカウンセラーの持つべき態度の一部で（第14章参照），クライエントはそうした態度をもったカウンセラーとの関係の中で自身で自分というものをとり戻し，また育てていけるとしているのですが，青年たちはこれらの仲間関係の中で，他者との「やりとり」における重要な態度を形成しているといえるのです。つまり「私たち」は，自然にカウンセラーとしての態度を自分の中に作り上げる機会を得ているのです。しかし，それを生活に活かせているかどうかは別といえま

す。チャンスを活かせるかどうかは，個人差があるといえるでしょう。

　これらのグループについて保坂（2000）は，チャム・グループの肥大化，ピア・グループの先延ばし，という点を指摘しています。ピア・グループはお互いにぶつかり合うことが避けられないため，仲良しのままでいられるようにチャム・グループに留まり，結果的に自己形成を先延ばしにしているといえるでしょう（須藤，2014）。

3　中学生・高校生の道具使用

　繰り返し書いていますが，青年期は形式的操作期であり，間接的・抽象的な考えを展開することができます。そのための道具には，次の2つのことばが含まれるといえます。

①三次的ことば

　児童期後期になると，ことば自体を説明することが求められるような場面が増えてきます。例えば，「ミナは髪の毛一本でコップを叩きました」という文を，「ミナ」は名詞，「は」は助詞などと説明するような場面です。さらに中学生になると，授業中に与えられる資料から，それが何を意味しているのかをまとめ，それを授業中に発表する，というような課題が増えます。与えられた資料を処理し，他者に伝えられるように加工するようなときに用いることばは，三次的ことばと呼ばれます（内田，2008）。不特定の一般者を宛先にした，一方向的な話しことば・書きことばは二次的ことばと呼ばれますが（第2章参照），その発展形であり，高校から大学，社会人になっても必要な道具といえるでしょう。

②四次的ことば

　保坂・岡村（1992）は，ピア・グループの特徴として，お互いの共通点や似ているところだけでなく，異なっていることをぶつけあうことを挙げています。そのようなぶつけあいでは，単に自身の主張をぶつけあうだけでなく，相手の主張をしっかりと受けとめ，その主張を自身の主張に活かす必要があります。

その際に用いられることばを山崎・村上・野沢（2010）は，四次的ことばと位置づけています。四次的ことばとは，相手の主張をしっかりと受けとめ，その主張を取り込み，必要な場合にはその主張を乗り越えて自身の主張を相手に受け入れてもらえるよう，相手との関係を調整するために用いることば，といえます。ピア・グループで用いることを考えると，「やりとり」の中で主張を作り出していくために用いることば，といえるでしょう。

［4］　子どもを理解するためのまなざし

　乳児の特徴（第1章）にも書きましたが，人間に二度訪れる急成長期の二度目が，この青年期です。しかし，ここで注目しなければならないのは，乳児期の急成長が身長や体重などの量的側面中心であるのに対して，青年期の急成長は性的成熟など，質的側面が中心であることです。たとえば，新生児期～幼児期には，第一次性徴・離乳・第一反抗期が，青年期には，第二次性徴・心理的離乳・第二反抗期としてあらわれているのは，それだけ両方の期間に「私たち」が急激に発達することを示しているといえます。ただし大きな違いは，前者は量的な変化が中心で，後者は質的な変化が中心，という点でしょう。

　ところで，エリクソンの考えは，実際のエリクソン自身の生活に沿っていて，自身が歳を重ねることでも変化しました。まさに，ピアジェやヴィゴツキーも捉えたように，「私たち」は「出合う世界」との「やりとり」の中で，常に変化しているのです。そして，これもこの偉大な研究者たちが言っているように，「出合う世界」も変わっていくのです。少なくとも，「私たち」にとっての「出合う世界」が変わっていくのです。物理的には同じでも，意味づけが違う，といってもいいかもしれません。これを「文脈」といいます。そして，その「文脈」について語れるようになるのが，形式的操作期なのです。語れるようになるのは能力が質的に一段上がった，ということになるのですが，それは決して，人間として「上」，「崇める」対象，あるいはその人の「幸せ」につながっているとはいえません。手当たり次第に意味づけしたり，それについて語ることが「素晴らしい」わけではないのです。むしろ，そのようなことを気にせずに，「出

合う世界」のなかで和を重んじ，しかし，自分の思いを相手にしっかり伝えら
れることこそが，幸せにつながっていきます。そのような力を子どもたちが育
めるように寄り添うことこそが，子どもを支援する，ということなのです。

📖さらに学びたい人のために

○有元典文・岡部大介（2013）．デザインド・リアリティ——集合的達成の心理学　増補版　北樹出版

○エリクソン，E. H. 西平直・中島由恵（訳）(2011)．アイデンティティとライフサイクル　誠信書房

○ライマー，J., パトリオット，D. P., & ハーシュ，R. H. 荒木紀幸（監訳）(2004).　道徳性を発達させる授業のコツ——ピアジェとコールバーグの到達点——　北大路書房

引用文献

赤井誠生（2006）．性徴　中島義明・繁桝算男・箱田裕司・安藤清志・子安増生・坂野雄二・立花政夫（編）心理学辞典（MLP 版）　有斐閣

遠藤利彦（1995）．性的成熟とアイデンティティの模索　無藤隆・久保ゆかり・遠藤利彦　現代心理学入門 2　(pp.115-119) 岩波書店

エリクソン，E. H. 西平直・中島由恵（訳）(2011)．アイデンティティとライフサイクル　誠信書房

エリクソン，E. H. & エリクソン，J. M. 村瀬孝雄・近藤邦夫（訳）(2001)．ライフサイクル，その完結　増補版　みすず書房

エヴァンズ，R. 宇津木保（訳）(1975)．ピアジェとの対話　誠信書房

エヴァンズ，R. I. 岡堂哲雄・中園正身（訳）(1981)．エリクソンは語る——アイデンティティの心理学——　新曜社

ギリガン，C. 岩男寿美子（監訳）(1986)．もうひとつの声——男女の道徳観のちがいと女性のアイデンティティ——　川島書店

ハリス，M., & ウェスターマン，G. 小山正・松下淑（訳）(2019)．発達心理学ガイドブック——子どもの発達理解のために——　明石書店

保坂亨（2000）．第 6 章 いじめの背景要因としての子どもの心理発達　学校臨床研究，*1*, 49-54.

保坂亨・岡村達也（1992）．キャンパス・エンカウンター・グループの意義とその実施上の試案　千葉大学教育学部研究紀要，*40*, 113-122.

加藤弘通（2019）．調査から見る子どもの貧困と学校の関係　吉住隆弘・川口洋誉・鈴木晶子（編著）子どもの貧困と地域の連携・協働〈学校とのつながり〉から考える支援（pp. 59-71）明石書店

コールバーグ，L. 永野重史（監訳）（1987）．道徳性の形成──認知発達的アプローチ──　新曜社

Marcia, J. E.（1966）. Development and validation of ego identity status. *Journal of Personality and Social Psychology, 3,* 551-558.

文部科学省（2019）．学校保健統計調査

文部科学省（2020）．学校基本調査

新村出（編）（2008）．広辞苑　第6版　岩波書店

二宮克美（2016）．道徳性・向社会性　田島信元・岩立志津夫・長崎勤（編）　新・発達心理学ハンドブック（pp.397-406）　福村出版

岡堂哲雄（1981）．人間のライフサイクルと精神の健康　エヴァンズ，R. I. 岡堂哲雄・中園正身（訳）エリクソンは語る──アイデンティティの心理学──　新曜社

岡本夏木（1985）．ことばと発達　岩波書店

ライマー，J., パトリオット，D. P., & ハーシュ，R. H. 荒木紀幸（監訳）（2004）．道徳性を発達させる授業のコツ──ピアジェとコールバーグの到達点──　北大路書房

須藤春佳（2014）．友人グループを通してみる思春期・青年期の友人関係　神戸女学院大学論集, *61,* 113-126.

滝沢武久（1995）．臨床法　岡本夏木・清水御代明・村井潤一（監修）発達心理学辞典（p.688）ミネルヴァ書房

東京都幼・小・中・高・心性教育研究会（2014）．「児童・生徒の性に関する調査」　現代性教育研究ジャーナル, *45,* 1-6.

内田伸子（2008）．考える力を育むことばの教育──小学校英語の導入再考──　学術の動向, *142,* 49-52.

若井邦夫（1995）．コールバーグ　岡本夏木・清水御代明・村井潤一（監修）発達心理学辞典　ミネルヴァ書房

山内光哉（編）（2001）．発達心理学　下　青年・成人・老年期　第2版　ナカニシヤ出版

山崎浩一・村上香奈・野沢久美子（2010）．「悩んだとき」尺度作成の試み──大学におけるメタ発達支援の構築に向けて──　武蔵野大学人間関係学部紀要, *7,* 27-35.

第4章

アタッチメントの心理学

【ポイント】

　第4章の学びのポイントは以下の3点です。

①アタッチメントとは何かを理解しましょう。

②アタッチメント障害について理解しましょう。

③アタッチメント理論からみた子どもの問題行動や心理支援について理解しましょう。

1　アタッチメントとは何か

　アタッチメント（attachment）とは，日本語では「愛着」といい，乳児期から形成される特定の養育者との間に築かれる情緒的な絆のことを指します。たとえば，乳幼児に見られる人見知りという反応は，見知らぬ人に対する泣き・拒絶といった行動であるため，時に養育者に育児に対する困難を感じさせることがありますが，見方を変えれば，特定の養育者とそれ以外の人を区別し，特定の養育者に対する絆，すなわちアタッチメントが形成されているがゆえに生じる反応ともいえます。

　アタッチメントは，養育者からの日々の世話や肯定的な関心を通じて徐々に形成され，心の絆として確立していきます。見知らぬものや人にあった時，不安を感じた時，親にしがみついたり，抱っこをされたりすることでその状況を乗り切ろうとする「アタッチメント」行動が乳幼児には見られます。これは養育者を心のよりどころ，すなわち安全基地（secure base）として利用することで対処しようとする行動といえます。そのような安全基地が心の中に少しずつ形作られることで，乳幼児は自らの世界を探索し，発達を遂げていきます。それが結果として，子どもの社会性のみならず，認知発達（たとえば，ことばの獲得）の礎となっていくため，このアタッチメントの健全な形成は子どもの生

涯発達における重要事項と考えることができます。

　それではなぜ，人は人に対する愛情を抱くのでしょう。この疑問に対して，人の生命を維持するための欲求を生理的欲求もしくは一次的な欲求といいますが，この一次的欲求である飢えや渇きを満たしてくれる対象に対して，副産物として愛情を抱くようになるという二次的動因説という考え方がありました。しかし，ハーロウ（Harlow, 1958）のアカゲザルの実験で，副産物としてのアタッチメント形成は反証されました。この実験では，一匹の子ザルが，ミルクの出る針金製の代理母とミルクは出ないけれども柔らかな布製の代理母のどちらを好むのかを比較しました。その結果，子ザルは飢えや渇きといった生理的欲求を満たしてくれる代理母ではなく，柔らかな布製の代理母にしがみついて日中の大半を過ごすことが明らかになりました。このことから，副産物ではなく，生まれつきの欲求としての愛情行動が推定されるようになってきたのです。

　その後，イギリスの精神科医ボウルビィ（Bowlby, J.）がアタッチメント（愛着）理論を提唱します。彼は1940年代後半の欧米で見られていた，施設で育つ子どもたちに知的発達の遅れや対人不安などが生じる事例から，養育者と子どもの間の情緒的絆の剥奪がその原因ではないかと考えました。これをマターナルデプリベーション（母性剥奪）といいます。

　ボウルビィはアタッチメント行動を以下に述べるような3つの行動として整理しました。乳幼児から発せられる泣きや微笑，発声を「発信行動（signaling behavior）」，注視，後追い，接近行動を「定位行動（orienting behavior）」，よじ登り，抱きつき，しがみつき行動を「能動的身体接触行動（active physical contact behavior）」と言います。そして，これらの行動が乳児から幼児に至る発達過程の中でどのように出現するのかという観点からアタッチメントに4つの発達段階を設けました（ボウルビィ，1991）。

〈第一段階：人物の識別を伴わない定位と発信（誕生から生後8～12週頃まで）〉

　この時期は特定の他者（養育者を含めて）を識別するだけの認知能力が育っておらず，養育者や身近な人に対する特定の反応を示すというより，たとえば，図版に描かれた人の顔であっても笑顔を向けるなど，人であれば好んで反応を示します。また，身体発達上の制約（自力では移動できないなど）もあり，追視

（動くものを目で追う）やリーチング（対象に手を伸ばす）などがしばしば見られます。

〈第二段階：一人または数人の特定の対象に対する定位と発信（12週～6か月頃まで）〉

　この時期には日頃自分の身近にいて世話をしてくれる人々に対するアタッチメント行動が見られるようになっていきます。その裏返しとして，見知らぬ人に対する泣きや拒否という行動，いわゆる人見知り（6か月不安）が表れますが，見知らぬ人は「他人」ばかりを指すわけではありません。この時期の乳児にとって，世話を中心とした自分との関わりがある人（人々）を定位・発信の対象とするため，たとえ遺伝上のつながりがあっても，乳児の生活圏に存在しない人（不在がちだったり，世話をしない人）に対しては泣きや拒否といった行動が見られるようになります。

〈第三段階：発信および移動による特定対象への近接（近くにいること）の維持（6か月頃～2，3才頃まで）〉

　この時期は，それまで仰臥位（あおむけ）や腹臥位（うつぶせ）にとどまっていた子どもに，座位からハイハイ，つかまり立ち，一人歩きといったような著しい発達が見られ，アタッチメント行動のレパートリーが増えていきます。動いて自分の視界から消えていくアタッチメント対象を追う（後追い）行動，接近や近接を求める行動，自らに恐怖を与える対象からの保護を求める行動，危険や恐怖がなくなるとアタッチメント対象を「安全基地（secure base）」として行う新たな探索行動などです。

〈第四段階：目標修正的な協調性の形成（3才前後～）〉

　この時期になると，言語能力の発達や表象能力にも支えられ，物理的近接・接触を維持しなくとも，アタッチメント対象を内在化させた行動や感情の維持が可能となっていきます。つまり，アタッチメント対象が離れていても，あるいは，見えなくなっても，（多くの場合）安定したアタッチメント対象としてイメージ（表象）でき，それをよりどころとして新奇場面の探索や新たな社会性の発達を遂げることができるようになっていきます（ボウルビィは，イメージとしてのアタッチメント対象が内在化したものを「内的作業モデル」と呼び，内的作

業モデルが対人関係の中での感情や行動の基盤として機能すると考えました）。また，一時的にアタッチメント対象を必要とするような不安や恐怖を引き起こす場面に出会ったとしても，主なアタッチメント対象以外の対象をその感情処理の手段として利用するなどの柔軟な対処ができるようにもなります。

　このように，アタッチメントが獲得されていく過程やアタッチメントがのちの成長発達に影響を及ぼす過程が理論化される一方で，アタッチメント行動の個人差に着目したのがエインズワース（Ainsworth, M. D. S.）です。エインズワース（Ainsworth et al., 1978）はストレンジシチュエーション法（Strange Situation Procedure：以下，SSP）を用いることで乳幼児のアタッチメントの質に着目していきました。SSPは図4-1にある通り，一連の8つの場面を設定し，母子（養育者との）分離・再会場面が2回設けられ，乳幼児（対象：9～18か月）がどのような反応を示すのかによって，3つのアタッチメントのパターンを測定することができるとしました。

○Aタイプ（回避群）：養育者との分離を苦とせず，見知らぬ人といるような状況でも泣いたり混乱を示すようなことはなく，再会場面であっても養育者を避けたり，目を合わせようとしない行動を示します。養育者を安全基地とした探索行動を行うことはなく，養育者とは関わりなく行動します。このタイプを示す子どもの母親の特徴として，全般的に子どもの働きかけに対して拒否的に振る舞うことが多く，ほかのタイプと比較して子どもと対面しても微笑みかけたり身体的に接触することが少ないという特徴が見られました（Ainsworth et al., 1978）。

○Bタイプ（安定群）：養育者との分離に気づくと後追いしたり，泣いて抵抗を示し，見知らぬ人との接触には混乱や拒否を示すものの，養育者との再会場面では身体接触を求め，それまでの泣きや混乱から容易に落ち着きを取り戻します。また，養育者を安全基地として探索行動を行います。このタイプを示す母親の特徴として子どもの欲求や状態の変化に相対的に敏感であり，子どもに対して過剰な，あるいは無理な働きかけをすることが少ないという特徴がありました（Ainsworth et al., 1978）。

○Cタイプ（アンビバレント群）：養育者との分離場面では強い混乱や泣きを示

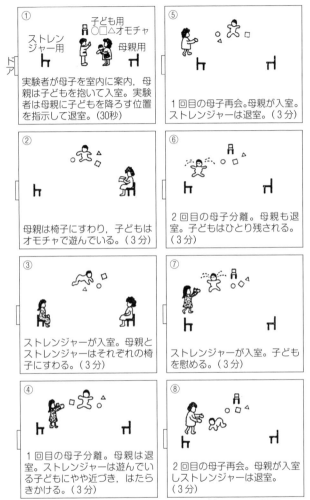

図4-1　ストレンジシチュエーション法の8つの場面
出所：繁多，1987，p.79をもとに作成。

す一方で再会場面では身体接触を求めつつ，養育者を叩いたり怒りを示したりする，アンビバレント（相反する感情を同時に示す）行動が特徴です。このタイプの母親には，子どもが発信したシグナルに対して敏感に反応することが相対的に低く，子どもの行動や情緒を上手に調節することが苦手という特徴が見られました（Ainsworth et al., 1978）。

エインズワースの SSP による 3 つのタイプの分類後，メインとソロモン（Main & Solomon, 1990）は新たなタイプとして無秩序型 D タイプ（例：分離再会場面で養育者へ近接を求めているそばから，すぐに養育者からの回避を望むといった，行動のパターンの一貫性が見られないタイプ）があることを提唱し，その一貫した行動がとれない不可思議さゆえに，注目されるようにもなりました。

さらには，成人の語りに基づいてアタッチメントを測定・分類する面接法としてアダルト・アタッチメント・インタビュー（Adult Attachment Interview：AAI）（George, Kaplan & Main, 1984）が開発されたり，近年，児童期から青年期前期のアタッチメント測定（Child Attachment Interview：CAI）（Shmueli-Goetz, 2014）の検討が進められています。

［2］　アタッチメント障害

アメリカの精神医学会が出版している精神疾患の診断・統計マニュアルである DSM-5（Diagnostic and Statistical Manual of Mental Disorders, Fifth Edition；American Psychiatric Association, 2013 日本精神神経学会監修，2014）にはアタッチメント障害として「反応性アタッチメント障害（表 4-1）」と「脱抑制型対人交流障害（表 4-2）」が示されています。

まず，反応性アタッチメント障害の主な特徴としては，養育者に対して抑制され情動的に引きこもった行動が一貫して見られるとされています。具体的には，他者との交流が最小限にとどまっていたり，他者に対する情緒的な反応を示さなかったりします。それは多くの場合，安定したアタッチメント形成の機会が制限されること（例：ネグレクト状況に置かれる）に起因します。

脱抑制型対人交流障害では，見慣れない大人に積極的に近づき，馴れ馴れし

表4-1　反応性アタッチメント障害の診断基準

A．以下の両方によって明らかにされる，大人の養育者に対する抑制され情動的に引きこもった行動の一貫した様式：

　　1．苦痛なときでも，その子どもはめったにまたは最小限にしか安楽を求めない。

　　2．苦痛なときでも，その子どもはめったにまたは最小限にしか安楽に反応しない。

B．以下のうち少なくとも2つによって特徴づけられる持続的な対人交流と情動の障害

　　1．他者に対する最小限の対人交流と情動の反応

　　2．制限された陽性の感情

　　3．大人の養育者との威嚇的でない交流の間でも，説明できない明らかないらだたしさ，悲しみ，または恐怖のエピソードがある。

C．その子どもは以下のうち少なくとも1つによって示される不十分な養育の極端な様式を経験している。

　　1．安楽，刺激，および愛情に対する基本的な情動欲求が養育する大人によって満たされることが持続的に欠落するという形の社会的ネグレクトまたは剝奪

　　2．安定したアタッチメント形成の機会を制限することになる，主たる養育者の頻回な変更（例：里親による養育の頻繁な交代）

　　3．選択的アタッチメントを形成する機会を極端に制限することになる，普通でない状況における養育（例：養育者に対して子どもの比率が高い施設）

出所：APA, 2013　日本精神神経学会監修，2014，p.137 より抜粋。

表4-2　脱抑制型対人交流障害の診断基準

A．以下のうち少なくとも2つによって示される，見慣れない大人に積極的に近づき交流する子どもの行動様式：

　　1．見慣れない大人に近づき交流することへのためらいの減少または欠如

　　2．過度に馴れ馴れしい言語的または身体的行動（文化的に認められた，年齢相応の社会的規範を逸脱している）

　　3．たとえ不慣れな状況であっても，遠くに離れて行った後に大人の養育者を振り返って確認することの減少または欠如

　　4．最小限に，または何のためらいもなく，見慣れない大人に進んでついて行こうとする。

B．基準Aにあげた行動は注意欠如・多動症で認められるような衝動性に限定されず，社会的な脱抑制行動を含む。

C．その子どもは以下の少なくとも1つによって示される不十分な養育の極端な様式を経験している。

　　1．安楽，刺激，および愛情に対する基本的な情動欲求が養育する大人によって満たされることが持続的に欠落するという形の社会的ネグレクトまたは剝奪

　　2．安定したアタッチメント形成の機会を制限することになる，主たる養育者の頻回な変更（例：里親による養育の頻繁な交代）

　　3．選択的アタッチメントを形成する機会を極端に制限することになる，普通でない状況における養育（例：養育者に対して子どもの比率が高い施設）

出所：APA, 2013　日本精神神経学会監修，2014，pp.138-139 より抜粋。

く話しかけたり，接触したり，進んでついていこうとしたり，不慣れな状況で
あっても知っている大人の行動を参考にすることなく，突き進んでしまうなど
の行動が特徴として挙げられています。多くの場合，安定したアタッチメント
形成が困難であったことに起因すると考えられています。たとえば，アタッチ
メント対象が一貫せず（多くは養育者側の都合で）次々と変化するような場合や，
アタッチメント対象が一貫している場合であっても，その対象者がある程度一
貫した養育態度を示すことができない場合（例：養育者がアルコールや薬物依存
の状態で情緒的に極めて不安定な関わりしかもてないような場合），安定したアタッ
チメント形成が困難となり，脱抑制型のアタッチメント障害が生じると考えら
れます。

　さらに米澤（2019）はアタッチメント障害の第3のタイプとして，「反応性
アタッチメント障害」と「脱抑制型対人交流障害」の併存タイプを提唱してい
ます。

　アタッチメント障害の診断や鑑別の際に注意すべきこととして，他の障害（た
とえば発達障害）と一見すると類似行動が多いという点があります。アタッチ
メント行動には，多動や衝動性（例：片づけられない・姿勢が崩れる）といった
注意欠如・多動症（ADHD）のような行動，人との関係性の希薄さ（例：人が
近寄ってくるのを嫌がる）といった自閉スペクトラム症（ASD）のような行動が
認めらます。発達障害かどうかは専門家による慎重な判断が必要ですが，発達
障害が「生来の」「生まれつき」の特性として理解されるのに対して，アタッ
チメント障害はあくまでも，「生後」「後天的」に獲得される「関係性の障害」
といえる点が大きな違いとされています。

エピソード　脱抑制型対人交流障害を示したYちゃん

　Yちゃん（小6女児）は母親による身体的暴力を理由として3才で児童養護
施設に入所しましたが，その中でも際立って手のかかる子どもでした。具体
的には施設生活上でのルールが守れない，集団の生活が送れない（たとえば
部屋を片づけられない，他児のお菓子を勝手に冷蔵庫から食べてしまう，食
べてしまったにもかかわらず，しらを切ったり，そのような不適切な行動を施

設職員から指摘，叱責されると嘘をついてごまかしたり，時には激昂し，その流れで年少の他児をいじめたり嫌がらせをするなど）が見られました。落ち着いている時のＹちゃんは，部屋にこもって一人で漫画を描いて過ごしていましたが，学校にも，施設にも友人と呼べる子はおらず，孤立しており，他児童からは腫れ物に触るような扱いを受けることもしばしばありました。学習面でのサポート役のボランティア学生が来ると，初めて会ったにもかかわらず，出会った瞬間から旧知の友人であるかのように，手をつなぎニコニコと笑顔を振りまき，唐突な距離感の近さに戸惑う学生ボランティアを横目に「〇〇へ行こう」と誘い，極めてフレンドリーな振る舞いをしたかと思えば，目新しいボランティア学生に近寄ってくる幼児に対して激しく罵倒し，幼児の接近を拒絶する発言をします（自分が占有したいという目的のため）。その状況を見たボランティア学生がその場を収めようと「みんなで仲良く遊ぼう」と提案したことが気に入らず，プイッとその場を離れてしまいました。数十分後にボランティア学生がＹちゃんを見かけたので声かけをしますが，まるで初めて会った人もしくは全くの見知らぬ人であるかのような視界にも入らないといった態度（これを極端なディタッチメントといいます）を示すという極めて不安定な対人関係を展開することが見られました。

　大人との一対一のカウンセリング場面においては，小6という年齢にもかかわらずおんぶを繰り返し要求したり，わざと嫌がる身体接触を求めるような形（試し行動ともいう）での愛情欲求行動が見られました。またトランプ等のゲームでは，（本来は小6という学年であればむしろルールに則って遊ぶ楽しさを知っているはずの年齢であるにもかかわらず）自己中心的に勝手なルールを作って，自分が勝利を収めるという当然の結果に対して賞賛を求める（褒めてほしい・認めてほしい）ような承認欲求行動を示すこともありました。

　Ｙちゃんのエピソードは脱抑制型対人交流障害を有するアタッチメント障害の一例ですが，子ども自身は適切な養育環境が与えられなかった被害児であるにもかかわらず，その後示す種々の問題行動が，新しい環境（例：里親）における代替補完的な愛情サポートを得にくくし，むしろ愛情サポートからの離脱

さえも引き起こす可能性をはらんでいるともいえます。

3　子どもを理解するためのまなざし

　アタッチメントに関連して教育現場などで時に見られる事例は，幼稚園もしくは小学校低学年の子どもたちに見られる分離不安（アタッチメント対象と離れることに対する不安感）による，登園・登校渋りです。小学生の場合，一人で登校できない（付き添いを必要とする），学校に行きたくない・学校がこわいと言って泣く，授業の参観を保護者に求めるなどがあります。子どもの不安を養育者がくみ取って動揺しているような場合は，子どもの新しい学校環境への慣れや，養育者の不安感の払しょくを丁寧に行うことで時間的に解決していくというアプローチが有効なこともあります。しかし，発達障害（この場合，自閉スペクトラム症）やHSP（Highly Sensitive Person）（アーロン，2015）など個人の特性として過敏さを生来的にもつ子どもの存在も近年明らかとなってきました。教育の場では分離不安に至るプロセスや要因を教員だけではなく，医療や心理職なども含めた多職種連携の中で把握していくことが大切です。

　他方，先述したアタッチメント障害のある子どもは，それ自体の総数は多くはないと考えられますが，幼少期からさまざまな問題を示し，それが結果として情緒・認知・行動それぞれの側面に対して，二次的にも三次的にも副産物や弊害が生じるように思われます。たとえば，安定したアタッチメントを築ければ，内的作業モデルも安定し，その年齢に応じた友人関係を築いていくことができます。しかし，不適切なアタッチメントを基盤とする不安定な（時に被害的な）内的作業モデルのもとでは，クラスメイトからのささいな言動に対して過敏に反応して，必要以上に攻撃的な言動を返してしまうことがあり，それが周囲から誤解され，クラス内での孤立を招くことがあります。

　それゆえ教育の場では，アタッチメント障害のある子どもは，本来的には被害者であり，不適切な養育の結果，不安定な内的作業モデルをいだくに至ったという視点を忘れないようにしなければならないでしょう。虐待を受けた児童などと聞くとどちらかといえば，反応性アタッチメント障害のような子ども像

をイメージすることが多いかもしれませんが，反応性アタッチメント障害の子どもは他者との交流をもとめない（嫌がる）がゆえに，社会生活場面ではそれほど問題視されることはないように思えます。むしろ，過剰適応の結果にすぎないにもかかわらず，手のかからない「良い子」のように見えることもあります。年下の子の面倒をみたり，集団場面でも感情抑制的に振る舞い，むしろ周囲の大人から頼りにされすぎる危険性もあり，それが当該児童に対する代替補完的な愛情サポートがおざなりになる（つまり，周囲の大人から「この子はしっかりしているから大丈夫」などというようにアタッチメントの問題が見過ごされ，必要な保護を受け損なう）ことがないように注意深く見守る姿勢が必要でしょう。

しかし，脱抑制型対人交流障害の場合，すでに述べたように集団の中では加害者としか映らなかったり，あるいは教師の指示や注意を素直に聞く耳をもたない問題児としてしか見えなくなったりすることが多いように思われます。他児童もいる集団場面では，個別的な専門的支援は専門家に任せる他はないかもしれませんが，学級の中でのアタッチメント障害ゆえの試し行動から始まり，立ち歩きや授業を抜け出したり，指示に従わないばかりか，反抗したり大暴れして授業の成立を困難にさせることが予想されます。

脱抑制型対人交流障害の子どもたちは本来的には，愛情欲求行動に裏打ちされた問題行動を示しているにすぎないという理解をもち，可能な範囲で愛情サポートを行いながら，しかし，巻き込まれすぎないこと，脱抑制型対人交流障害ゆえに引き出される当該児童への否定的感情に上手に対処することが肝要です。

📖 さらに学びたい人のために

○石井光太（2016）．「鬼畜」の家──わが子を殺す親たち──　新潮社
○杉山春（2017）．児童虐待から考える──社会は家族に何を強いてきたか──　朝日新聞出版

引用文献

Ainsworth, M. D. S., Blehar, M. C., Waters, E., & Wall, S.（1978）. *Patterns of attach-*

ment : A psychological study of the strange situation. Lawrence Erlbaum.

American Psychiatric Association（2013）. *Desk reference to the diagnostic criteria from DSM-5*. American Psychiatric Publishing.（日本精神神経学会（監修）髙橋三郎・大野裕（監訳）（2014）.　DSM-5　精神疾患の分類と診断の手引　医学書院）

アーロン，エレイン・N.　明橋大二（訳）（2015）.　ひといちばい敏感な子――子どもたちは，パレットに並んだ絵の具のように，さまざまな個性を持っている――　1万年堂出版

ボウルビィ，J.　黒田実郎・大羽蓁・岡田洋子・黒田聖一（訳）（1991）.　母子関係の理論1――愛着行動――　新版　岩崎学術出版社

George, C., Kaplan, N., & Main, M.（1984）. *Adult attachment interview*. Unpublished manuscript, University of Calfornia.

繁多進（1987）.　愛着の発達――母と子の心の結びつき――　大日本図書

Harlow, H. F., & Zimmermann, R. R.（1958）. The development of affective responsiveness in infant monkeys. *Proceedings of the American Philosophical Society, 102*, 501-509.

Main, M., & Solomon, J.（1990）. Procedures for identifying infants as disorganized/disoriented during the Ainsworth Strange Situation. In M. T. Greenberg, D. Cicchetti, & E. M. Cummings（Eds.）, *Attachment in the preschool years : Theory, research, and intervention*（pp. 121-160）. University of Chicago Press.

Shmueli-Goetz, Y.（2014）. *The child attachment interview : Administration & coding*. Unpublished manuscript, University College London.

米澤好史（2019）.　愛着障害・愛着の問題を抱えるこどもをどう理解し，どう支援するか？――アセスメントと具体的支援のポイント51――　福村出版

第5章

感覚・知覚の心理学

【ポイント】

　第5章の学びのポイントは以下の3点です。

①感覚がどのように生じるのかを理解するために，刺激や受容器，伝達経路などを学びましょう。

②知覚がどのように生じるのかを理解するために，主に視覚を通して，その特性を学びましょう。

③子どもを理解するために，感覚・知覚に関する知識をどのように利用できるのか学びましょう。

　私たちは，人と話をする時に，目で相手の顔を見て，耳で声を聞きます。その時，顔のパーツを一つ一つ区別して見ることはあまりありませんし，声も音階や大きさではなく言葉として聞いています。このように，顔や声を意味のある一つのまとまりとして捉え，相手の様子を感じ取る過程を知覚と言います。知覚は，目や耳などの感覚器官の制限を受けています。なぜなら，目に見えるものは光刺激の一部分ですし，耳で聞こえているものは音刺激の一部分でしかないからです。それでも，私たちは常にたくさんの刺激を取り入れ，把握しながら生活しています。つまり，感覚と知覚はこころの働きにつながる重要な機能といえます。本章では，これらの学びを通して，私たちが周りの環境（外界）をどのように捉えているのかを理解していきましょう。

1　感覚の種類と特徴

　私たちが外界を捉える時，光や音などが感覚器官から入ってくることによって引き起こされる，「まぶしい！」「なにか聞こえる……」というような意識の過程を感覚と呼びます。感覚には，視覚，聴覚，嗅覚，味覚，皮膚感覚などの，五感と呼ばれているものが含まれます。このような，感覚の種類のことを感覚

様相（モダリティ）といいます。

　外界から入力された刺激が感覚を生じさせるためには，脳（神経システム）が処理できるように，それらを電気信号に変換する必要があります。その役割を担っているのが感覚器官です。感覚ごとに対応する感覚器官があり，様相の異なる刺激を受け取って変換しています。また，刺激を受け取る部位（装置）を受容器と呼びます。この受容器を反応させるものが刺激であり，人間が受け取ることのできる刺激を適刺激，できないものを不適刺激といいます。

　日常生活においては，刺激を受け取っているところで感覚が生じていると認識することが多くありますが，実際に感覚を生じさせているのは脳です。たとえば，腕に傷ができると患部に痛みを感じますが，痛みを処理しているのは患部（腕）ではなく脳なのです。このような現象を投射の法則といいます。脳が処理した情報を通して外界を感知していることがわかります。ここから，視覚，聴覚，味覚，嗅覚，皮膚感覚について，各感覚受容器とそれに対応する適刺激が何であるのか，どのような経路で入力されるのかを確認していきましょう。

1　視　覚

　視覚とは光刺激（電磁波）によって生じる感覚のことです。光刺激は眼球内に取り込まれ，網膜にある視細胞で像を結びます。見ているものの形が，視細胞の上に映るようなイメージです。視細胞には明るさを捉える桿体細胞と色や形を捉える錐体細胞の２種類の光受容体があり，光刺激が網膜に衝突した時に生じるエネルギーを電気信号に変換しています。変換された電気信号は視神経を通り大脳皮質の視覚野に伝達されます。

　光受容体の適刺激は，波長がおよそ380〜780nm の電磁波で，可視光線と呼ばれます。電磁波は周波数で表され，可視光線よりも低い周波数（長い波長）にはエックス線や紫外線が，高い周波数（短い波長）には赤外線やマイクロ波（電子レンジなどに使われている電磁波）などがあります。人間は，このような

＊1　周波数とは，１秒間に生じる波の数のことです。波形の頂点から，一度下がり，もう一度頂点に到達するまでを１周期として数えます。１秒間で１周期分の波が生じた場合は１Hz（ヘルツ）と表記します。また，波長とは波形の頂点から次の頂点までの水平距離のことです。単位には10億分の１メートルである nm（ナノメートル）を用います。

図 5-1　盲点のデモンストレーション
出所：Palmer, 1999, p. 34をもとに作成。

適刺激外の電磁波を感知することはできません。また，眼球の構造上，人間には盲点と呼ばれる先天的な視野欠損領域があります。図 5-1 を使うとその盲点を体験できます。左目を閉じ，右目で左側の×を見ながら本を前後に動かすと，ある距離で右側の●が消え直線のように見えます。これは，視神経の通り道になっている網膜の途切れ目に光刺激が入力されることで生じます。

　新生児の網膜は未発達な状態です。出生直後の視力は0.02前後で，赤ちゃんが抱きかかえられた時に保護者の顔がぼんやりと見える程度です。その後，3歳で1.0近くまでの視力に達します。また，選好注視法（対象を注視している時間を計測し乳児の関心を推定する方法）を用いた実験の結果から，動きが見えてくるのは生後 3 か月頃，色の区別が可能になるのは生後 4 か月頃であると言われています（山口・金沢，2008）。

2　聴　覚

　聴覚とは音波の刺激によって生じる感覚のことです。音波は，外耳（いわゆる耳から耳の穴の奥の鼓膜まで）・中耳（鼓膜からさらに奥，耳小骨がある部分）・内耳（さらに奥の，三半規管などがある部分）を経て脳へ伝わります。外耳で音波が集められ，中耳で約20倍の音圧に増幅され，内耳で電気信号に変換されて大脳皮質の聴覚野へ伝達されます。

　聴覚の適刺激は，空気振動の周波数がおよそ20〜20,000Hz の音波で，可聴閾と呼ばれます。この領域より低い周波数の音波は，音ではなく振動として感知され，高い周波数は超音波と呼ばれ人間には感知できません。また，コンサート会場などで大きな音を聞いたり，ヘッドフォンやイヤホンで大きな音を聞き続けたりすることで内耳の細胞が損傷してしまい騒音性の難聴になってしま

うことがあります。自覚症状がないことも多いため，日頃の予防が重要です。

　新生児は，多様な言語音を区別して受けとめる能力を備えています。しかし，特定の言語環境（養育者の用いる言語）に置かれることで，その言語特有の音声を聞き分ける能力（弁別力）は上がりますが，それ以外の言語の弁別力は1歳頃までに低下すると言われています。

3　味　覚

　味覚とは，咀嚼の際に溶解性の味物質が味細胞を刺激することで生じる感覚のことです。主に舌に分布している味蕾（みらい）が味細胞として働き，唾液によって溶かされた味の刺激物質（化学物質分子）を電気信号に変換します。この電気信号が味蕾の底部にある神経線維に伝えられ大脳皮質の味覚野に到達します。

　感知される甘味，酸味，塩味，苦味の4つ（Henning, 1916）は基本味と呼ばれます。それに加え，私たちが感じる味の種類はもっと多様なのではないかという議論が続く中で，基本味とは質の異なる「うま味」の存在が報告されました（池田，1909）。昆布だしなどで味わえるもので，グルタミン酸ナトリウムによって引き起こされます。うま味にしか反応しない神経線維があるとわかってからも，食文化の違いにより，はっきりとうま味を感じることのない人もいたことから，世界的に認められるまで長い時間がかかりました。なお，辛味や渋味は痛覚が刺激されて生じるため厳密には味覚ではなく体性感覚に分類されます。また，歯磨き粉などに含まれる界面活性剤が味蕾に作用すると，甘味や酸味が感じにくくなり，反対に苦味は感じやすくなります（Bartoshuk, 1988）。そのため，歯磨きをした直後にジュースを飲むと，それをまずい味だと感じることがあります。なお，食べ物の味は，においや舌ざわり，温度，見た目，音，痛み，そして身体の状態や過去の経験，環境なども含めて複合的に形成されます。そのうえ，個人差も大きいため客観的評価が難しい感覚といえます。

　味蕾は受精後2～3か月で作られており，新生児の味覚はほぼ完成されています。新生児の口内には10,000個ほどの味蕾がありますが，離乳食が始まる生後5か月目あたりで味覚が鈍化します。その後，味蕾は摩耗によって減少し，成人で5,000～7,000個，高齢者で3,000個ほどになります。

4　嗅　覚

　嗅覚は空気中のにおい物質が嗅細胞を刺激することで生じる感覚のことです。気体または微粒子の揮発性物質が鼻粘膜の嗅上皮を覆う粘液に溶け込み，におい受容体と結合することで電気信号が生じ，大脳皮質の嗅覚野などに伝達されます。それ以外にも，口腔内の食べ物から発せられるにおいが鼻腔に広がり嗅覚系を刺激することもあります。

　人間には約390種類のにおい受容体があり，1つの受容体が複数のにおい分子と結合できます。においの感覚を引き起こす分子は40万種ほど（そのうち人間が識別できるのは10,000〜20,000種類ほど）あると言われており，味覚などに比べると非常に複雑な感覚といえます。また，嗅覚は非常に敏感で，ガス漏洩検知器よりも感度が高いと考えられています。そのため，都市ガスはもともと無臭であるメタンにわざと臭いをつけて，いち早くガス漏れに気がつき事故を防げるように工夫が施されています。

　嗅覚系は受精後6〜7か月で作られており，生後すぐに母乳のにおいに反応を示します。そのため，授乳期における母子のアタッチメント形成に寄与すると考えられています。また，加齢に伴い嗅上皮の面積などが減少するため30歳頃から徐々に嗅覚機能は低下します。

5　皮膚感覚

　ここまで確認してきた視覚・聴覚・味覚・嗅覚は，特定の部位に受容器が存在しているため特殊感覚という感覚に分類されます。これに対して皮膚感覚は，受容器が全身に分布しているため体性感覚に分類されます。皮膚に与えられた刺激は，皮膚上にある受容器で電気信号に変換され大脳皮質の体性感覚野に伝達されます。皮膚感覚は皮膚表面に存在する受容器の種類によって，温覚，冷覚，触覚（圧覚），痛覚などにわかれます。温覚の適刺激は30〜45℃，冷覚の適刺激は10〜30℃です。痛覚の受容器は温覚や冷覚と同じであるため，45℃以上の刺激にさらされると痛覚受容器も反応します。

　皮膚感覚は，胎児期にはすでに受容器が完成されており，他の感覚よりも先

に機能しているといわれています。出生直後の新生児が指をしゃぶる動きの軌跡に無駄がないことから身体認知が行われている可能性も示されています（Butterworth & Hopkins, 1988）。

6　刺激と感覚の関係

　感覚を生じさせることのできる最小の刺激強度を刺激閾（もしくは絶対閾，検出閾）といいます。閾とは境目を意味する言葉です。視覚であれば，暗闇の中で光点を知覚するために必要となる最小の光強度が刺激閾（光覚閾）にあたります。なお，光強度をどんどん強くしていくと，いずれ網膜を損傷し光を知覚できなくなります。このように，知覚できないほどの刺激強度に達した際の境目（上限）を刺激頂といいます。

　もう一つの重要な感覚指標に弁別閾（もしくは丁度可知差異）があります。これは，2つの刺激の差を区別できる最小の変化量のことです。触覚であれば，皮膚上で2点を同時に刺激した際に，2点の間隔が狭ければ生起される感覚が1点となり，広くなれば2点であると区別できるようになります。この距離の境目が弁別閾（触2点閾）にあたります。

$$\boxed{2}\quad 知覚（視覚）の種類と特徴$$

　知覚とは，入力された情報を意味のあるまとまりとして捉える過程のことです。私たちが日常的に利用する知覚情報の約8割が視覚情報といわれていますので，視知覚が優位といえます。そこで本節では，視知覚を中心に知覚の特性を説明します。

1　明るさの知覚

　感覚器官が刺激にさらされたままの状態が続くと順応が起こります。順応とは，感覚の強度や質が変化することです。感度が高まり感覚が鋭敏になる順応を正の順応，感度が下がり感覚が鈍感になることを負の順応といいます。たとえば，明るい場所から暗い場所へ移動した時，初めは真っ暗に見えますが次第

図 5-2　同化と対比
出所：Kanizsa, 1979, p. 149をもとに作成。

に目が慣れ周りの様子が見えるようになります。これは暗順応といって，明暗を認識する桿体細胞で光受容たんぱく質であるロドプシンが生成され光感受性が高まるために起こる正の順応です。また，暗い場所から明るい場所へ移動すると，明るさに慣れるまで時間がかかることがあります。この場合は，桿体細胞でロドプシンが分解され光感受性を下げることで明るさに順応します。このように明るさに慣れる負の順応を明順応といいます。また，においや味，温度などの知覚でも負の順応が見られます。

　明るさの知覚に関わる特徴の一つに明るさの誘導効果があります。これは，明るさの異なる色を並べた時に，単色で見た時と明るさの知覚が変化して見えることです。変化には同化と対比があります。同化は基準となる色が，隣り合う色に近づいて周囲との差が小さくなる現象です（図 5-2 の左の図）。これに対して，周囲との差が強調される現象を対比と言います（図 5-2 の右の図。この図の 2 つの円は同じ明るさです）。明るいものはより明るく，暗いものはより暗く見えます。同化と対比は明るさだけではなく，色相（色合い）や彩度（鮮やかさ）でも起こります。

2　形の知覚

　私たちの前に広がる物理的世界には，いくつもの刺激が同時に存在しています。そのため，何かを見ている時には，その対象を周囲から切り離し，一つのまとまりとして見ている（知覚している）ことになります。このように，対象をまとめて見る力を知覚的体制化といいます。知覚的体制化には，図と地や群化が影響しています。

図5-3　ダルメシアン
出所：Gregory, 1970（James, 1966 の作品），
p. 14.

図5-4　ルビンの図地反転図形
出所：Rubin, 1921，巻末付録をもとに作
成。

　形を知覚する時，対象を図（figure）として背景となる地（ground）から分け
る必要があります。これを図と地の分化といいます。図は地の前面に配置され
ているように知覚され，一方，背景となった地は多くの場合はっきりとした形
をなしません。図の知覚も地の知覚もそれぞれが成立しなければ図と地を分け
られないため，図は正しく知覚されません。図5-3を例にすると，図中のダ
ルメシアンが知覚されるためには，図と地の分離が成功しなければならないの
です。また，図と地が入れ替わり，反転して知覚されることがしばしば起こり
ます。図5-4は，白い部分が図となれば壺に，黒い部分が図となれば向き合
う横顔に見えてきます。このように，どちらか一方が図として知覚されている
時，もう一方は地となります。

　図5-3のように，もともとはバラバラだった要素がまとまってダルメシア
ンに見えるような知覚的な働きを群化といいます。ゲシュタルト心理学[*2]の創始
者であるヴェルトハイマーは群化の要因を次のように説明しています
（Wertheimer, 1923）。

　①近接の要因：空間的・時間的に近いものがまとまりをなす。

　②類同の要因：同一もしくは類似性の高いものがまとまりをなす。

　③閉合の要因：閉じられている，または囲まれているものがまとまりをなす。

　＊2　ゲシュタルト心理学では，私たちが知覚しているものは部分（要素）ではなく，一つのま
　　　とまり（ゲシュタルト）であると主張しています。

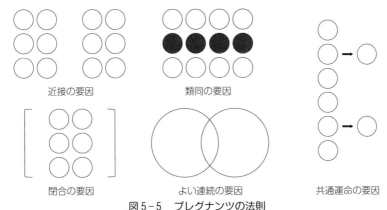

図5-5　プレグナンツの法則

出所：Wertheimer, 1923, p. 304, 308, 315, 322, 325をもとに作成。

④よい連続の要因：直線や曲線など滑らかな連続がまとまりをなす（一部が
　欠けた円とは見えずに，2つの円が重なっているように見える）。

⑤共通運命の要因：同じ方向に動くものがまとまりをなす（矢印の付いてい
　る○が動くと，動いた2つの○がひとつのまとまりとして見える）。

⑥経験の要因：過去に経験した時と同じまとまりをなす。

　このように，全体をより簡潔でより秩序のあるまとまりとして知覚する，私
たちに備わっている傾向をプレグナンツ（簡潔性）の法則といいます（図5-5）。

　まとまりの知覚に関連するものに，主観的輪郭があります（Kanizsa, 1979）。
図5-6は円の一部分が切り取られた図形が3つと，規則的に並んだ直線の組
み合わせで構成されています。しかし，図の中央最前部に三角形が描かれてい
るように知覚されます。この，描かれていないにもかかわらず三角形の線が見
えるような現象を主観的輪郭といいます。存在していない視覚情報（三角形の
線分）を脳が補完し，まるでそこにあるかのように知覚する現象で，モーダル
（感性的）補完ともいわれます。また，図5-6の黒く塗りつぶされた円は，主
観的輪郭（この場合は三角形の線分）に一部が隠されていますが，本来は完全な
円形をしているものとして知覚されることがあります。この場合，円の輪郭線
の知覚を伴わずに補完が生じていることからアモーダル（非感性的）補完と呼
ばれます（Kellman, 2003）。

図5-6　知覚的補完
出所：Kanizsa, 1979, p.74, 193をもとに作成。

　このような現象は，視覚情報を処理する際の誤りによって引き起こされているわけではありません。網膜に入力され処理できる情報量には限りがあるため，入力された断片的な情報を基に視覚情報を捉えようと，補正が常に行われています。そのため，そこに存在しない輪郭が見える，隠されている輪郭が見える，というようなことが起こるのです。しかし，この補正のおかげで周りの世界のつじつまが合い，安全に生活ができるようになっています。この特性に関しては，幾何学的錯視図形を通して理解を深めることができます。錯視とは，視覚刺激のもつ客観的な性質と，それを知覚した際に補正された性質が異なって起こる現象です。代表的な錯視図形を図5-7に示しました。フィックの錯視は逆Ｔ字型に配置された同じ長さの線分を比較した際に，垂直線の方が長く見える錯視です。この錯視はもっとも古い幾何学的錯視図形として有名です（Fick, 1851）。ヘリングの錯視は中央に配置されている2本の平行線が外向きに歪んで見える錯視図です（Hering, 1861）。これとは逆にヴントの錯視は平行線の中央が内向きに歪んで見えます（Wundt, 1898）。エビングハウスの錯視に描かれた中央の円はどちらも同じ大きさですが，隣り合う図形の大きさの影響を受けて大きさが異なって見えます。ポッケンドルフの錯視は，線分Ａが線分Ｂか Ｃのどちらかと直線的につながっています（Zöllner, 1860）。どちらが正解か確認してみましょう。また，ミュラー・リヤーの錯視は矢羽の向きが内側か外側かによって，主線の長さが異なって知覚される錯視図です（Muller-Lyer, 1889）。この錯視は矢羽の向きや角度，長さによって錯視の程度が変わることも指摘されていて，心理学実験において刺激図形が視知覚に与える影響を捉える題材と

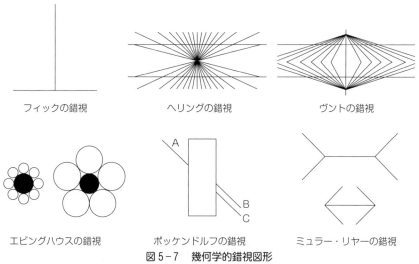

フィックの錯視　　　　　　ヘリングの錯視　　　　　　ヴントの錯視

エビングハウスの錯視　　　ポッケンドルフの錯視　　　ミュラー・リヤーの錯視

図5-7　幾何学的錯視図形
出所：後藤・田中，2005，巻頭付録をもとに作成。

してよく用いられています。なお，錯視は形だけではなく色や明るさ，動きなどでも起こることがわかっています。

3　大きさ知覚

　視知覚における情報補正は形だけではなく大きさに対しても行われます。たとえば，遠くにいる人は小さく，近くにいる人は大きく見えますが，それは距離の違いによって生じる差であり，物理的な身長の差と認識されることはありません。このように，視距離を手がかりとした補正を行い，対象との距離が異なる場合でも大きさが一定に知覚される現象を大きさの恒常性といいます。この特性は，対象の実際の大きさを知っている場合に強く作用します。恒常現象も，大きさだけではなく，色や明るさ，形などで起こることが知られています。扉が閉まっている時と，開いている時とでは，扉の輪郭は物理的に異なりますが，同じ扉であると知覚することができます。これは形の恒常性にあたります。

4　動きの知覚

　日常生活での私たちと視対象の関係を例に考えてみると，多くの場合，私たち自身は常に動いており，同じように視対象も動いていることが多いといえます。視対象が一定方向にゆっくり移動している時，対象を目で追うと網膜上では背景が移動し，目で追わなければ対象が移動します。どちらの場合も，対象が動いているように適応的な知覚が生じます。この現象を実際運動の知覚といいます。これに対して，静止している対象が動いて知覚される運動錯視があります。たとえば，踏切で赤信号が左右交互に点灯していると，赤い部分が左右に動いているように見える現象がありますが，これを仮現運動といいます。また，同じ方向に動き続けている対象を見続けた後に，静止している対象へ目を向けると，その対象が逆方向へ動いているように知覚される現象を運動残差といいます。さらに，静止している対象が周辺環境の影響を受けて動いて見える現象を誘導運動といいます。止まっているはずの月が，その手前を流れる雲の影響を受けて雲とは反対方向に動いて見えるような現象のことです。このような運動錯視は，運動知覚の仕組みを理解するための手がかりとして期待されています。

3　子どもを理解するためのまなざし

　ここまで，人間の感覚・知覚における特性を確認してきました。教育現場においては，これらの特性の個人差を考慮する必要があります。同じ刺激であっても，情報処理段階で知覚される内容が変容する可能性があるからです。たとえば，刺激強度が過剰（もしくは鈍麻）となる感覚過敏が挙げられます。光や音，触感や味，においと種々の刺激に対して見られる現象で，過剰に知覚されることで不快感や苦痛を伴います。人によって，もしくは同じ人でも体調や状況によって感受性が異なります。

　音に敏感な子どもであれば，教員の声の大きさや声色に対しての反応が大きくなると考えられます。音の大きさに対して過敏である場合，授業中にヘッド

フォンをするなどして刺激強度を統制することができます。また，「今からピーという音が 2 回鳴ります」といったように，これからどのような聴覚刺激が示されるのかを事前に予告することで緩和できる場合もあります。さらに，強度だけではなく状況に対する配慮も必要です。教室内で後ろにいる子どもに注意する場面では，教卓から後ろの子どもに話しかけることで，手前に座っている子どもに緊張を与えてしまうことがあります。自分自身に言われているように感じてしまうためです。このような場合は，注意する児童の近くに行って話すなどの配慮が求められます。

📖 さらに学びたい人のために
○綾部早穂・熊田孝恒（編）（2014）．スタンダード感覚知覚心理学　サイエンス社
○中村浩・戸澤純子（2017）．ポテンシャル知覚心理学　サイエンス社
○菊池正（編）（2008）．感覚知覚心理学　朝倉書店

引用文献
Bartoshuk, L. M.（1988）. Clinical psychophysics of taste. *Gerodontics, 4*, 249–255.

Butterworth, G., & Hopkins, B.（1988）. Hand-mouth coordination in the new-born baby. *British Journal of Development Psychology, 6*, 303–314.

Fick, A.（1851）. *Da errone quodam optic asymmentria bulbi effecto*. Koch.

後藤倬男・田中平八（編）（2005）．錯視の科学ハンドブック　東京大学出版会

Gregory, R. L.（1970）. *The intelligent eye*. McGraw-Hill.（Photographer : Ronald C James）

Henning, H.（1916）. Die qualitätenreihe des geschmacks. *Zeitschrift für Psychologie, 74*, 203–219.

Hering, E.（1861）. *Beiträge zur physiologie, I. Zur Lehre vom Ortsinne der Netzhaut*. W. Engelmann.

池田菊苗（1909）．新調味料に就て　東京化學會誌, *30*, 820–836.

Kanizsa, G.（1979）. *Organization in vision : Essays on Gestalt Perception*. Praeger.

Kellman, P. J.（2003）. Interpolation processes in the visual perception of objects. *Neural Networks, 16*, 915–923.

Müller-Lyer, F. C.（1889）. Optische urteilstäuschungen. *Archiv für Anatomie und Physiologie*. Supplement volume, 263–270.

Palmer, S. E.（1999）*Vision science : Photons to Phenomenology.* The MIT Press.

Rubin, E.（1921）. *Visuell wahrgenommene Figuren : Studien in psychologischer Analyse.* Gyldendalska Boghaudal.

Wertheimer, M.（1923）. Untersuchungen zur Lehre vonder Gestalt. II. *Psychologische Forschung, 4,* 301-350.

Wundt, W.（1898）Die geometrisch-optischen Täuschungen. *Abhandlungen der Mathematisch-Physischen Classe der Königlich-Sächsischen Gesellschaft der Wissenschaften, 24,* 53-178.

山口真美・金沢創（2008）. 赤ちゃんの視覚と心の発達　東京大学出版会

Zöllner, F.（1860）. Über eine neue Art von Pseudoskopie und ihre Beziehungen zu den von Plateau und Oppel beschriebenen Bewegungsphänomenen. *Annalen der Physik und Chemie, 186,* 500-525.

第6章

学習・記憶の心理学

【ポイント】

　第6章の学びのポイントは以下の2点です。

①学習の形態や概念，その過程を説明する基本的な理論の基礎と仕組みについて理解しましょう。

②幼児，児童，生徒の心身の発達を踏まえ，主体的な学習活動を支える指導の基礎となる考え方および教育相談に関わる心理学の基礎的な理論・概念を理解しましょう。

　人は生涯にわたってさまざまなことを経験し変化します。特に，乳幼児期から児童期，青年期にかけては生物としての成長と相まって，経験による行動の変化が多々見られます。行動の変化には疲労や病気などによる一時的なものもありますが，経験によって生じる変化は長期間にわたります。このような，ある事象との接触によって個体に生起する比較的永続的な変化のことを学習と呼びます（山崎，2013）。子どもは教育の場を含め日々の生活の中で学習し変化します。つまり，学習の性質や仕組みについて理解を深めることは，子どもを理解することにつながるのです。

　学習の理論的枠組みは，比較的永続的な変化の所産である「行動の変化」に関する実験研究によって検討されてきました。また，学習が成立する背景には学習者の中に何かしらの情報が記憶され，活用されていることは明らかです。記憶に関する心理学研究は人間をコンピュータとの類推から検討する情報処理モデルが契機となって発展しました。本章では子どもを理解するために学習と記憶に関する基礎的な研究を紹介します。

［1］　レスポンデント条件づけ

　心理学における学習の研究において多大な影響を及ぼしたのは帝政ロシア・

ソビエト連邦の生理学者イワン・パブロフによるレスポンデント条件づけに関する研究です（ヘッブ，1975）。パブロフは犬を対象とした食物消化の神経機構の研究を実施する中で，エサをもらう前の犬の唾液分泌に特異な反応が生じていることを見出しました。犬はエサを食べる際に唾液を分泌しますが，パブロフが研究のために飼育していた犬はエサを入れる「皿」を見ただけで唾液を分泌しました。唾液はエサを口に含むことで分泌されるもので，皿そのものは唾液とは無関係なはずです。それにもかかわらず皿だけでも犬の唾液が分泌されたということから，犬が「エサの味」とそれを摂取する際に見た「皿」との結びつき（連合）を学習したのだとパブロフは考えました。特定の状況でエサを食べるという経験の繰り返しが，唾液分泌という反応に変化をもたらしたとも言い換えることができます。

　パブロフは唾液を分泌させるエサと結びつける対象をベルの音などの刺激にも広げて実験を行い，生理的反応において学習が成立することを裏づけました。犬は肉粉が与えられると唾液を分泌します。この時，唾液は肉粉によって何の条件も必要とせず生起させられる反応であることから，肉粉に対する無条件反応（unconditioned response：UR）と表現されます。肉粉も特別な条件を要せずに自動的に唾液を分泌させることができる刺激であることから，唾液に対する無条件刺激（unconditioned stimulus：US）と呼ばれます。他方，ベルの音はとりわけ犬の唾液分泌に関与しないため，唾液に対する中性刺激（neutral stimulus：NS）と表現されます。実験では，US である肉粉と NS であるベルの音が対となって犬に提示されます。つまり犬はベルの音を聞き，肉粉を食べることになります。当然ながら肉粉による UR として唾液が分泌されます。このベルの音と肉粉の提示が繰り返し実施されると，次第に犬はベルの音を聞いた段階で唾液を分泌するようになります。NS であるはずのベルの音が，唾液分泌を生起させることとなります。すなわち，US と NS が繰り返し提示されたという特定の条件において NS が本来は無関係な生理反応を生起させる刺激へと変化したのです。この時，ベルの音は条件刺激（conditioned stimulus：CS），唾液分泌は条件反応（conditioned response：CR）と表現され，条件づけが成立したと判断されます。これは条件反射で知られている学習の基本型であり，レスポ

ンデント条件づけ（古典的条件づけ）と呼ばれています。

　レスポンデント条件づけは NS であったものが別の刺激と連合し CS となり，CR を引き起こすという生理反応における学習を示すものです。パブロフはその後の研究の中で，レスポンデント条件づけが成立した後にも状況によってさまざまな変化が起こることを明らかにしました。たとえば，音程が異なるベルの音のような CS と似た刺激であれば，同じように CR を引き起こさせることができます。この現象は般化（generalization）と呼ばれ，学習における生物の適応力の高さを示しています。また，条件づけが成立した後，肉粉を与えずベルの音だけを提示する状況を継続すると，CR が消去（extinction）されます。これは学習の影響がなくなったことを示すものではなく，もはやベルの音が肉粉をもたらすことはないという新しい連合を学習したと解釈できます。これを裏づけるように，消去された状態であっても一定時間をおいてからベルの音を聞かせると再び唾液を分泌するようになります。これは自発的回復（spontaneous recovery）と呼ばれる現象で，一度成立した学習が個体の中に比較的永続的に残っていることを示しています。

　生理反応に関する学習であるレスポンデント条件づけは，恐怖のような情動においても成立します。パブロフの研究に影響を受けたアメリカの心理学者ジョン・ワトソンは，人間の乳児を対象として恐怖の条件づけに関する研究を行いました（Watson, 1920）。まず11か月の乳児に数週間にわたって白ネズミをペットとして与えました。乳児が白ネズミに対して十分に慣れた後，今度は乳児が白ネズミに手を伸ばすと背後で鉄棒を金槌で叩き大きな音を鳴らすということが行われました。当然ながら乳児は音に驚き泣き出しますが，その後も乳児が白ネズミに触れる時には鉄棒を打ち鳴らすことが繰り返されました。その結果，乳児は次第に白ネズミに手を伸ばさなくなり，白ネズミを見ただけでしくしく泣き出す，泣いて逃げ出すというように恐怖反応が強くなっていきました。これは白ネズミに対して恐怖という情動が喚起するというレスポンデント条件づけが成立したものと考えられます。この乳児は白ネズミだけでなく白ウサギや白い毛にも恐怖を示すようになり，条件反応が白ネズミという個体から白い毛に般化していることも確認されました。ワトソンはこれらの研究結果か

ら，一般の人々がもつ恐怖や嫌悪の感情は幼少期の体験から学習されたものであると考えました。ワトソンの研究は倫理的な批判を受けることとなり人間を対象とした恐怖の条件づけに関する研究は行われることはなくなったのですが，その後のマウスによる研究から，環境に対しても条件づけが成立することが示されています（Miserendino et al., 1990；Stiedl & Spiess, 1997）。これらの研究では，まず，ブザー音と電気ショックの条件づけによりマウスはブザー音を聞いただけで恐怖反応を示すようになりました。そして，特定の小部屋の中で電気ショックを与えられることを経験したマウスは，その小部屋に入れられると恐怖反応が見られるようになりました。恐怖を与えられた状況（文脈）がレスポンデント条件づけとして学習されることを示しています。ワトソンとは異なり人間を対象とした研究ではありませんが，人間においても恐怖を体験した場所や，その状況に類似した文脈を再体験することで恐怖の情動が喚起されるようになってしまうことが容易に想像できます。

［2］　オペラント条件づけ

　パブロフの犬に見られたような環境からの刺激と生理反応に関する条件づけによって，部分的ではありますが生物の行動について学習の観点から説明することが可能となります。しかしながら，生物の実際の行動を見てみるとレスポンデント条件づけでは多くの部分について説明することができないことに気がつきます。たとえば，飼い犬が「お手」をするという行動についてレスポンデント条件づけの枠組で理解することは困難です。なぜなら，特定の場所に前足を乗せるという行動は生理反応ではなく，犬が自ら前足を動かすという能動性が必要となるからです。犬に新しい芸を教える時には，こちらが望む行動を取った際にご褒美をあげて，それを何度も繰り返してようやく身につけさせることができるでしょう。このような自発的行動に関する条件づけはオペラント条件づけ，または道具的条件づけと呼ばれており，B. F. スキナーらの研究によって発展し，心理学に多大な影響をもたらしました（リーヒー，1986）。

　オペラントとはすなわち操作のことであり，オペラント条件づけは自ら環境

を操作することによって成立する学習であると捉えられます。スキナーは，後
にスキナーボックスと呼ばれるラット用の実験装置を作成し，自発的行動によ
る条件づけに関する研究を行いました。スキナーボックスの構造は単純なもの
で，箱の内側にはレバーとエサの受け皿があるだけで，箱の中はラットが自由
に動きまわることができるようになっています。エサの受け皿は箱の外側の給
餌装置とつながっており，実験者が自由に作動させることができます。スキナ
ーボックスの中に入れられたラットは，まず色々なところを動き回る探索行動
を取ります。うろうろと動き回る中で，たまたまレバーに触れ，押すことがあ
ります。この偶然レバーを押した時の回数を一定時間ごとに観測し，基準値と
します。基準値が確定した後，実験者は給餌装置を作動させ，ラットがレバー
に触れた際にエサが自動的に受け皿へと与えられるようにします。ラットが次
に偶然レバーを押した際にはエサが現れるようになっているため，ラットはエ
サを食べるとすぐにレバーを押すようになります。このレバー押しの回数はエ
サが与えられ続けることで飛躍的に増加します。レバーを押すというラットの
自発的行動の頻度がエサを与えられることによって基準値を大幅に上回るとい
う実験結果について，スキナーはオペラント条件づけが成立したと考えました。
つまり，ラットはレバーを押すとエサが現れるという自発的行動とそれによる
環境の変化に関する関係性を学習したことになります。また，レバーを頻繁に
押すようになったラットであっても，エサが現れなくなると次第にレバーを押
す頻度は減少します。このエサように，自発的行動の発生頻度を左右する刺激
は強化刺激または強化子と呼ばれます。

　環境の変化による自発的行動の発生頻度の変化は増大する場合もあれば減少
する場合もあります。ラットのレバー押しに対するエサのように強化子によっ
て発生頻度が増大することを正の強化と呼びます。一方，ある場所に行くと床
から電気刺激が流れその場所に行くという自発的行動の頻度が減少することを
嫌悪刺激が与えられた事による正の罰と呼びます。また，すでに存在していた
強化子が除去されることでも行動の発生頻度は変化します。エサが現れなくな
ることでレバー押しの頻度が減少することを負の罰と呼びます。それとは反対
に，電気刺激が流れていた床から刺激が与えられなくなるという嫌悪刺激の除

去が起こることで，その場所に行く頻度が増大する場合を負の強化と呼びます。いずれの場合においても自発的行動の頻度が変化しており，これらは全てオペラント条件づけの枠組で捉えられています。

　自発的行動頻度の増減に関与するオペラント条件づけは教育への応用が期待できます。たとえば，子どもが自発的に勉強を始めた際に褒めるという強化子を与えれば，子どもの行動を変化させることができる可能性があります。しかしながら，子どもが自発的に勉強を始めるのを待っているだけではなかなかチャンスが訪れないかもしれません。そこで，まずは机に座るだけでも強化子を与え，机に座る頻度が増加したら次は本やノートを手に取る度に強化子を与えることで，勉強を始めるという自発的行動を誘発しやすい状況を作ることができます。このような段階的に目的の行動に近づける技法はシェイピングと呼ばれ，動物の訓練において実際に取り入れられています。

　レスポンデント条件づけにおいては犬に対して提示されるベルの音と肉粉が与えられる間隔が密接であることで，ベルの音と唾液分泌という生理反応に関する条件づけが成立します。オペラント条件づけにおいてはラットがレバーを押すという自発的行動の直後にエサという強化子が現れることで，レバー押しの頻度が増大するという条件づけが成立します。このような時間的間隔の短さは時間的近接性と呼ばれ，条件づけが成立するための重要な要因となります。しかしながら，自発的行動の後の環境の変化が予想されるような場合には時間的近接性がなくとも条件づけが成立します。すなわち，自らの行動が環境を制御し得ると認知できる場合には条件づけが成立します。

［3］　学習性無力感

　学習における制御の重要性について，セリグマンとマイヤーは犬を対象に条件づけを応用した実験を行いました（Seligman & Maier, 1967）。実験は2つのフェイズ（段階）に分かれており，第一フェイズでは犬はハーネス（ベルト状の固定具）につながれており，その状態で電気刺激が与えられました。実験は2頭1組で実施され，一方の犬は回避可能群，他方は回避不可能群とされまし

た。回避可能群の犬は電気刺激が与えられた際に頭を振って鼻を特定のパネルに接触させることで電気刺激を停止することができました。回避不可能群は自らの行動では電気刺激を制御することができず，ペアとなった回避可能群の犬が電気刺激を止めることができた際にそれに連動して電気刺激が止められました。つまり，どちらの条件も同じ回数だけ電気刺激を受けることになりますが，電気刺激を自らが制御することができるか否かが異なっていました。

　第二フェイズでは，犬はハーネスから解放され，犬が飛び越えることができる高さのパーティションで2つに区切られた部屋に入れられました。実験ではまずブザー音が流れ，その後，犬がいる側の床から電気刺激が与えられました。犬はパーティションを飛び越えることで逆側の安全なスペースに移動することが可能な状況に置かれました。先ほどの2群とは別の犬が統制群として実験に加えられましたが，ブザー音と電気刺激の関係性をすぐに把握し，パーティションを飛び越えるという回避手段を学習することができました。第一フェイズにおいて回避可能群に割り振られていた犬も実験を繰り返すことで回避手段を学習することができました。回避可能群は第一フェイズにおいて自発的行動における環境の制御可能性を認知し，第二フェイズにおける回避行動の学習を可能としたと解釈できます。それに対し，回避不可能群の犬は電気刺激が与えられてもパーティションを飛び越える素振りを見せず，回避行動に関する学習が成立した場合でも他の2群と比して多くの時間を要し，中にはブザー音が鳴ったとしても回避行動を諦めて電気刺激が流れる床に座り込んでしまう犬もいました。

　回避不可能群は第一フェイズにおいて自身に与えられる電気刺激は自らの制御の範疇にないということを学習し，それが第二フェイズにおける回避行動の学習を阻害してしまったと考えられます。言い換えれば，何をしても問題は解決しないという無力感を学習してしまったということになります。この状態は学習性無力感と呼ばれ，自尊心や自己効力感などの精神的健康を維持するための重要な働きを阻害する一因となります。回避不可能群の犬は人間における抑うつに類した状態であったと考えられます。

4　記憶研究の基礎

　学習という現象を個体内部の変化という視点で捉えると，冒頭に記した通り，おのずと記憶という機能について理解する必要があることに気がつきます。そこで記憶について考えてみると，今度はその事象の多様さに困惑します。たとえば，かつて経験した小さい頃の楽しい思い出は記憶であり，昨日の夕飯の献立を思い出せることも記憶といえます。目の前にある物の名前を言うことができるのも，その物に関する情報が記憶されているからこそ可能となります。具体的な物でなくとも，家から通い慣れた学校までの道のりを間違えずに進むことができるのも記憶によるもので，教科書で学んだ「条件づけ」のような知識も記憶です。

　記憶に関する最初の心理学的研究は19世紀後半にドイツの心理学者ヘルマン・エビングハウスにより行われました（アンダーソン，1982）。エビングハウスは自身の記憶力を対象に，独自に創作した無意味な単語をどれだけ憶えておくことができるかを測定する実験を行いました。その結果，新しく記憶した内容は時間経過とともに急速に減衰することを忘却曲線として示しました。エビングハウスの研究を端緒として，その後も記憶に関する心理学的研究はさまざまに行われましたが，記憶という現象の多様性から記憶の仕組みそのものに関する研究に顕著な進展は見られませんでした。しかし，1960年頃の情報科学の発展とともに認知心理学が成立すると，記憶という現象を情報の入力，認知的処理，出力という関係性から捉える情報処理モデルが隆盛し，記憶の仕組みに関する研究が飛躍的に発展しました（ガードナー，1987）。

5　記憶における3つのプロセス

　情報処理モデルでは，人はコンピュータのような情報処理システムを備えていると想定し，人が情報を処理する過程を明らかにすることを目指しており，記憶であれば，感覚器官から取り入れられた情報がどのように記憶されるのか，

その過程を記述することが目的となります。この情報処理モデルの台頭によっ
て，さまざまな記憶という現象に共通する処理過程が示されるようになりまし
た。

　どのような記憶であったとしても，記憶の始まりにはその情報に関する物理
的な入力の段階が存在します。教科書を読んで新しい言葉を憶えようとしてい
る時には視覚的な入力があり，授業で教師の話を聞いて憶えようとしている時
には聴覚的な入力があります。この情報の入力段階を符号化と呼びます。憶え
るという作業が符号化と呼ばれる理由は，私たちの記憶は入力された物理的な
情報そのものではなく，何らかの形に状態を変換して存在しているためです。
たとえば，ある人が「猫」という漢字を新しく憶えた時，その人の脳や身体を
解剖すれば「猫」という文字の痕跡が発見されるかといえばそのようなことは
ありません。私たちは人生の中で多くの人と出会い，それぞれの顔をおぼろげ
ながらも憶えていますが，私たちの身体のどこかに知人の写真集がある訳では
ありません。つまり，間違いなく物理的な情報の入力から記憶は始まりますが，
その情報が個体の内部に存在している時には物理的なものから形を変えている
のです。そのため，憶える段階は符号化と表現されます。符号化における物理
的な情報の変換は個体それぞれの内部で行われるため，複数人で同じ内容の話
を聞いたとしても人によって受けとめ方が異なる，つまり記憶の内容が異なる
ことがあります。

　符号化された情報が個体の内部に存在している段階は貯蔵と呼ばれます。文
字通り情報を保持している段階で，忘れずに憶え続けている状態を指します。
ただし，貯蔵はパソコンやスマートフォンの動画ファイルのように完璧に行わ
れたり劣化するわけではなく，内容の一部または全部が失われることもあれば，
変容してしまう場合もあります。

　個体の内部に貯蔵されているさまざまな情報の中から，特定の情報を探し出
す段階は検索と呼ばれます。いわゆる思い出すという行為を指しており，思い
出したいことが出てこないといった時には，情報の検索に失敗したということ
になります。

　符号化，貯蔵，検索が全ての記憶に共通する3つのプロセスとして想定され

ています。これらのプロセスは学校のテスト勉強のように意識して行われることもありますが、日常においては多くの場面で無意識に行われます。たとえば、昨日の夕食のメニューを思い出すことができたからといって、その夕食をとる際に「メニューをよく憶えておこう」と思っていたわけではないでしょう。私たちは日常で体験した出来事を無意識に符号化し、貯蔵し、検索することができるのです。記憶という行為が成功するためには 3 つのプロセスが完全に働いていることが必要で、記憶に失敗したという場合には 3 つのプロセスのいずれかが不完全であったということになります。

6　記憶貯蔵モデル

　どのような記憶であっても 3 つのプロセスは共通していますが、その働き方は時間的性質によって大きく異なります。特に貯蔵に着目してみると、たった今勉強した内容であっても、遠い昔の小さい頃の思い出であっても、現在検索することができるということは両者とも貯蔵がなされているということになります。しかし、勉強した内容は 1 か月後には憶えていないかも知れませんが、小さい頃の思い出は 1 か月後も同じように思い出すことができるでしょう。このような時間的性質による貯蔵の働きの違いは、リチャード・アトキンソンとリチャード・シフリン（Atkinson & Shiffrin, 1968）が複数の貯蔵システムを想定することで説明を行いました（図 6-1）。

　アトキンソンとシフリンは情報処理モデルの立場から、感覚器官に入力された情報が忘れられることのない記憶になるプロセスには、3 つの貯蔵庫が存在すると想定しました。第一の貯蔵庫は感覚登録器と呼ばれるもので、現在では感覚記憶とも呼ばれます。人間には外部からの情報を取り入れる手段として視覚や聴覚、皮膚感覚などの感覚器官が備わっており、これらの器官は情報を取り入れようと常に働いています。全ての感覚情報は感覚器官によって貯蔵されており、この貯蔵庫が感覚記憶です。感覚記憶に貯蔵された情報のうち、注意を向けた情報は意識にのぼることとなりますが、それ以外の情報は一定時間経過後に忘却されます。この文章を読んでいる時には文字という視覚情報に注意

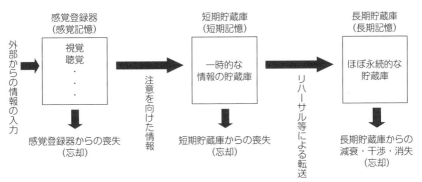

図6-1　複数貯蔵システムによる記憶モデル
出所：Atkinson & Shiffrin, 1968をもとに筆者作成。

が向けられているため，文字が連なって表現されている文章の内容が意識にのぼり，文章の意味が理解されているということになります。その一方で，視覚情報に注意を向けている間にも身体の皮膚感覚はシャツの肌触りを感じ，靴の履き心地を感じているはずです。しかし，視覚情報に集中して皮膚感覚に注意を向けていなかった時には，特段の理由がない限りシャツや靴の感覚は意識にのぼることはなく，次々と忘れられていたということになります。授業中に目を開けていたとしても，授業以外のことや考えごとに集中し授業でもたらされる感覚情報に注意を向けていなければ，授業の内容は意識にのぼることもなく忘却されることとなります。いずれの感覚器官においても，ひとたび注意を向ければその感覚情報を意識することが可能であることから，感覚器官は感覚情報を常に感覚記憶として貯蔵していると考えられます。

　感覚記憶のうち，注意を向けた情報は意識にのぼることとなりますが，この意識にある情報の貯蔵庫は短期記憶と呼ばれます。たった今勉強したばかりの新しい情報も，昔の出来事を思い出している時の情報も，意識下にあるものはすべて短期記憶に貯蔵されている状態です。つまり，短期記憶は意識と同義であるといえます。数字を数えている時にふと違うことに意識を向けてしまうとどこまで数えたかわからなくなってしまうという現象からわかるように，短期記憶は保持できる容量と時間に限界があります。たとえば，英単語を暗記しようと単語帳を見始めると最初の数個までは完璧に憶えることができている気分

になりますが,20個,30個と連続して憶えようとすると次第に憶えきれなくなってしまい,新しい単語どころか先ほどまで完璧に憶えていたはずの単語も思い出すことができなくなってしまいます。集中して授業を聞いてその時は完全に憶えたと思っていても,予習も復習もしていない状態ではわずか数日後のテストでも満点を取ることは難しくなります。意識にのぼっている情報は,思い浮かべている限りは短期記憶に貯蔵されている状態となりますが,短期記憶の保持容量もしくは保持時間を超えた情報は意識の外に出て行ってしまい,忘却されることとなります。

　短期記憶が意識と同様であると想定すると,単なる貯蔵庫を超えた働きをもっていなければ説明がつかない事象が数多く存在します。一例を挙げると,小説を読み進めるためにはそこに記述されている文章を理解し,その内容を保持しておきながら次の文章を読み進める必要があります。入力された情報を保持しながら新しい情報を処理するということを可能とするためには,保持と処理を並列に行う機能が存在するはずです。アトキンソンとシフリンの記憶モデルではこの点までは言及されていませんでしたが,その後のアラン・バドリーらの研究によって,短期記憶は感覚記憶から転送された情報を単に保持するという静的なものではなく,保持と同時に処理も行う動的なものであると提案されました（Baddeley, 1986）。このような短期記憶における機能の動的さから,現在,短期記憶はワーキングメモリーとも呼ばれます。

　これまでの人生で得た知識をつぶさに思い出してみると膨大な量を記憶しているということがすぐに理解できます。また,数年前,数十年前という時間的に遙か遠い昔の出来事であっても鮮明に思い出すことができる記憶もあるでしょう。これらの情報は,ほぼ無限の容量かつ比較的永続的な貯蔵庫に保持されていると考えられており,長期記憶と呼ばれます。短期記憶に貯蔵された情報のうち,リハーサルなどの処理が行われた情報が長期記憶に転送されると考えられています。ここでのリハーサルとは何度も繰り返し反復することをさします。自分の携帯電話の電話番号や学籍番号など,通常一度では憶えきれない量の無意味な数列であるにもかかわらず,完全に思い出すことができるのは,何度もその数列を使用する機会があり,最初は短期記憶であった情報が繰り返

し取り扱われた結果として長期記憶へと転送されたためです。リハーサルには単純に情報を反復するだけの維持リハーサルと，情報の形態を変換し意味を与えるなどの処理を行う精緻化リハーサルがあります。たとえば，数字を語呂合わせで覚える，言語的な情報を視覚的にイメージするなどといった処理は精緻化リハーサルであり，維持リハーサルと比べて記憶として保持されやすいことがわかっています。

　記憶の仕組みに関する研究はさまざまに発展していますが，記憶の時間的性質に基づき3つの貯蔵庫を想定したアトキンソンとシフリンによる記憶モデルは現在でも大きな影響を与えており，記憶の仕組みを理解する際の基本となっています。また，スクワイア等の研究者によって長期記憶に関する検討が進み，知識に関する記憶は意味記憶，体験した出来事に関する記憶はエピソード記憶，身体の動かし方のような技能や手順に関する記憶は手続き記憶など，記憶の内容と働きに着目した分類も行われています（スクワイア，1987）。特に学習に関与するエピソード記憶においては，タルビング等の研究によって新しい情報を符号化する際の文脈と，その情報を検索する際の文脈が類似しているほど検索が成功しやすいという符号化特定性原理などが明らかとなっています。

［7］　子どもを理解するためのまなざし

　本章では学習と記憶の基本的な理論に関する心理学研究を紹介してきました。レスポンデント条件づけの研究から，特定の生理反応とは無関係であるはずの刺激も，条件によっては生理反応を喚起するようになることがわかります。今回取り上げた研究の大半は人間を対象とした研究ではないものの，情動などの基本的な生理反応に関連する現象は全ての動物に共通するものと考えられます。その観点から，たとえば子どもが過度な恐怖を感じた時の部屋や状況，文脈などの環境的要因は，それが再現されてしまうと後に子どもが恐怖を再体験してしまう可能性があります。恐怖を体験した子どもに落ち着いて話をしてもらうためには，その子どもにとって不安を引き出す環境的要因が存在しないかについて十分に留意する必要があります。

　オペラント条件づけに関する研究からは，子どもの自発的行動の発生頻度を左右する要因をくみ取ることができます。スポーツ等の訓練におけるフィードバックの重要性を裏づけるものであり，子どもが何かをうまくできた時，つまり，子どもにその行動を繰り返してほしいという時には褒めることが有効であることを示しています。子どもを理解するという観点では，子どもが繰り返してしまう特定の行動の背景には，何かしらの強化子が関与している可能性があります。また，学習性無力感の研究からわかるように，状況を制御することに対して自分が無力であると感じることは，その後の学習全てに影響を及ぼします。学習性無力感に陥ってしまうと，それと付随して抑うつ症状や自己効力感，自尊心の低下も危惧されます。無気力でやる気がないという状態について，単に怠けていると安易に断じるのではなく，なぜそのような状態にあるのかを理解した上で，自分自身の行動によって状況を制御できることもあるという成功体験を提供することも改善に向けた重要な取り組みであると考えられます。

　学習のさらに詳細な要因である記憶の研究においては，情報処理モデルに基づき符号化，貯蔵，検索という3つのプロセスと，感覚記憶，短期記憶，長期記憶という3つの貯蔵庫に着目した記憶モデルを取り上げました。記憶の基本的な理論を理解することは，より効率的な記憶方法を提供するのに役立つと同時に，記憶という行為がいかに難しく，子どもが一度言われたことを憶えていなくても仕方がないという当たり前のことを再認識させてくれます。伝えたはずの情報を子どもが憶えていないという時には，符号化，貯蔵，検索のいずれの時点で問題があったのかを振り返り，伝える際にはその子どもにあった情報の出し方に留意する必要があります。

📖さらに学びたい人のために
○山崎浩一（編著）（2013）．とても基本的な学習心理学　おうふう
○森敏昭・井上毅・松井孝雄（1995）．グラフィック認知心理学　サイエンス社

引用文献
アンダーソン，J. R.　富田達彦・鹿取広人・平野俊二・金城辰夫・今村護郎（訳）（1982）．

認知心理学概論　誠信書房

Atkinson, R. C., & Shiffrin, R. M.（1968）. Human memory：A proposed system and its control processes. *The psychology of learning and motivation, 2*, 89-195.

Baddeley, A.（1986）. *Working memory*. Oxford University Press.

ガードナー，H.　佐伯胖・海保博之（監訳）（1987）．認知革命──知の科学の誕生と展開── 産業図書

ヘッブ，D. O.　白井常・増井透・川﨑恵理子・岸学（訳）（1975）．行動学入門──生物科学としての心理学── 第3版　紀伊国屋書店

リーヒー，T. H.　宇津木保（訳）（1986）．心理学史──心理学的思想の主要な潮流── 誠信書房

Miserendino, M., Sananes, C. B., Melia, K. R., & Davis, M.（1990）. Blocking of acquisition but not expression of conditioned fear-potentiated startle by NMDA antagonists in the amygdala. *Nature, 345*（6277）, 716-718.

Seligman, M. E. P., & Maier, S. F.（1967）. Failure to escape traumatic shock. *Journal of Experimental Psychology, 74*, 1-9.

スクワイア，L. R.　河内十郎（訳）（1989）．記憶と脳　医学書院

Stiedl, O., & Spiess, J.（1997）. Effect of tone-dependent fear conditioning on heart rate and behavior of C57BL/6 N mice. *Behavioral Neuroscience, 111*（4）, 703-711.

Watson, J. B.（1920）. Conditioned Emotional Reactions. *Journal of Experimental Psychology, 3*, 1-14.

山﨑浩一（編著）（2013）．とても基本的な学習心理学　おうふう

コラム②
ユニバーサルデザインを意識した教室づくり

「私に12人の健全な赤ん坊と，彼らを育てる環境として私が望むものを与えてくれるならば，その子の才能，傾向，能力，適性，祖先にかかわらず，医者，弁護士，芸術家，大商人，あるいは乞食や泥棒にさえもしてみせよう」(Watson, 1924)

これは，行動主義心理学の創始者であり，環境説の提唱者である Watson の有名な言葉です。「人間の発達は環境の影響で決まる」という極論が真実を含むならば，教師がまず介入すべきは「子ども」よりも「教室」といえるでしょう。教室という環境をデザインすることで，子どもの能力や努力を引き出せる可能性があるからです。しかし，子どもたちの個性はさまざまです。ある子どもには最適な環境が，ある子どもには不快な環境にもなりえます。それでは，全ての子どもたちに快適な教室をデザインするために教師は何をすべきでしょうか。

一つ目は「ユニバーサルデザイン」の原理を知ることです。ユニバーサルデザインとは「デザインの変更や特別な仕様の必要なく，全ての人が可能な限り使用できるように製品や環境をデザインすること」(Mace, 1985) です。教育分野では，障害のある者とない者がともに学ぶ教室づくり（インクルーシブ教育）の手段とみなされています。教育のユニバーサルデザインの「3つの柱」である (阿部, 2014)，①授業（授業の進め方，伝え方），②教室環境（教室の心地よさ，わかりやすさ），③人的環境（子どもたちの雰囲気，人間関係）のデザインに取り組みましょう。

二つ目は「人間工学的アプローチ」を実践することです。ここでは，最初に子ども，教師，保護者などのステークホルダーをリストアップし，それぞれの win-win 関係を導く教室をデザインします。ステークホルダーの利便性を最優先し，人間と環境のミスマッチを最小にするプロセスは「人間中心設計」と呼ばれます。教室を使用する中で表面化する不具合は「改善活動」によって調整します。教室の悪い点よりも良い点に気づき，さらなる改善をはかる改善提案型のポジティブ・アプローチ（参加型改善）が有効です。

三つ目は「パースペクティブ・テイキング（視点取得）」を発揮することです。視点取得とは「自己と他者の視点の違いに気づいた上で，対象を他者視点から見たときにどのように見えるのかを理解する能力」(田中・清水・金光，2013) です。この能力には，他者の立場からその他者の意図や考えを理解する「認知的視点取得」と，他者の立場からその他者の感情を正しく汲み取る「感情的視点取得」があります。教室を使用する子どもたちの視点を取得しなければ，人間中心設計や参加型改善は成立しません。しかし，教師が世代，性別，体格，価値観の違いを超

えて子どもたちの視点に立つのは簡単ではありません。複雑な心理的・社会的背景をもつ子どもたちであればなおさらです。視点取得が不十分だと感じた時は，まずは子どもに聞きましょう。スクールカウンセラーや特別支援教育コーディネーター，養護教諭，管理職にも相談しましょう。チームティーチングによる正確な視点取得はユニバーサルデザインへの近道です。

　四つ目は「自閉スペクトラム症（ASD）」の個性に対応することです。ASDの個性には，こだわりの強さ，社会性の乏しさ，興味関心の偏り，会話の不器用さなどが挙げられます。ASDが顕著な子どもにとって心地よい教室は，その個性を持たない子どもたちにとっても使いやすいことが多いのです。たとえば，マクアリスターは「ASDに優しい教室の設計基準」として，①コントロールと安全性（安全な行動範囲，見守りやすさ，等），②学級の特徴（平穏と秩序，気が散らない，等），③教室の使用法（柔軟性，調節可能，予測可能，等），④物理的要因（感覚と運動の調和，良質の音，自然光，等）という項目を示しています（McAllister, 2010）。これらの配慮はASDが顕著でない子どもたちにも有効です。そもそも，ASDは「スペクトラム（連続体）」という性質上，多くの子どもに共通する個性です。だからこそ，ASDの子どもに快適な教室づくりがユニバーサルデザインの第一歩となるのです。

　教師は教育指導，カウンセラーはカウンセリングによって「人間を環境に適合させること」を生業としています。しかし，ユニバーサルデザインの本質が「環境を人間に適合させること」にある以上，「子ども」でなく「教室」に問題の本質や改善の手立てを見出さなくてはなりません。この似て非なるスタンスを使い分けることも，ユニバーサルデザインを意識した教室づくりの秘訣といえるでしょう。

引用文献

阿部利彦（編著）授業のユニバーサルデザイン研究会湘南支部（2014）．通常学級のユニバーサルデザイン　プラン Zero——気になる子の「周囲」にアプローチする学級づくり——東洋館出版社

Mace, R. (1985). Universal design : Barrier free environments for everyone. *Designers West, 33*(1), 147–152.

McAllister, K. (2010). The ASD friendly classroom : Design complexity, challenge and characteristics. In D. Durling, et al. (Eds.), *Proceedings of the Design Research Society International Conference* (pp. 1029–1042).

田中里奈・清水光弘・金光義弘（2013）．幼児期における他者視点取得能力の発達と社会性との関連　川崎医療福祉学会誌, *23*(1), 59–67.

Watson, J. B. (1924). *Behaviorism*. The People's Institute Publishing Company.

第7章

知能の心理学

【ポイント】

第7章の学びのポイントは以下の2点です。

①知能についての考え方を歴史的背景から概観し，知能の捉え方と代表的な知能検査について理解しましょう。

②幼児，児童，生徒の心身の発達を踏まえ，主体的な学習活動を支える指導の基礎となる考え方および教育相談に関わる心理学の基礎的な理論・概念を理解しましょう。

　知能というと勉強ができる能力と同様であるように思われるかも知れませんが，学校の試験でよい点数を取ることは知能の一部ではあっても全部ではありません。学校の試験は目には見えない学業の到達度を数値化しているという点で知能の一側面を測定しているといえますが，知能が求められる場面は多岐にわたります。私たちの日常生活は知的な能力によって支えられているといっても過言ではありません。たとえば，日用品の買い物をする時でも，ある商品が自分にとって必要なものか，適切な価格のものか，今買うことができるかなどを総合的に判断して行動しています。自分にとって必要なものかどうかの判断は思考・想像力に基づいており，適切な価格に関する判断には以前に類似の商品を買った時の記憶が必要であり，今買えるかどうかは自分の財布事情との差し引きによる計算で決まります。円滑な日常生活を送るためには，知的な能力を発揮して生活環境に適応することが必要となります。ここでの知的な能力は，すなわち知能として表現されます。

1 知能の定義

　知能を定義することは容易ではありません。俗に言う頭がよいと評される人々を思い浮かべてみると，「豊富な知識をもっている」，「話の理解が速い」，

「説明の仕方が論理的でわかりやすい」,「頭の回転が速く作業を手際よくこなす」,「柔軟性があってどのような状況にも対応できる」,「独創的かつ革新的なアイデアを思いつく」といった特徴をいくつも挙げることができると思います。しかしながら,豊富な知識をもっている人は熟考することが多く要領よく作業をこなすことは苦手かもしれません。独創的な考えをもつ人の話は混沌としていて理解し難い可能性もあります。頭がよいとされる特徴を記述することは比較的簡単にできますが,それらに共通した要因を抽出するとなると途端に難しい問題になります。実際に,さまざまな研究者が知能を説明しようと試みてきましたが,未だに統一された見解は得られていません。

　知能の定義はさまざまに存在しますが,心理学における古典的な研究を見てみるとおよそ次の5つに区分することができます（田中・田中,1988）。(1)抽象的な思考能力,(2)学習する基礎能力,(3)新しい環境への適応能力,(4)総合的,全体的能力,(5)知能検査によって測定されたものの5つです。(1)〜(3)の定義から,知能は社会生活のための包括的能力として捉えられることがわかります。その一方,(4),(5)の定義を読み解くと,知能は一義的に決めることはできず,単に検査によって測定されたものを知能と呼んでいるだけであるとも考えられます。

2　知能の捉え方

　知能に関する初期の心理学研究では,知能が一つのものとして働くのか,それとも複数の要因に分解できるのか,要因に分けられるとしたらどのような要因から成り立っているのかが議論の的となっていました。20世紀初頭,イギリスの心理学者 C. E. スピアマンは,さまざまな分野のテストの得点について因子分析を行い,全てのテストに関与する単一の因子を見出しました (Lubinski, 2004)。各テストを解決するために共通して必要となる知的能力を g 因子（一般因子）とし,各テストを解くために必要な固有の知的能力を s 因子（特殊因子）と考え,知能は2つの因子によって構成されると想定しました（図7-1）。この考えは二因子説と呼ばれており,それぞれの教科の得点に関与するものが

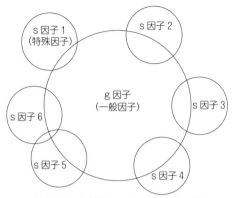

図7-1　スピアマンの二因子説の例

出所：Spearman, 1904 ; Lubinski, 2004 ; 田中・田中, 1988,
をもとに筆者作成。

s因子と，全ての教科に共通して関与するものがg因子ということになります。
g因子に着目すると，ある教科で成績のよい子どもは，大抵の場合に他の教科
のテストでもよい点を取り，逆にある教科の成績がよくない子どもは，他の教
科でも押し並べて成績が悪い，といった状況に当てはまり，勉強に遅れがちな
子どもを見出すことが容易になります。

　しかしながら，続く研究者たちはg因子の存在に異議を唱え，s因子の集合
体こそが知能ではないかと考えました。これは多因子説と呼ばれる考え方で，
アメリカの心理学者L. L. サーストンによって実証されました（岡本，1987）。
サーストンは知能検査で用いられている約60個の検査を大学生に実施し，その
結果を因子分析によって解析しました。その結果，次のような7つの因子が見
出されました（図7-2）。(1)数因子：数を操作する能力，(2)語の流暢さ：指
定された条件に該当する単語で素早く書く能力，(3)言語因子：言語的概念を
理解し取り扱う能力，(4)記憶因子：一定の材料を記憶する能力，(5)推理因子：
与えられた材料から一般的法則を見出す能力，(6)空間因子：平面図形・立体
図形を把握する能力，(7)知覚速度：知覚的判断の速さに関わる能力です。サ
ーストンは，強大なg因子一つによって知能を説明するよりも，独立した多
因子によって知能を記述する方が適切であると考え，7つの因子を基本的精神

図7-2　サーストンの多因子説の例

出所：Carroll, 1993；岡本, 1987をもとに筆者作成。

能力と想定しました。全ての教科において成績がよい，もしくは悪いという状況を説明できた二因子説のg因子に対して，子どもには得意な教科があれば不得意な教科もあるということの方が自然であり，その状況を説明できる多因子説の方が，現実世界への当てはまりがよいと考える研究者も多く存在しました。

　多因子説はサーストンの他にも複数の研究者によって提案され，当たり前に存在する得意，不得意を容易に説明できるようになりましたが，その反面，g因子で見られたような知能のわかりやすさは軽視されることになりました。g因子を見出したスピアマンの元で研究を行っていたレイモンド・キャッテルは，サーストンの多因子説に関心をもち，知能検査で用いられる下位検査に関する因子分析によって見出された多因子についてさらに因子分析を行い，多因子の上位に存在する2つの高次因子を見出しました（Cattell, 1963）。それらはそれぞれ流動性知能（Gf），結晶性知能（Gc）と名づけられ，流動性知能には数字や図形などの検査が含まれており，結晶性知能には知識や語彙などの検査が含まれていました（図7-3）。流動性知能と結晶性知能は言語的な課題か否かという点で違いが見られますが，キャッテルはこれを本質的な違いとは考えず，両者の本質的な違いを異なる部分に見出しました。すなわち，流動性知能は物事の関係性を把握し解決する能力が関与をしており，結晶性知能は豊富な知識や日常における学習や経験の広さ・深さが関与している点が重要であるとしました。また，結晶性知能は教育などの環境的要因の影響を強く受ける一方で，流動性知能は環境的要因の影響が少なく，文化的に公平であると考えました。

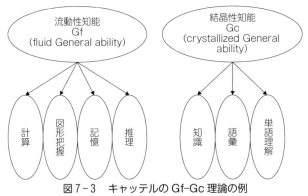

図7-3　キャッテルの Gf-Gc 理論の例

出所：Cattell, 1963；Carroll, 1993をもとに筆者作成。

　キャッテルは続く研究で年齢に伴う知能の発達的変化について検討を行い，自身が着目する両者の差異を明確にしました（Cattell, 1987）。流動性知能は身体的発達に類似した変化を見せ，幼少期から成長期にかけて上昇し，20歳頃をピークとしてその後は緩やかに低下し，高齢期になると急速に低下することを示しました。身体的な発達に似たように変化するということはその働きには遺伝的要因が関与しており，個人差には素質に類したものがあると考えられます。それに対し，結晶性知能は成長期に緩やかに上昇し，20歳以降もさらに緩やかにではあるものの上昇を続け，70歳頃までほぼ衰退しないことを示しました。身体的な変化の影響が少ないという点から，その個人がどのような学習，経験をしているかという環境的要因が関与していることが考えられます。

　流動性知能と結晶性知能を想定するキャッテルのアイデアは，強大かつ単一であったスピアマンの g 因子を 2 つの g 因子に分割したものでもあります。キャッテルの弟子であった J. L. ホーンは，知能に関する研究とは異なる文脈で人の知的活動について検討を進めていた認知心理学の知見を導入し，g 因子を流動性知能と結晶性知能の 2 つではなく，さらに多くの因子に拡張するという作業に取り組みました（McArdle & Hofer, 2014）。ホーンは感覚器官から入力された情報が認知的に処理されるまでに関連する知能として，処理速度(Gs)，短調記憶（Gsm），長期の貯蔵と検索（Glr），空間的推論（Gv），聴覚的処理（Ga），

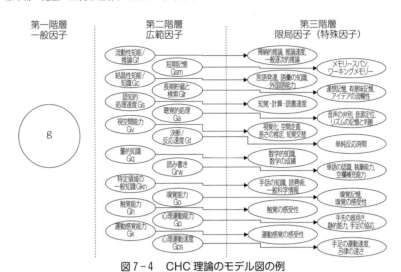

図7-4　CHC 理論のモデル図の例

出所：Carroll, 1993をもとに筆者作成。

量的推論（Gq）などの高次な因子を提案しました。ホーンの研究によって流動性知能と結晶性知能の詳細が記述されるようになったものの，サーストンと同様に知能を簡便に捉えることが難しくなりました。

　1990年代に入り，アメリカの心理学者 J. B. キャロルは，それまでに蓄積された460以上の知能検査に関する研究データについて因子分析を行い，キャッテルやホーンの考えが正しいかを検証しました（Carroll, 1993）。その結果，検査課題ごとの能力を規定する因子の上位に複数の因子が存在することが示されました。つまり，キャッテルとホーンが示した結果を再確認することができたといえます。さらに解析を進めたキャロルは，上下関係を持つこれら2つの因子のさらに上位に一つの因子が存在することを明らかにし，知能が3層から成り立っていることを主張しました（図7-4）。つまり，キャッテルとホーンの理論にスピアマンが提唱した g 因子を置くことで，それらの理論の統合を図ったといえます。この理論はキャッテル，ホーン，キャロルの名前をとって CHC 理論と呼ばれています。CHC 理論の詳細については研究者によって少しずつ立場が異なり，対立している点や検討が不足している部分もありますが，膨大

なデータからボトムアップ的に見出されたという点で着目に値するモデルといえます（Schneider & McGrew, 2018）。

　知能に関する研究は西欧とは異なる視点からも検討が行われています。ソビエト連邦の心理学者であるアレクサンドル・ロマノヴィッチ・ルリアは，脳機能に関する神経心理学に基づき知的活動について検討を行いました（坂野・天野，1993）。ルリアは，脳を組織的構造と機能の点から3つの機能系に分類しました。第1機能系は脳の深いところに位置しており，生化学的代謝，欲求，覚醒水準と関連するとされています。第2機能系は大脳半球の後頭葉，側頭葉，頭頂葉とそれに対応する皮下組織を含んでおり，情報の受容，分析と貯蔵を行っているとされています。第3機能系は前頭葉の皮質下および皮質の組織と関係しており，心的活動のプログラムと行為を遂行する役割をもっていると考えられています。これら3つの機能系は統合的かつ相互依存的であり，現実世界における行動の複雑さを理解するために不可欠であるとルリアは強調しました。スピアマンから始まる西欧の研究が知能における単一の要素に着目したのに対し，ルリアは入力された刺激が第1機能系で統合され第2，第3機能系間で接続をもつこと，つまり処理過程こそが知能の理解において重要であると考えました。脳損傷患者等を対象とした臨床的見地に基づくルリアの理論は，実際に障害や発達的特徴をもつ子どもの知能の特徴を適切に説明することが可能であると考えられています。

［3］　知能検査

　知能の捉え方で見てきたように，知能を研究対象とするためには適切な測定尺度が必要となります。最初の現代的な知能検査は19世紀末にフランスの心理学者アルフレッド・ビネーが開発したものであり，通常の義務教育過程に適さない精神遅滞の子どもを見出すことを目的としてフランス政府の要請により作成されました（Nolen-Hoeksema, Fredrickson, Loftus & Luts, 2014）。フランス政府が全ての子どもに就学を義務づける法律を制定したことに伴い，それまで自宅に留められていた精神遅滞のある子どもに対応する必要が生じ，検査作成の

契機となりました。知能検査の当初の実施目的は，現代風にいえば，発達における定型と非定型の鑑別であったといえます。その後，さまざまな研究者によって多様な検査が開発され，教育だけでなく職業や軍隊への適正を測ることを目的としても知能検査が実施されてきました。その背景には「知能は生得的なものである」とする考えがありました。適正検査として多用された結果，知能検査は個人間の差を強調することが目的となってしまい，レッテル貼りなどの差別を助長する可能性があるとして多くの批判を浴びることとなりました。

　他方，知能検査の開発が進展する中で，上述してきた知能の多様性に関する研究が広がり，それに伴い知能を多面的に評価することが可能となったことで，個人の中での得手不得手を判定することができるようになりました。鑑別などの個人間差だけでなく，個人内差を適切に判定することで個々人の特徴に基づく治療・指導・助言が可能となったといえます。加えて，知能検査による判定とその結果に基づく適切な対応により個人の能力向上を促進する可能性が示されたことで，知能検査の活用の場はさらに広がることとなりました。

　個人の知能は，その人の日常生活を観察することである程度は推測することができます。しかし，それでは観察者の知識や常識に頼ることになってしまい，個人の理解に大きな歪みを生み出す可能性があります。辰野（1995）は，常識的判断の狂いを防ぎ，だれが，いつ調べても，知能について同じ判断ができるようにしようと考えたのが知能検査であると述べており，子どもの状態を適切に把握するためには心理学的に検証された知能検査が重要であることが理解できます。このような知能検査の必要性に基づき，現在広く用いられている知能検査を紹介します。

1　ウェクスラー式知能検査

　知能を多面的に評価することができる代表的な知能検査としてウェクスラー成人知能検査（Wechsler Adult Intelligence Scale：WAIS）が挙げられます。WAISは複数の検査項目により構成されており，各検査の成績は粗点として集計されます。粗点から年齢に応じた評価点を判定し，評価点の合計から知能指数（Intelligence Quotient：IQ）が算出されます。WAISは改訂が重ねられており，現在

表 7-1　WISC-IV で算出できる 4 つの指標とそれぞれの下位検査

指　標	言語理解指標 (VCI)	知覚推理指標 (PRI)	ワーキング メモリー指標 (WMI)	処理速度指標 (PSI)
基本検査	類似 単語 理解	積木模様 絵の概念 行列推理	数唱 語音整列	符号 記号探し
補助検査	知識 語の推理	絵の完成	算数	絵の抹消

出所：日本版 WISC-IV 刊行委員会，2010をもとに筆者作成。

日本では16歳から90歳11か月までの知能の評価が可能となる WAIS-Ⅳ が刊行されています。

　ウェクスラー式知能検査は，それまでの知能検査が児童向けであり他の年齢層に対応していないという問題意識から開発されました。そのため，成人を対象とした知能検査として作成されましたが，その後，WAIS を児童向けに発展させた児童向けウェクスラー式知能検査（Wechsler Intelligence Scale for Children：WISC）が開発されています。WISC も WAIS と同様に改訂が進んでおり，最新版は WISC-V となっていますが，日本では現在 WISC-IV が標準化を経て販売され，医療・教育の場で活用されています。WISC-IV の適用範囲は 5 歳 0 か月から16歳11か月で，60分から90分で実施することが可能です。補助検査を含めると15の下位検査で構成されており，10の基本検査から全体的な認知能力を表す全検査 IQ（FSIQ）と CHC 理論における広範知能因子に相当する 4 つの指標を算出することができます（表 7-1）。いずれも年齢に基づいて算出され，全検査 IQ の低さは知的障害を示唆しています。4 つの指標はそれぞれ言語理解指標（VCI），知覚推理指標（PRI），ワーキングメモリー指標（WMI），処理速度指標（PSI）であり，言語理解指標が結晶性知能，知覚推理指標が流動性知能に相当すると考えられます。ワーキングメモリー指標と処理速度指標は CHC 理論や認知心理学的研究に基づく知的活動に関する理論的基盤の更新に伴って追加された項目であり，これらの指標は障害や発達的特徴のある子どもへのアセスメントと，その結果に基づく適切な学習指導に適用することができます。全検査 IQ の低さは知的障害，また個人における指標間の差をディス

クレパンシーとして容易に比較することが可能となっており，ディスクレパンシーの大きさから知能の偏りを判定することができます。ディスクパンシーは一部の指標が優れていても大きくなるため一概には判断できませんが，検査項目間の極端な得点差は学習障害の可能性を示唆しています。

2　K-ABC

　アメリカの心理学者であるカウフマン夫妻は，ルリアの理論に基づき認知的処理過程を知能として捉え，子ども向けの知能検査バッテリーである K-ABC（Kaufman Assessment Battery for Children）を作成しました。その後，適用年齢範囲の拡大，理論的基盤の強化，子ども向け検査課題の拡充等を目的としてKABC-Ⅱ が開発され，日本版も作成および標準化がなされています。知能は教育の在り方と関わり合いが深いことから，知能検査をより実践的な用途で用いるためには，検査の構成および解釈は各国の文化的背景，教育システムに配慮して行われることが望まれます。各国の状況に則した調整を行うことは国際比較を行う研究などにおいて支障を来すことも想定されますが，日本版 KABC-Ⅱ は実践的活用を重視しており，原版と日本版では依拠する理論や検査内容，得られる指標に少なからず相違があります。ここでは，日本版 KABC-Ⅱ を取り上げます。

　日本版 KABC-Ⅱ の適用年齢範囲は 2 歳 6 か月から18歳11か月で，20の検査課題から CHC モデルに基づいて評価が行われます（表 7-2）。また，ルリアの理論を基にカウフマン夫妻が K-ABC の枠組に用いた認知処理過程尺度と習得度尺度も踏襲しています。認知処理過程尺度は認知能力の全体像を示すものであり，ルリアの理論に立脚しています。習得度尺度は基礎的学力の習得度を反映するものであり，結晶性知能に対応する課題も含まれます。日本版 KABC-Ⅱ では，認知処理過程尺度は枠組としては認知尺度とされ，具体的な尺度として継次尺度（Gsm），同時尺度（Gv），計画尺度（Gf），学習尺度（Glr）が含まれます。習得度尺度は枠組としては習得尺度とされ，語彙尺度（Gc），読み尺度・書き尺度（Grw），算数尺度（Gq）が含まれます。これらの総合尺度として，認知総合尺度，習得総合尺度，CHC 総合尺度が算出されます。CHC 理

表7-2　日本版 KABC-II における尺度と下位検査

認知尺度				習得尺度			
継次尺度 Gsm	同時尺度 Gv	計画尺度 Gf	学習尺度 Glr	語彙尺度 Gc	読み尺度 Grw	書き尺度 Grw	算数尺度 Gq
数唱 語の配列 手の動作	顔さがし 絵の統合 近道さがし 模様の構成	物語の完成 パターン推理	語の学習 語の学習遅延	表現語彙 なぞなぞ 理解語彙	ことばの読み 文の理解	ことばの書き 文の構成	数的推論 計算

出所：日本版 KABC-II 制作委員会, 2013をもとに作成。

論の広範因子を多面的に評価できることに加え，認知尺度と習得尺度の差異についても評価することができます。検査実施における実践的な工夫として，子どもの検査に対する取り組み方を記録する行動観察チェック表が用意されており，検査結果に影響するプラス要因とマイナス要因を簡易に確認することができます。

4　子どもを理解するためのまなざし

　本章では知能に関する心理学研究を概観した上で知能検査について述べてきました。知能は一般にも使用される言葉ですが，それを定義することは難しく，測定するのも容易ではないということを理解する必要があります。特に，結果の実施と解釈には注意が必要です。知能検査を完全に実施するには60分以上の時間を要するため，子どもが飽きないよう，かつ落ち着いて検査が受けられるよう，検査者側も相当な力量が求められます。実のところ，知能検査の結果には知能以外の要因が大きく関与します。たとえば，検査を受ける子どもの側にモチベーションがなければ，特に集中力が必要となるような課題において大幅な得点低下が想定されます。当然ながら体調が悪くても同様ですし，気分が落ち込んでいるといった心理状態にも大きく左右されます。

　良好な状況で検査が完了したとしても，結果の解釈は十分に注意して行う必要があります。前提として，受検者となる子どもが抱えている障害や発達的特徴から検査結果を推測することはできますが，検査結果は必ずしも障害や発達

的特徴を反映しているわけではありません。知能検査が批判された歴史からわかるように，数値だけを見た一律の判定は無用なレッテル貼りを誘発する可能性があります。検査結果のプロフィールからステレオタイプ的に解釈を行うのではなく，その子どもの様子や背景を理解した上で得点を解釈する必要があります。知能検査の実施には費用的・時間的コストを要し，解釈も慎重に行う必要がありますが，適正に実施・解釈することができれば，子どもの状態を適切に把握でき，特に学習場面において有用なサポートを行うことができる可能性があります。

📖さらに学びたい人のために
○辰野千壽（1995）．新しい知能観に立った知能検査基本ハンドブック　図書文化社
○松原達哉（編）（2013）．臨床心理アセスメント　新訂版　丸善出版

引用文献

Carroll, J. B.（1993）. *Human Cognitive Abilities : A Survey of Factor-Analytic Studies*. Cambridge University Press.

Cattell, R.（1963）. Theory of fluid and crystallized intelligence : A critical experiment. *Journal of Educational Psychology, 54*(1), 1-22.

Cattell, R.（1987）. *Intelligence : Its Structure, Growth and Action*. ELSEVIER SCIENCE PUBLISHER.

Lubinski, D.（2004）. Introduction to the Special Section on Cognitive Abilities : 100 Years After Spearman's（1904）"'General Intelligence,' Objectively Determined and Measured". *Journal of Personality and Social Psychology, 86*(1), 96-111.

McArdle, J. J., & Hofer, S. M.（2014）. Fighting for Intelligence : A Brief Overview of the Academic Work of John L. Horn. *Multivariate Behavioral Research, 49*(1), 1-16.

日本版 KABC-II 制作委員会（2013）．日本版 KABC-II マニュアル　丸善出版

日本版 WISC-IV 刊行委員会（訳編著）（2010）．日本版 WISC-IV　理論・解釈マニュアル　日本文化科学社

Nolen-Hoeksema, S., Fredrickson, B. L., Loftus, G. R., & Luts, C.（2014）. *Atkinson & Hilgard's Introduction to psychology*（16th ed.）. Cengage Learning EMEA.

岡本奎六（1987）．知能の因子構造に関する研究展望　成城文芸，*119*，660-633.

坂野登・天野清（1993）．言語心理学　新読書社

Schneider, W. J., & McGrew, K. S.（2018）. The Cattell-Horn-Carroll theory of cognitive abilities. In D. P. Flanagan, & McDonough, E. M.（Eds.）, *Contemporary Intellectual Assessment : Theories, Tests, and Issues.*（4th ed.）. The Guilford Press.

Spearman, C.（1904）. "General Intelligence," Objectively Determined and Measured. *The American Journal of Psychology, 15*（2）, 201-293.

田中敏隆・田中英高（1988）. 知能と知的機能の発達──知能検査の適切な活用のために── 田研出版

辰野千壽（1995）. 新しい知能観に立った知能検査基本ハンドブック　図書文化社

第8章

集団の心理学

【ポイント】

第8章の学びのポイントは以下の3点です。

①学校・学級で生じる集団の心理を理解しましょう。

②子どものモチベーションと教師のリーダーシップを理解しましょう。

③集団の中での子どもを理解するためのまなざしを考えましょう。

1 学校・学級で生じる集団心理

1 群衆を集団へ，集団をチームへ導こう！

　入学式を終えた新入生が緊張した様子で教室の席に座っています。数名の顔見知りはいるようですが，多くは初対面で気軽に話しかけられる雰囲気ではありません。教室という空間に，ただ子どもたちが集められた状態です。この状態を社会科学では「群衆（crowd）」と呼びます。やがて子どもたちは，誰となら気が合いそうか，誰が学級で目立ちそうかなど，互いに関心を向けるようになります。教室という空間にコミュニケーションが生まれ，人間関係が成立し，互いに影響を及ぼし合うようになると，群衆は「集団（group）」へと発展していきます。

　集団は「目的のために影響し合い，その接触に意味があると考える2人以上の集まり（Mills, 1967）」を意味します。つまり，「学級集団」は最初からそこに存在するのではなく，子どもたちと教師が協同で創り上げていくコミュニティといえます。目的を共有し，人間関係の形成を促し，啓発しながら成長できる環境を整えていくと，群衆は集団へと変化していきます。学校行事や部活動などの特定的で限定的な場面では，集団はチームとして機能する必要があります。チーム（team）とは「共通の目的，達成目標，アプローチに合意し，そ

の達成を誓い，お互いに責任を分担し，補完的なスキルをもつ少人数の集団（Katzenback & Smith, 1993)」を意味します。教師はチームの目的を定め，メンバーのモチベーションを高め，チームワークを最大化するための支援を行う必要があります。

2　チームワークを発揮しよう！（集団凝集性）

学級集団をまとめ，チームワークを最大化するとはどのようなことでしょうか。レヴィンは集団のまとまりやチームの団結力を「集団凝集性」と名づけました（Lewin, 1943)。集団凝集性は集団の魅力をあらわす指標でもあります。「ずっとこのクラスでいたい」，「みんなと離れたくない」と思うような，子どもたちの心理的な結びつきが強い学級集団は凝集性が高いといえます。このような学級集団の子どもたちは，チームの目的を果たそうとするモチベーションが強く，チームワークを発揮しやすいといわれています。一方で，集団凝集性が高くなりすぎると，集団圧力（同調圧力）や集団浅慮といったチームワークを妨げる集団心理が生じやすくなります。

3　子どもの考えを引き出そう！（同調圧力）

集団凝集性が高まると，子どもたちのつながりは強いものになりますが，個人が集団から受ける「同調圧力」も生じてきます。同調圧力とは「1人以上の仲間が，個人または集団が好む決定や行動に従うように個人に強いるあらゆる影響力（Sim & Koh, 2003)」のことです。黒沢・有本・森（2005）の調査によると，中学生の女子は友人関係を心の支えとする一方で，仲間への同調圧力から友人との距離感をうまくとることができずにストレスを抱える傾向があるそうです。子どもたちの多くが「良い先生だ」と評価すると，その教師をポジティブに評価する方向性が学級集団の中で決まってくるのも同調圧力です（森正, 1964)。教師のアプローチが同調圧力を引き出すこともあります。授業の終盤で「何か質問はありますか？」とたずねると，「授業が長引くから質問するな」という同調圧力が生じます。「あまり時間はないですが，どうしても質問したい人はいますか？」と補足すると，同調圧力はさらに強くなるでしょう。

「みんなの勉強にもなるので，ぜひ質問してください！」とお願いするのはどうでしょうか。何名かは挙手してくれるかもしれません。教師には同調圧力に気づく力と対処する力が求められます。

4　集団討議の生産性を高めよう！（集団浅慮）

　集団凝集性の高まりは「集団浅慮」の温床にもなります。集団浅慮とは「凝集性の高い集団が選択肢を現実的に評価することよりも，満場一致を優先させようとした時に生じる，迅速かつ安易な思考様式（Janis, 1982）」です。一人一人の子どもはおもしろいアイディアをもっているのに，ディスカッションを行うと平凡な結論に収まってしまうのも集団浅慮といえます。ディスカッションのプロセスで「あの子が言うなら間違いない（一部の者による支配）」，「言っても無駄だから黙っておこう（社会的手抜き）」，「みんなと同じ意見にしておこう（同調）」，「奇抜なアイディアはやめておこう（集団極性化）」という気持ちが生じると（山崎, 2011），アイデアのクオリティとは別次元の判断で集団決定が行われてしまいます。

　個人面談ではみんなが「A君こそ学級委員長にふさわしい」と回答しても，投票では誰も適任とみなさかったB君が選ばれてしまうこともあります。学級会で学級委員長への期待や理想の人物像を話し合ううちに，「こんな大変なことをA君に押し付けるのはかわいそうだ」という同情が生まれ，「適任と思わないがB君がやりたそうにしているな」と空気を読み，「時間もないしもうB君でいいや」と投げ出すならば，A君ほど適任でないB君が投票で選ばれることもあるのです。教師は，動機づけ，進め方，ルールに介入して集団浅慮に対処する必要があります。

5　集団内の人間関係を把握しよう！（ソシオメトリー）

　学級集団の人間関係の把握に役立つ理論の一つにモレノが考案したソシオメトリーがあります（Moreno, 1934）。ソシオメトリーは集団を構成するメンバーの関係性を数量化・図式化するための理論です（図8-1）。学級の集団凝集性，子どもが発揮しているリーダーシップ，子どもたちの情緒的・行動的な広

多数分離構造	一部集中構造	分団分離構造	分団結合構造	統一結合構造
みんなが孤立	特定の者に集中	仲良しで集まる	友好的集団関係	みんな繋がる

図 8-1　ソシオメトリーの構造

注：直線：統合的関係が成立済，点線：統合的関係を形成中
出所：田中，1975，pp. 251-254；池上，2014，p. 243をもとに筆者作成。

がりなど，複雑かつ不可視の現象を測定するのに役立ちます。ソシオメトリーのメリットは，学級委員長や班長などの与えられた役割の構造（外的・表面的構造）よりも，集団で自然発生するありのままの人間関係（内的・深層的構造）を把握できることです。「学級委員長にふさわしいのは誰か？」という質問項目ならば，その時期に信頼を寄せられている子どもがソシオグラムに浮上します。ソシオメトリーで発揮される教師の手腕は，ソシオグラムの解釈と，効果的な集団介入の考察にあります。ソシオメトリック・テストはデリケートな情報を扱うため，実施に際しては子どもへの配慮や情報管理の徹底といった倫理的配慮が求められます。

2　子どものモチベーション

1　子どものやる気を引き出そう！（外発的・内発的動機づけ）

　学習そのものではなく，学習することで生じるご褒美（外的報酬）を得ることに動機づけされている状態を外発的動機づけと呼びます。知的好奇心や興味関心など，学習すること自体に動機づけされている状態は内発的動機づけと呼ばれます。教師は「いかにして子どもの内発的動機づけを高めるか」に手腕を振るう必要があります。外発的動機づけに頼りすぎると，学ぶことの楽しさを味わう機会を子どもから奪うことになるからです。親から「登校したらおもちゃを買ってあげる」と言われて仕方なく登校した不登校児が，1か月後には「次

は何を買ってくれるの？」と交渉するようになり，「買ってくれないなら行かない」と言って事態が深刻化した適応支援の事例は，外発的動機づけの失敗例といえます。たとえ勉強が好きな子どもでも，ひとたび外的報酬を得てしまうと，報酬の減少や消失によって内発的動機づけが低下する「アンダーマイニング効果」にも警戒する必要があります（Deci, 1971）。

2　適度に難しい課題を与えよう！（達成動機理論）

　勉強や部活において，うまくやりたい，成功したい，困難を克服したいと願うモチベーションを達成動機と呼びます。達成動機は，マレー（Murray, 1938）が欲求リストとして提示した人間の欲求の一つです。アトキンソンの達成動機理論では，成功を遂げようとする傾向（成功接近傾向）の強さと，失敗を避けようとする傾向（失敗回避傾向）の差によって達成動機の大きさが決まると考えています（達成動機＝成功接近傾向－失敗回避傾向）（Atkinson, 1957）。つまり，「失敗を恐れず，成功を信じる」という気持ちを達成動機とみなしたのです。成功することに魅力を感じている子どもは，成功を遂げようとする成功接近傾向が高まるので，達成動機が強くなります。成功に魅力を感じるかどうかは，取り組もうとしている課題の難しさによるため，目標設定や課題提示を行う時には困難度に配慮する必要があります。

　アトキンソンの理論は，成功確率が50％である「中程度の困難度」の課題に対して達成動機が最も強くなるというものです（Atkinson, 1957：図8−2）。ドゥシャームとカーペンターの実験も，達成動機が高い子どもは，成功確率が中程度の課題を好むことを確かめています（de Charms & Carpenter, 1968）。ワイナーとクークラは，このような子どもたちが中程度の困難度の課題を好むのは，自分の努力の成果を確認したいからだと考えています（Weiner & Kukla, 2000）。全員が100点をとれる簡単なテストや，やっても0点しかとれない難しすぎるテストは，やる気にならないし，「力だめし」にもならないということです。目標や課題を設定する際は「中程度の困難度」を意識しましょう。

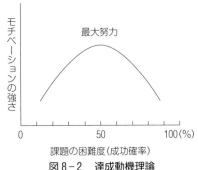

図 8-2　達成動機理論

出所：Atkinson, 1957, p. 365をもとに筆者作成。

表 8-1　モチベーションが喚起するプロセス

要　求	誘　因	動機傾向	喚起されたモチベーション
課題をやりましょう	→現在の学力を知るために	→達成ニーズ	→テストで高得点をとるために（達成動機）
課題をやりましょう	→ライバルに勝つために	→パワーニーズ	→周囲に影響を与えるために（パワー動機）
課題をやりましょう	→私（先生）を喜ばせるために	→承認・親和ニーズ	→先生の承認を得るために（親和動機）
課題をやりましょう	→早く休憩するために	→回避ニーズ	→苦痛から逃れるために（回避動機）

出所：McClelland, 1987, p. 76をもとに筆者作成。

3　アプローチの選択肢を増やそう！（達成・パワー・親和・回避動機理論）

　子どもをやる気にさせるためには，モチベーションの種類やそれが喚起する仕組みを知ることも大切です。マクレランドは人間のモチベーションを達成動機（目標を達成したい），パワー動機（影響力を発揮したい），親和動機（誰かに認められたい），回避動機（嫌なことを避けたい）に分類し，それらが生じるプロセスを 4 側面（要求→誘因→動機傾向→喚起されたモチベーション）から捉えました（McClelland, 1987；表 8-1）。たとえば，達成動機が強そうな子どもには「現在の学力を知るために」という誘因を提示します。この場合，「この課題をやりましょう（要求）→現在の学力を知るために（誘因）→達成ニーズ（動機傾向）→テストで高得点をとるために（喚起されたモチベーション）」という

プロセスでモチベーションが喚起します。子どもの動機傾向を理解して，課題
や誘因を提示できるとよいでしょう。

4　子どもがやる気になる学校を作ろう！（動機づけの階層性理論）

　マズローが提唱した動機づけの階層性理論は，欲求の種類だけでなく，欲求
と欲求の関係性にも着目しています（Maslow, 1943）。低次元の欲求から高次元
の順に，①生理的欲求（寝たい，食べたい），②安全欲求（危険を避けたい，安全
に暮らしたい），③社会的欲求・所属と愛の欲求（集団に属したい，仲間をつくり
たい），④承認・尊重欲求（認められたい，尊敬されたい），⑤自己実現欲求（成
長したい，目標を達成したい）という5つの階層が位置づけられています。この
理論の特徴は，低次元の欲求の充足を高次元の欲求が出現する先行条件とみな
していることです。規則正しい睡眠や食事の指導，安心して学べる場づくり，
教室の仲間づくりによる低次元欲求の充足は，子どもたちの自己実現欲求を支
える土台づくりといえます。

5　子どもの振り返りを促そう！（原因帰属理論）

　子どものやる気を維持するためには，成功や失敗の原因に目を向ける習慣も
大切です。学習の成功や失敗の原因をどのように意味づけるか（原因帰属）に
よって，学習意欲の強さが決まると考えたワイナーは，「原因の所在（内的・
外的）」と「安定性（安定・不安定）」の組み合わせで成功と失敗の原因を分類
する原因帰属理論を提唱しました（Weiner et al., 1971：表8-2）。たとえば，成
功の原因帰属は，もともと頭がよかったから（能力への帰属：内的・安定），宿
題を毎日やったから（努力への帰属：内的・不安定），テストが簡単だったから
（課題の難易度への帰属：外的・安定），たまたま運がよかったから（運への帰属：
外的・不安定）という4区分から捉えます。一般的に，子どもの学習意欲を高
めるためには，成功も失敗も原因を「努力」に帰属させた方がよいといわれて
います。ただし，失敗の原因を努力に帰属しすぎると，自信の指標である自己
効力感の低下につながるため，失敗の原因帰属は慎重に行う必要があります。

表8-2　テストの成功と失敗の原因帰属

	安　定	不安定
内的統制	「能力」への帰属 成功：もともと頭がいいから 失敗：勉強の才能がないから	「努力」への帰属 成功：コツコツと勉強したから 失敗：全く勉強しなかったから
外的統制	「課題の困難度」への帰属 成功：設問が簡単すぎたから 失敗：設問が難しすぎたから	「運」への帰属 成功：たまたま運がよかったから 失敗：今回はついてなかったから

出所：Weiner et al., 1971の理論をもとに筆者作成。

6　子どもを夢中にさせよう！（フロー理論）

　内発的動機づけを高め続けることで獲得できる恩恵があります。それは，人間の幸福を追求したチクセントミハイが提唱した「フロー」と呼ばれる心理状態です。フローとは「全人的に行為に没入している時に人が感ずる包括的感覚（Csikszentmihalyi, 1975）」であり，内発的動機づけの感情的・情動的側面とみなされています（鹿毛，1994；石田，2010）。スポーツ，音楽，読書などの行為に没頭し，全ての意識をその活動に向け，時間の感覚がゆがむほど集中しているならば，それはフローといえます。フローはその行為自体が目的となっている状態であり，達成目標の存在，課題の適度な困難度，課題の達成度に対するフィードバックによって生じやすくなります（石田，2010）。フローは誰でも簡単に経験できるものではなく，大きな身体的努力や高度に訓練された知的活動を必要とします。実際に，フローはスポーツの世界で「ゾーン」と呼ばれており，最高のパフォーマンスを求めるアスリートたちはゾーンに入るためのメンタルトレーニングを行っています。さらに，チクセントミハイは「フローは今という瞬間をより楽しいものにし，能力をさらに発展させて人類への重要な寄与を可能にする自信を築き上げる」と述べています（Csikszentmihalyi, 1975）。このように，内発的動機づけを発揮して，夢中になって物事に取り組んだ子どもは，やがて大きな幸福や成長を獲得できると考えられます。

３　教師のリーダーシップ

1　教師に期待されるリーダーシップを知ろう！

　教師が発揮するリーダーシップは学級集団の雰囲気や子どもたちのやる気に影響を与えるものです。たとえば，リピットとホワイトは，独裁型のリーダーシップは子どもたちの依存度を高め，民主型のリーダーシップは良好な人間関係を促し，放任型のリーダーシップは裁量度が高まる一方で生産性が低下すると報告しています（Lippitt & White, 1958）。しかし，教師に求められる役割や影響力は時代とともに変わってきています。2017年に改訂された小（中）学校学習指導要領では，「主体的・対話的で深い学びの実現に向けた授業改善」が教育課程の実施方針として提示され，アクティブラーニングのさらなる展開が求められるようになりました。子どもの主体的で対話的な学びを支援するには，学級集団の先頭に立って教師がリーダーシップを発揮するよりも，子どものリーダーシップを引き出すためのマネジメントや，子どもの対話を促すためのファシリテーションに徹した方がよさそうです。そこで次項からは，これまで教師に適用されてきたリーダーシップ理論に加え，新たな時代の教師を象徴するリーダーシップ理論を紹介します。

2　リーダーシップを発揮しよう！（PM 理論）

　教師が発揮するリーダーシップが子どもたちにどのような影響を与えるかを知る上で，最も適用されてきた理論の一つは，三隅（1986）が提唱した PM 理論です。PM 理論は「目標達成機能（P：Performance）」と「集団維持機能（M：Maintenance）」の組み合わせでリーダーシップの特徴を捉えます（図8-3）。P 機能は目標の達成に貢献するために効率性や生産性を高めようとする機能です。M 機能は思いやりや気配りによって集団の人間関係を維持・強化しようとする機能です。P 機能と M 機能がともに優位な PM 型リーダーシップを発揮する教師の学級は，集団凝集性，学習意欲，集団規範が高く，学校不満が低い傾

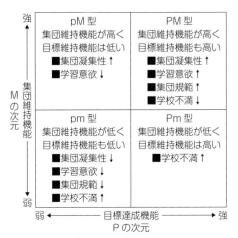

図 8-3　PM 理論

出所：三隅, 1965, p. 98；三隅・吉崎・篠原, 1977, p. 19
をもとに筆者作成。

向があるため（三隅・吉崎・篠原, 1977），学級集団では PM 型が理想的とされ
ています。

3　子どものために全力を尽くそう！（サーバント・リーダーシップ）

　集団の先頭に立って力強いリーダーシップを発揮しなくても，集団を適切に
導く優秀なリーダーが存在します。グリーンリーフは，まるでサーバント（奉
仕者，従者，召使い）のようにメンバーに尽くし，後ろからそっと背中を押す
ように集団を支えるリーダーの姿を「サーバント・リーダーシップ」と名づけ
ました（Greenleaf, 2002）。心から子どもたちのためを思って「こんなことをし
てみようかな」といつも考えている教師は，サーバント・リーダーの資質があ
ります。子どもたちのことを第一に考え，共感，受容，傾聴を繰り返すサーバ
ント・リーダーのもとで，子どもたちの内発的動機づけは高まっていきます（逸
見，2015）。サーバント・リーダーが大切にしている学級集団を自分も大事に
したいと思うようになるので，子どもたちは自然と良い影響を及ぼし合うよう
になります。このように，サーバント・リーダーシップの魅力は「リーダーが
導く」というよりも「自然と導かれる」というプロセスにあります。そのため，

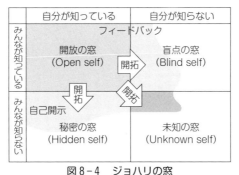

図 8-4　ジョハリの窓
出所：Luft & Ingham, 1955をもとに筆者作成。

「先生のおかげでできた」ではなく「自分たちの力でできた」という喜びを引き出せる可能性があります。子どもたちの主体的で対話的な学びを促す上で有効な理論といえます。

4 　子どもを理解するためのまなざし

1　学級集団を理解するためのまなざし（ジョハリの窓）

　短期間で群衆を集団，チームへと導き，チームワークの最大化をはかるチームビルディングの現場では，集団の変化を見守る視点としてルフトとインガムが考案した「ジョハリの窓」が活用されています（Luft & Ingham, 1955：図8-4）。ジョハリの窓は，集団の一員としての自分を理解する4つの枠組みであり，①開放の窓（自分で気づいており，他人も知っている自分），②盲点の窓（自分では気づいていないが，他人は知っている自分），③秘密の窓（自分は知っているが，他人は知らない自分），④未知の窓（自分も他人もまだ知らない自分）が含まれます。メンバーが開放の窓を広げると，チームの雰囲気がよくなり，チームワークを発揮しやすくなります。盲点の窓から間違った努力をしているメンバーには，フィードバックをおくります。自分の勘違いに気づき，フィードバックを受容すると，盲点の窓は縮小して開放の窓が広がります。秘密の窓が広い

メンバーには自己開示を促して開放の窓を広げます。ジョハリの窓の科学的根拠は十分とはいえませんが，フィードバック，自己受容，自己開示を繰り返すことで開放の窓を広げ，チームの可能性（未知の窓）を切り開くプロセスは，チームビルディングの目標設定として機能してきました。ジョハリの窓から学級集団を眺めることで，子どもたちの人間関係やコミュニケーションの成熟度を推し量ることができます。

2　子どものモチベーションを理解するためのまなざし（達成動機理論）

　それほど実力はないのに，大きなことを口にする子どもがいます。なぜか「自分には絶対にできる」と思い込んでいるのです。このようなビッグマウスは，集団から好奇の目で見られることもあるでしょう。このような子どもに対して，「なぜあなたには無理なのか」という客観的事実を突きつけることに意味はあるでしょうか。アトキンソンの達成動機理論は，このようなビッグマウスを見守るまなざしを与えてくれます。

　アトキンソンの達成動機理論から，人間のモチベーションは「中程度の困難度（成功確率50%）」の課題に対して最大化すると述べました（Atkinson, 1957；図8-2）。よって，教師が課題の困難度を決めてよい場合，テストの結果を参照して中程度の難易度の課題を出題すれば，子どもたちのモチベーションを最大化できることになります。しかし，ことはそう単純ではありません。困難度は，子どもの自己評価に基づいて中程度に設定されなければ意味がないのです。自己評価に基づくということは，たとえ実力が劣っていても「自分なら全国大会で優勝できるかもしれない（知覚された成功確率50%）」と信じ込んでいるビッグマウスは，全国優勝に向けて最大努力を発揮できるということです。一方で，周囲から有望視される実力があっても，心の中では「全国優勝なんて絶対に無理（知覚された成功確率0%）」と思っている者は，全国優勝のために全力を尽くせないということになります。つまり，自分の可能性を強く信じるビッグマウスは，最大努力を可能にする才能とみることができます。同時に，成功確率を極端に低く知覚している子どもには，「あなたなら絶対にできる」と強く信じ込ませることも有効なアプローチといえます。

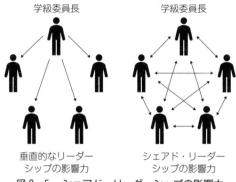

図 8-5　シェアド・リーダーシップの影響力
出所：石川，2016，p.54をもとに筆者作成。

3　子どものリーダーシップを見守るまなざし（シェアド・リーダーシップ）

　教師は子どもたちのリーダーシップを育成するために何ができるでしょうか。それは，教師自身が子どもたちに質の高いリーダーシップを示すことです。子どもたちにとって，教師のリーダーシップは観察学習と模倣（モデリング）の対象となり得るからです（逸見，2015）。生徒会長や学級委員長に選ばれた子どものリーダーシップを個別にサポートするのもよいでしょう。ただし，特定の子どもをリーダーに任命すると，「リーダーのあの子がやればいい」と眺める傍観者や「あの子はリーダーなのに何もしない」と口にする評価者，リーダーに遠慮して影響力を発揮しない実力者が出現するものです。リーダーを決めることが，リーダーでない子どもたちからリーダーシップの機会を奪うことになるのです。「リーダーを決めない」という選択肢を許容するのは，石川（2016）が提唱した「シェアド・リーダーシップ」です。シェアド・リーダーシップは，全てのメンバーが必要な時に必要なリーダーシップを発揮し，誰かがリーダーシップを発揮している時は，他のメンバーがリーダーの支援に徹するという，流動性の高いリーダーシップ理論です（図8-5）。その時々で，「自分がやる」と思った者がリーダーシップを発揮するので，全ての子どもがリーダーシップを磨くことができます。さらに，「子どもたちとリーダーシップをシェアする」という発想を教師がもつことによって，子どもたちの主体的で対話的な学びが

促される可能性もあります。

📖 さらに学びたい人のために

○Katzenback, J. R., & Smith, D. K.（1993）. *The wisdom of teams : Creating the high-performance organization.* Harvard Business School Press.（カッツェンバック, J. R., & スミス, D. K. 横山禎徳（監訳）吉良直人（訳）（1994）.「高業績チーム」の知恵──企業を革新する自己実現型組織──　ダイヤモンド社

○McClelland, D. C.（1987）. *Human motivation.* Cambridge University Press.（マクレランド, D. C. 梅津祐良・薗部明史・横山哲夫（訳）（2005）. モチベーション──「達成・パワー・親和・回避」動機の理論と実際──　生産性出版

○Greenleaf, R. K.（2002）. *Servant leadership : A journey into the nature of legitimate power and greatness*（25th anniversary edition）. Paulist Press.（グリーンリーフ, R. K. 金井壽宏（監修）金井真弓（訳）（2008）. サーバントリーダーシップ　英治出版

引用文献

Atkinson J. W.（1957）. Motivational determinants of risk-taking behavior. *Psychological Review, 64*, 359-372.

Csikszentmihalyi, M.（1975）. *Beyond Boredom and Anxiety : Experiencing Flow in Work and Play.* Jossey-Bass Inc. Publishers.（チクセントミハイ, M. 今村浩明（訳）（2000）. 楽しみの社会学　新思索社）

de Charms, R., & Carpenter, V.（1968）. Measuring motivation in culturally disadvantaged children. In Klausmeirer, H. J., & G. T. O'Hearn（Eds.）, *Research and development toward the improvement of education.* Educational Research Services.

Deci, E. L.（1971）Effects of externally mediated rewards on intrinsic motivation. *Journal of Personality and Social Psychology, 18*, 105-115.

Greenleaf, R. K.（2002）. *Servant leadership : A journey into the nature of legitimate power and greatness*（25th anniversary edition）. Paulist Press.（グリーンリーフ, R. K. 金井壽宏（監修）金井真弓（訳）（2002）. サーバントリーダーシップ　英治出版）

逸見敏郎（2015）. 教師のリーダーシップと生活指導──サーバントリーダーシップをめぐっ

て——　教職研究，(26), 1-10.

池上知子 (2014)．集団と個人　池上知子・遠藤由美　グラフィック社会心理学　第 2 版
サイエンス社

石田潤 (2010)．内発的動機づけ論としてのフロー理論の意義と課題　人文論集, 45, 39-47.

石川淳 (2016)．シェアド・リーダーシップ——チーム全員の影響力が職場を強くする——
中央経済社

Janis, I. L. (1982). *Groupthink : Psychological studies of policy decisions and fiascoes*
(2nd ed.). Houghton Mifflin.

鹿毛雅治 (1994)．内発的動機づけ研究の展望　教育心理学研究, 42(3), 345-359.

Katzenback, J. R., & Smith, D. K. (1993). *The wisdom of teams : Creating the high-per-
formance organization*. Harvard Business School Press.（カッツェンバック, J. R., &
スミス, D. K. 横山禎徳（監訳）吉良直人（翻訳）(1994).「高業績チーム」の知恵——
企業を革新する自己実現型組織——　ダイヤモンド社）

黒沢幸子・有本和晃・森俊夫 (2005)．女子中学生の仲間関係のプロフィールとストレスと
の関連について　目白大学心理学研究，(1), 13-21.

Lewin, K. (1943). Psychology and the process of group living. *Journal of social psychol-
ogy, 17*, 119-129.

Lippitt, R., & White, R. K. (1958). An experimental study of leadership and group life.
In Maccoby, E. E., T. M. Newcomb, & E. L. Hartley (Eds.), *Reading in social psy-
chology* (3rd ed., pp. 496-511). Hold, Rinehart & Winston Inc.

Luft, J., & Ingham, H. (1955). *The Johari window, a graphic model of interpersonal
awareness : Proceedings of the Western training laboratory in group development*.
University of California.

Maslow, A. H. (1943). A theory of human motivation. *Psychological Review, 50*(4), 370-
396.

McClelland, D. C. (1987). *Human motivation*. Cambridge University Press.（マクレラン
ド, D. C. 梅津祐良・薗部明史・横山哲夫（訳）(2005)．モチベーション——「達成・
パワー・親和・回避」動機の理論と実際——　生産性出版）

Mills, T. M. (1967). *The sociology of small groups*. Prentice-Hall.

三隅二不二 (1965)．宿題報告——教育と産業におけるリーダーシップの構造－機能に関す
る研究——　教育心理学年報, 4(0), 83-106.

三隅二不二 (1986)．教師の人間関係　前田嘉明・岸田元美（監修）教師の心理 (1)　(pp.
241-285) 有斐閣

三隅二不二・吉崎静夫・篠原しのぶ (1977)．教師のリーダーシップ行動測定尺度の作成と
その妥当性の研究　教育心理学研究, 25(3), 157-166.

Moreno, J. L. (1934). *Who shall survive?* Beacon house.

森正義彦(1964). 対人評価の同調的変容に関する実験的研究　教育心理学研究, *12*(2), 76
　-84.

Murray, H. A. (1938). *Explorations in personality.* Oxford University Press.

Sim, T. N., & Koh, S. F. (2003). A domain conceptualization of adolescent susceptibility
　to peer pressure. *Journal of Research on Adolescence, 13*, 57-80.

田中熊次郎 (1975). 児童集団心理学　新訂版　明治図書出版

Weiner, B., Frieze, I. H., Kukla, A., Reed, L., Rest, S., & Rosenbaum, R. M. (1971). Per-
　ceiving the causes of success and failure. In Jones, E. E., D. Kanouse, H. H. Kelley,
　R. E. Nisbett, S. Valins, & B. Weiner (Eds.), *Attribution : Perceiving the causes of
　behavior.* General Learning Press.

Weiner, B., & Kukla, A. (2000). An attributional analysis of achievement motivation. In
　Higgins, E. T., & A. W. Kruglanski (Eds.), *Motivational Science : Social and Person-
　ality Perspectives* (pp. 380-393). Psychology Press.

山崎由香里 (2011). 組織における意思決定の心理――組織の記述的意思決定論――　同文
　舘出版

教育評価──教育的観点からのアセスメント

　教育評価とは文字通り教育を評価することです。それでは，いつ教育を評価するのでしょうか。何を基準に評価するのでしょうか。そもそも，何のために教育を評価するのでしょうか。ここでは教育評価の役割と意味について見ていきます。

　教育評価はその成果だけを評価するわけではありません。評価を行う時期で分類すると，教授活動の前に行う診断的評価，教授活動の途中で行う形成的評価，その活動後に行う総括的評価があり（心理科学研究会，2020），その時期に見合った評価をすることが必要です。

　次に，教育評価の基準ですが，おおまかには，個々の学習者（児童・生徒など）の教育目標の到達度を評価する絶対評価と，学習者の集団としての成績分布を基準として，個々の学習者の集団内での順位を評価する相対評価があります。絶対評価の長所は，正確に実施されることによって個人や集団の学習についての成功，失敗や到達度を判断できたり，その進歩や発達を見ることから今後の的確な指導計画を立てられるようになります。その一方で，前提として教育目標を具体的な行動のかたちで設定しなければならないので，知識や技能などは具体化しやすいものの，思考・判断，関心・意欲・態度などは目標を具体化しにくいといった課題があります。また，相対評価はその

長所として，学習者の集団の成績を基準として個々の学習者の位置づけがわかるため，教師の主観が入りにくく客観的な評価が期待でき，見る人にとって評点の示す意味が明確になります。その一方で，学習者が属する学級や学校集団の他の者の成績状況で各個人の成績の位置が左右されてしまうので，個人の真の能力，学力を示すことができず，教育目標の達成度の評価ができないといった課題があります（橋本，2003）。日本においては高校や大学などでは絶対評価が長年用いられていますが，中学校や小学校ではかつて相対評価が用いられてきました。しかし，1970年代頃から個人差に応じた指導の必要性が説かれ，評価においても画一的な評価から多様な評価へという傾向が見られました。このことが反映され，1980年の指導要録の改訂から「観点別学習状況」の評価は絶対評価で行われるようになりました。そして2001年の指導要録からは各教科の「評定」も絶対評価で行われるようになっています（橋本，2003）。これにより，小学校や中学校においても教育目標の具体化と客観性がより求められています。

　評価の基準となる尺度（ものさし）にも客観性が求められています。その客観性を満たすものとして，妥当性と信頼性が挙げられます。妥当性とは，測定すべきものを正確に測っているかというもので，尺度の項目がその尺度

が測定しようとしている内容（たとえば学力）を偏りなく反映しているかという内容的妥当性，すでにどこかで用いられている尺度がある場合，それとの関連で検討される基準関連妥当性，そして，測定しようとする内容について，他の項目と理論的に予想されるような関連が認められるかという構成概念妥当性があります（鎌原, 1998）。また，信頼性とは，測定値が安定しているかというもので，「誰が」「いつ」測っても同じ結果が得られるというものです（南風原, 2001）。これらは学力といった目に見えないものを客観的に測定するために不可欠な要素とされています。

　最後に，何のために教育評価を行うのかについてです。まず学習者の立場では，自分にどの程度の力がついたのかを知り，その後の学習の仕方や進め方を知るために教育評価を行います。教師の立場では，学習者にどの程度の力がついたかを確認することで，自分の教え方の効果を知ることができ，その後の教え方に活かす重要な資料になります（鎌原・竹綱, 2006）。つまり，教育評価は学習者と教師双方のために行うものであり，その評価が今後の授業計画や授業展開に活用されてこそ意味あるものになります。

　日本において教育評価は入試等の選抜にも用いられます。かつて入試は一回の試験で決まることが多く，いわゆる偏差値による進路指導がされてきました。しかし，普段の学習状況を入試に反映すべきという考えから，高校入試では内申書が入試に用いられ，各科目の評定が入試に用いられています

（田中, 2008）。その結果，評定を上げることに関心が偏ることが見られ，学校生活全てが教育評価の対象になることで，児童・生徒たちが萎縮するという問題が考えられます。そして，近年では学力テストで測れる能力だけでなく，客観的測定が難しい主体性なども評価し，入試に用いるという傾向が見られます。（東北大学高度教養教育・学生支援機構, 2019）。

　以上のことから，教育に携わる人々は教育評価が何のため，そして誰のために行われるのかを明確にしながら，評価を行うことが求められています。

引用文献

橋本重治（2003）. 教育評価法概説　2003年改訂版　図書文化社

鎌原雅彦（1998）. 心理尺度の作成　鎌原雅彦・宮下一博・大野木裕明・中澤潤（編著）心理学マニュアル質問紙法（pp. 64-74）北大路書房

鎌原雅彦・竹綱誠一郎（2005）. やさしい教育心理学　改訂版　有斐閣

南風原朝和（2001）. 量的調査——尺度の作成と相関分析——　南風原朝和・市川伸一・下山晴彦（編）心理学研究法入門——調査・実験から実践まで——（pp. 93-121）東京大学出版会

心理科学研究会（編）（2020）. 中学・高校教師になるための教育心理学　第4版　有斐閣

田中耕治（2008）. 教育評価　岩波書店

東北大学高度教養教育・学生支援機構（編）（2019）. 大学入試における「主体性」の評価——その理念と現実——　東北大学出版会

第Ⅱ部

児童・生徒を支援するための気づきと関わり
──SOS を見逃さないために──

第9章

いじめ・非行に気づき関わる

【ポイント】

　第9章の学びのポイントは以下の3点です。

①いじめと非行に関する教育相談のための基本的な見方を理解しましょう。

②いじめと非行の背景や兆候に気づき，予防のための視点をもちましょう。

③いじめと非行への学校内での対応，地域内での連携の例を知りましょう。

1　いじめ・非行の理解

1　いじめの定義と社会的背景

　いじめや非行はどのように定義されるのでしょうか。ここではまず，いじめの定義の変遷から，いじめへの理解を深めていきましょう。

　いじめに関する全国規模の調査が初めて行われたのは，1985年度のことです。その時，いじめは定義されていませんでした。そして，1986年度に行われた調査において，いじめは「自分より弱いものに対して一方的に，身体的・心理的な攻撃を継続的に加え，相手が深刻な苦痛を感じているものであって，学校としてその事実（関係児童生徒，いじめの内容等）を確認しているもの」と定義されました（文部省，1987）。ただし，この定義には，「学校として事実を確認していないから，いじめではない」という言い訳ができてしまうなどの問題が含まれていました。そのため，1994年度以降は後半部分の「であって，学校としてその事実（関係児童生徒，いじめの内容等）を確認しているもの」という箇所が削除されました。

　いじめの定義は，このほかにもいくつかの変更がされています。いずれも見つけやすいいじめだけではなく，見つけにくいいじめを含めようとする変更です。この点に関して，2012年度以降のいじめの定義をみてみましょう。2012年

度以降のいじめの定義は「児童生徒に対して，当該児童生徒が在籍する学校に在籍している等当該児童生徒と一定の人的関係のある他の児童生徒が行う心理的又は物理的な影響を与える行為（インターネットを通じて行われるものを含む。）であって，当該行為の対象となった児童生徒が心身の苦痛を感じているもの」とされています（文部科学省，2012）。これは，1994年度までの定義と比べると，いくつかの点で異なっています。たとえば，「自分より弱いもの」が「一定の人的関係のある（もの）」に，「攻撃を継続的に加え」が「影響を与える行為」に，「深刻な苦痛を感じているもの」が「苦痛を感じているもの」に変更されています。また，インターネットを通じて行われる，いわゆるネットいじめを含めようとする姿勢が明確になっています。

　続いて，いじめを取り巻く社会的背景について考えましょう。文部科学省（2020）のいじめの認知（発生）学校数の推移をみてみましょう（図9-1）。図9-1は1985〜1993年度，1994〜2005年度，2006〜2012年度，2013〜2019年度までという4つの時期に分けて読み取ることができます。特に，1985〜2012年度までの3つの時期は，各時期の最初の数年をピークにして減少する傾向が繰り返されています。

　なぜいじめの件数は増減を繰り返しているのでしょうか。その原因の少なくとも一部は，いじめに関する報道の過熱が起こり，報道に呼応するように社会の関心が高まり，文部科学省がいじめに関する方針や定義を変更したためであると考えられます。なお，報道過熱の原因は，いじめ被害者による自殺の凄惨さや学校側の隠蔽などさまざまです（詳細は，森田（2010）を参照）。

　また，図9-1では，いじめを認知した学校数は，2011〜2012年度にかけて増加し，2013〜2019年度まで増加しています。これは2011年度以前の増減とは傾向が異なりますが，その背景については共通の見方ができます。2011年には大津中2いじめ自殺事件が起こり，その後に報道が過熱し，社会の関心が高まり，2013年にはいじめ防止対策推進法が施行されました。これらの一連の流れの中で，国（文部科学省）による方針に変更があり，学校側がいじめを認めることを積極的に進めるような施策が取られました。そして学校では，学校で起こるケンカやふざけ合いなど，従来はいじめとされてこなかった行動について

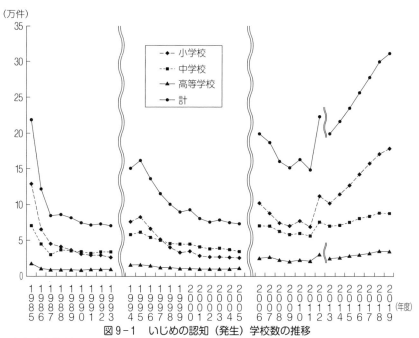

図9-1　いじめの認知（発生）学校数の推移

出所：文部科学省，2020，p. 26をもとに作成。

も，いじめに該当するかどうかを検討する必要が生じています。このことが増加の背景にあると推察されます。

　以上のように，いじめの定義は，いじめの見過ごしを防止し，いじめをより広く含めるように変遷してきたといえます。学校関係者にとっても，いじめの加害者や被害者の周囲の人にとっても，いじめであることを認めたくない気持ちが生じるかもしれません。また，個人が見聞きしたことがあるいじめの事例の数は実際よりも少ない場合があり，いじめは見逃されやすい可能性があります。支援を行う側には，いじめの当事者，特に，いじめ被害者の視点に立って，いじめを判断する姿勢が求められます。

2　非行の定義と社会的背景

　非行の定義をどのようにすべきかについては多様で複雑な議論があります。

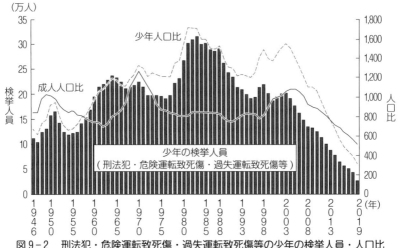

図9-2　刑法犯・危険運転致死傷・過失運転致死傷等の少年の検挙人員・人口比
出所：法務省，2020，p.96をもとに作成。

　たとえば，法を犯していないが倫理的に逸脱した行為（たとえば，軽度の校内暴力や学習怠慢）を非行に含めるべきか，含めるべきでないかという議論は，以前から行われています（星野，1975）。これらの議論を行うために，刑法や少年法などの条文の理解，行政における法の運用状況の理解など，法的な議論が必要になります。ただし，非行を法的な該当性からのみ定義すると，軽度の校内暴力や学習怠慢を含むことができなくなるという問題があります。そこで，星野（1975）を参考に，本章における非行の定義を「罰を与えたり保護したりする対象となることが当然と認められる反社会的行為」とします。

　次に，非行を取り巻く社会的背景について考えましょう。ここではまず，刑法犯・危険運転致死傷・過失運転致死傷などの非行の件数を取り上げます。令和2年版犯罪白書によると，少年（14歳以上の20歳未満の男女）の検挙人員・人口比は単純な増加または減少だけでは推移していないことがわかります（図9-2）。

　図9-2をより詳しくみてみましょう。図中の棒によって示されている検挙人員をみると，いくつかの波がありながらも，1983年度頃までは増加する傾向，1983年度以降は減少する傾向があります。さらに，少年全体の中での検挙

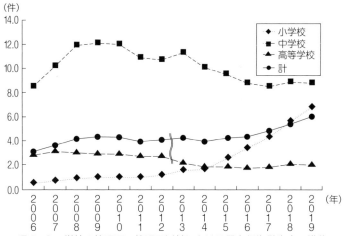

図 9 - 3　　学校の管理下・管理下以外における暴力行為発生率の推移

注：児童生徒1,000人当たりの暴力行為発生件数。
出所：文部科学省，2020，p.7をもとに作成。

　人員をみるために，図中の線で示されている人口比をみると，これもいくつか
の波がありながらも，2003年度以降は減少している傾向があります。
　いじめの件数は定義の変更などに影響されてきたことを説明しました。非行
については，刑法や少年法に関する重大な変更は行われておらず，その意味で，
定義の変更による影響はありません。ただし，社会的背景の影響がある可能性
は指摘されています。村尾（2020）によると，少年非行には4つの波，すなわ
ち社会的な背景があるとされています。それは，1951年頃を頂点とする第二次
世界大戦の後の社会の混乱の中での第一の波，1970年頃を頂点とする経済の高
度成長に向かう社会の中での第二の波，1982年頃を頂点とするバブル経済へ向
かう時代での第三の波，2003年頃を頂点とするバブル経済崩壊により経済的な
転換が起こった時期での第四の波です。以上のように，非行を歴史の中に位置
づければ，非行も世の中の影響を受けて変化していることが推察されます。
　続いて，非行の例として，学校における暴力行為を取り上げます。図9-3
は，学校の管理下・管理下以外における暴力行為発生率，すなわち，児童生徒
1,000人当たりの暴力行為発生件数を示したものです（文部科学省，2020）。図

9-3の数値は，怪我の有無や警察への被害届提出の有無などにかかわらず，該当すると学校側が判断したものが集計されたものです。また，ここでいう暴力行為には，対教師暴力，児童・生徒間暴力，対人暴力，器物損壊が含まれます。

図9-3から，小学校における暴力行為が増加していることがわかります。この点に関しては，小学校で実際に起きている暴力行為が本当に増加している可能性だけでなく，従来見過ごされてきた暴力行為が報告されるようになっている可能性もあり得ます。いずれにしても，従来から問題とされている中学校で起こっている暴力行為の水準に，小学校が件数の上で並びつつあることは，認識しておく必要があるでしょう。

[2]　いじめへの対応

1　いじめは改善しない？

ここでは，いじめ事件の加害行為が減る，または，加害行為の程度が弱くなることを改善とします。学校や保護者の対応によって，あるいは，当事者の努力によって，いじめは改善するのでしょうか。むしろ，悪化するのでしょうか。改善するとしたらどのような場合に，どの程度改善するのでしょうか。この「いじめや非行が他者からの介入によって改善するのか？」という点は，いじめを理解するための重要なポイントです。

この点について，いじめに関するメタ分析を行ったトフィとファリントン (Ttofi & Farrington, 2011) を参考にして考えます。彼らは学校単位で行われた44個のいじめの介入プログラムについて，いじめの加害と被害が約20％減少していることを見出しました。また，加害者と被害者の割合の両方，あるいはどちらかに影響するプログラムの内容などを整理しました。その概要について述べます。保護者へのトレーニングや懇談，懲罰の方法，協力的集団活動などは，いじめ加害者と被害者の双方の割合を減らす影響がありました。また，学級経営，教室のルール，学校全体の方針といった学校側のルール作りの側面によって加害者の割合が減少し，ビデオを多く活用したプログラムによって被害者の

表9-1　いじめ4タイプ理論

タイプ	加害者		被害者	特　徴
	加害 行為	被害者の苦痛 への気づき	被害 感情	
Ⅰ	なし	なし	有	遊び
Ⅱ	有	なし	有	集団でのいじめ行為
Ⅲ	有	有	有	加虐性の深化→手段の拡大
Ⅳ	有有	有有	有有	犯罪行為

出所：住田，2007，p.14をもとに筆者作成。
注：「有」は認識している場合，「有有」は逸脱行為。

割合が減少していました。なお，彼らの研究における分析はプログラムとその
効果を比較することのみ行っているため，一つのプログラムの中で比較を行う
研究の必要性が指摘されています（Smith, 2014）。この点を踏まえつつも，現
時点では，いじめは適切な介入によって改善すると考えてよいのではないで
しょうか。

2　いじめの進行

　いじめに対応するにあたって，どのタイミングでどのような介入が必要で
しょうか。この問題を考えるために，いじめの進行の問題を取り上げます。深
刻さの変化を事前に把握できれば，初期の状態でいじめに気づき，被害を抑え
られる可能性が高まります。

　ここでは，住田（2007）によるいじめ4タイプ理論に基づき，いじめの深刻
さについて考えます（表9-1）。この理論によると，タイプⅠは加害行為がな
いにもかかわらず被害者の被害感情がある状態です。加害行為がないことから，
加害者の加害行為をやめさせることはできません。被害者の被害感情を和らげ
ることが，主な介入となるでしょう。タイプⅡからタイプⅣは実際の加害行為
があるため，いじめの深刻さの増加は，加害行為の増加や，加害者による被害
者の苦痛への気づきの増加，被害感情の増加として捉えることができます。さ
らに重要な点は，加害者による被害者の苦痛への気づきがない，タイプⅡのよ
うないじめが存在するということです。このようないじめについては，加害者
へ被害者の苦痛を促すような介入を行う必要があると考えられます。全てのい

図9-4　いじめ集団の四階層構造モデル
出所：森田，2010，p.132をもとに作成。

じめがタイプⅡからタイプⅣへと進行するとは限りませんが，加害行為などが可能な限り小さい状態で，いじめへの対応を始める意識づけが必要でしょう。

3　いじめへの対応の視点

　いじめの対応として，加害者や被害者，そして保護者への対応が重要であることはいうまでもありません。しかし，いじめの解決と予防については，いじめが起こっている場にいる周囲の人物をいかに巻き込むかが重要になります。

　この点について，森田（2010）による四階層構造モデルから説明します（図9-4）。このモデルは，いじめの被害者と加害者を取り巻く周囲の人物が，いじめをはやし立てておもしろがってみている者（観衆）と，いじめを見て見ぬふりをしている者（傍観者）に分かれるものとして捉えます。また，傍観者の中にいじめを止める，あるいはいじめに否定的な反応を示す者（仲裁者）がいることによって，いじめへの抑止作用があるとされます。

　加害者と被害者の周囲に目を向けるという視点は，学校側がいじめに対応する場合だけでなく，被害者本人やその保護者がいじめに対応する場合にも有効となるはずです。被害者の保護者がいじめの場に立ち会うことは一般的に難しく，学校側に対応を求めること以外に何もできないという無力感に苛まれることがあるかもしれません。しかし，いじめの場にいるメンバーの中から味方を増やすようなアプローチならば，被害者の保護者でも行うことができ，また，学校の外で行うこともできます。さらに，いわゆるネットいじめは部外者が参加できない状況で起こることがありますが，味方を増やす方法で介入できる可

能性が生まれます。

　このほか，現代のいじめには，学年別の認知件数が小2，小3，小1の順で多く，いじめの態様としては「冷やかし，からかい，悪口や脅し文句，嫌なことを言われる」が最も多いという特徴があります（文部科学省，2020）。低学年児童への言葉によるいじめへの対応が必要であるといえるでしょう。いじめ，からかい，いじりという3つの行動を対象に調査を行った望月・澤海・瀧澤・吉澤（2017）によると，いじめが最も否定的な行動として捉えられ，いじめよりもからかい，からかいよりもいじりが肯定的な行動としてみなされるようです。このことから考えると，いじめよりもからかいの段階で，さらに，からかいよりもいじりの段階で，言葉によるいじめへの予防的な教育を行うことができるのではないでしょうか。さらに，からかいやいじりは，いじめに比べれば大人の前でも起こりやすいはずです。大人の目の前で不適切ないじりが起きた時に，その大人が適切な指導を行えば，いじめを抑制・予防できるかもしれません（瀧澤，2020）。すなわち，教育の場で起こるいじりやからかいを全面的に禁止するのではなく，いじりやからかいを指導の材料として捉える視点が必要ではないでしょうか。

3　非行への対応

1　非行の進行

　ここでは，非行がいかに進行するのかという点について，安倍（1978）による非行深度論をもとに考えます。非行深度論は，非行者の生活空間の中心が保護領域から反社会集団へと移行していくものとして捉えて，4つの段階に分けたものです。その概要について述べます。深度I（アマチュア段階）は，保護領域内で非行が発生し，この領域を中心にした統制によって非行が阻止できる段階です。深度II（プロ・アマ段階）は，非行者の生活空間の中心が保護領域や近隣集団から離れ，非行集団内に移行しつつあるが，まだ基本的には保護領域に依存している段階です。深度III（アマ・プロ段階）は，非行者の生活空間

の中心が保護領域から離れて不良集団内に移行した段階です。深度Ⅳ（プロ段階）は，非行が職業化し手口が専門化する段階です。

　この理論は，子どもの生活空間に着目することの重要性を示しています。また，深度が高くなる前に，早い段階から生活空間を保護領域に近づけていくことが，予防につながることが予測できます。

2　非行への対応の視点

　非行への対応を考えるにあたって，学校側の取り組みの方向性を 2 つ示し，具体的な取り組みをそれぞれ紹介します。これらの取り組みから，司法領域における矯正教育などの従来的な対応に限らない，学校や地域を中心とした非行への対応を考えます。

　第一の方向性が，学校とその他専門機関との連携です。特に近年，校内暴力などの学校での荒れに関して，学外からの協力を得る取り組みがみられます。ここでは，具体的な取り組みとして，埼玉県が2002年から導入したスクールサポーター制度を紹介します。これは，授業妨害や生徒の逃げ出しなどに対応するために，学校の巡回，生徒や保護者の指導，非行防止教室の開催などを行うものです。学校や教育委員会からの要請を受けて，元警察官，元教員などが派遣されます。現在は全国で導入されています。芹田（2018）によれば，学校がスクールサポーターの導入を決定するプロセスで学校側が自力対処の限界を認識できる，教師が同僚にはできない相談を行うことができるなどの効用があるとされています。

　第二の方向性が，学校と地域の連携です。一つの具体的な取り組みとして，青森県における少年非行防止の試みである JUMP チームを紹介します（青森県警察，2020；林，2018）。これは，あいさつ運動や街頭での非行防止活動を行うものです。そして，地域の学校の教職員，警察だけでなく，地域の学校の生徒が加わっているという点に，独自性があります。非行に対応できるのは，大人だけではないということです。

④　気づきのポイントと関わり

　これまで，いじめと非行の定義，いじめと非行それぞれに対応するための視点について述べてきました。最後に，いじめと非行の両方に関わる気づきのポイントと関わりについて述べます。

　第一に，いじめも非行も進行するものであるということをあらためて認識する必要があります。すなわち，いじめも非行も深刻さの度合いが小さいものから大きいものへと変化するものであるということです。被害の深刻化を防ぐために，被害が小さい段階から，いじめや非行の芽を摘むという発想が必要になるでしょう。また，いじめや非行が深刻であるほど，子ども本人としては周囲に悩みを打ち明けづらくなる面もあります。その意味でも，学校や家庭においては，早期発見が求められます。そのためには，子どもと周囲の人との信頼関係が重要になります。

　第二に，いじめも非行も被害者と加害者だけへの対応では不十分です。これまで述べたように，いかにその周囲からの協力を得るか，また，学校外の組織や地域を巻き込むかが重要になります。教育の場に携わる専門家も，地域の住民も，被害者と加害者だけにとらわれない視点が必要ではないでしょうか。

📖さらに学びたい人のために

○桜井茂男（2000）．問題行動の底にあるもの──子どもの不安とその克服── 教育出版
○Smith, P. K. (2014). *Understanding School Bullying*. Sage Publications Ltd.(スミス，P. K.　森田洋司・山下一夫（総監修）（2016）．学校におけるいじめ──国際的に見たその特徴と取組への戦略── 学事出版)
○村尾泰弘（2020）．新版 Q&A 少年非行を知るための基礎知識──親・教師・公認心理師のためのガイドブック── 明石書店

引用文献

安倍淳吉（1978）．犯罪の社会心理学　新曜社

青森県警察（2020）．少年非行防止 JUMP チーム　Retrieved from https：//www.police.pref. aomori.jp/seianbu/syounen/jump_team.html（2020年11月13日）

林幸克（2018）．高等学校と警察の連携に関する基礎的研究　――青森県の JUMP チームの 実践事例に基づく考察――　明治大学人文科学研究所紀要，*83*，191-221.

星野周弘（1975）．非行原因の研究方法試論　教育社会学研究，*30*，61-72，179.

法務省（2020）．令和2年版犯罪白書

望月正哉・澤海崇文・瀧澤純・吉澤英里（2017）．「からかい」や「いじめ」と比較した「い じり」の特徴　対人社会心理学研究，(17)，7-13.

文部科学省（2012）．平成23年度　児童生徒の問題行動・不登校等生徒指導上の諸課題に関 する調査

文部科学省（2020）．令和元年度　児童生徒の問題行動・不登校等生徒指導上の諸課題に関 する調査

文部省（1987）．昭和61年度　児童生徒の問題行動等生徒指導上の諸問題に関する調査

森田洋司（2010）．いじめとは何か　――教室の問題，社会の問題――　中央公論新社

村尾泰弘（2020）．新版 Q&A 少年非行を知るための基礎知識――親・教師・公認心理師のた めのガイドブック――　明石書店

芹田卓身（2018）．スクール・サポーターから見た中学校の変化のプロセスについて――学 校と警察の連携による授業抜け出し，暴力の変化について――　犯罪心理学研究，*55* (2)，15-27.

Smith, P. K.（2014）．*Understanding School Bullying*. Sage Publications Ltd.（スミス，P. K. 森田洋司・山下一夫（総監修）（2016）．学校におけるいじめ――国際的に見たその特 徴と取組への戦略――　学事出版）

住田正樹（2007）．いじめのタイプとその対応　放送大学研究年報，(25)，7-21.

瀧澤純（2020）．「いじり」が「いじめ」につながる可能性　教育心理学年報，*59*，267-268.

Ttofi, M. M., & Farrington, D. P.（2011）．Effectiveness of school-based programs to re- duce bullying : A systematic and meta-analytic review. *Journal of Experimental Criminology, 7,* 27-56.

不登校に気づき関わる

【ポイント】

　第10章の学びのポイントは以下の 2 点です。

①不登校の現状と背景に関する基本的な知識を身につけましょう。

②学校適応という視点から不登校を理解し，学校内外での支援について理解を深めましょう。

1　不登校とは何か

1　不登校の定義

　日本で学校に行かない児童生徒の問題が研究されるようになったのは1960年頃で，当時は学校恐怖症と呼ばれ主に母子間の分離不安を背景とした精神的な問題であると捉えられていました（鷲見・玉井・小林，1960）。その後，学校に行かない児童生徒が必ずしも精神病理的な問題を抱えているわけではないことから，登校拒否という言葉が用いられるようになりました。さらに，1990年頃からは不登校という呼称が用いられることが多くなり，現在では学校に行かない児童生徒は不登校と呼ばれることが一般的になっています。文部科学省は不登校を「何らかの心理的，情緒的，身体的，あるいは社会的要因・背景により，児童生徒が登校しないあるいはしたくともできない状況にあること（ただし，病気や経済的な理由によるものを除く）をいう」と定義しており，同省の調査では「年度間に連続又は断続して30日以上欠席した児童生徒数」が不登校としてカウントされています（文部科学省，2020）。

2　不登校の現状

　次に，不登校の現状について概観します。文部科学省の調査に基づき不登校

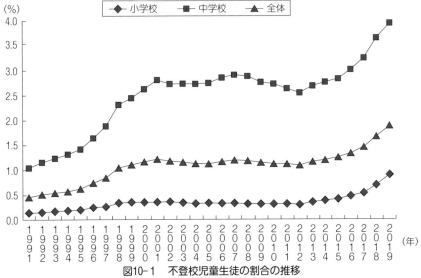

図10-1　不登校児童生徒の割合の推移

出所：文部科学省，2020，p.70をもとに筆者作成。

の児童生徒の割合の推移を示したものが図10-1です。これを見ると，不登校全体の割合は1991年には0.47％でしたが，2019年には1.88％と4倍に増加しています。また，不登校の割合は一貫して中学校の方が高く，2000年頃から2012年頃までは横ばいや減少する局面もありましたが，それ以降再び上昇に転じています。児童生徒数で見ると，2019年時点で181,272名（小学校：53,350名，中学校：127,922名）とかなりの数にのぼります。中学校では一学級40人とした場合，クラスに約1.5名の不登校生徒がいる計算になり，不登校はめずらしいものではないといえます。

　図10-2には学年別の不登校の児童生徒数を示しています。これを見ると学年が上がるに伴い不登校の数は増加していますが，小学6年生から中学1年生にかけて2倍以上に増えていることがわかります。そのため，小学校から中学校への移行に伴い学校環境が大きく変化する中学1年生は特に注意が必要だといえます。また，前年度からの不登校の継続率については，小学校では43.2％，中学校では54.6％となっており，半数程度は前年度から不登校が継続していま

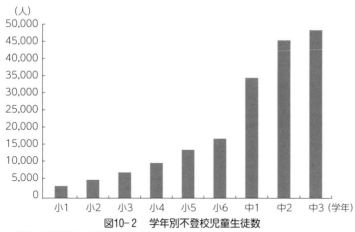

図10-2　学年別不登校児童生徒数
出所：文部科学省，2020，p. 72をもとに作成。

す（文部科学省，2020）。継続率は中学校の方が高くなっており，不登校がより長期化しやすいといえます。

② 不登校の背景とその理解

1 不登校の要因

　上記のように不登校の児童生徒の数は多く，一言に不登校といってもその要因は児童生徒によって異なっており，個々の状況を丁寧に把握し対応していくことが求められます。ここで，文部科学省（2019a）の調査では，不登校の要因を本人に関する要因と，学校・家庭に関する要因の二側面から捉えています。ただし，この調査は不登校の児童生徒を対象に実施されたものではなく，学校側が回答したものであることに留意が必要です。そのため，学校側が要因を正確に把握できていないケースもあると考えられます。

　図10-3に示したように，調査では本人に関する要因に注目し不登校を5つのタイプに分類しています。これを見ると，最も多いのは小中学校とも「不安」の傾向がある者で，ついで「無気力」の傾向がある者となっています。登校す

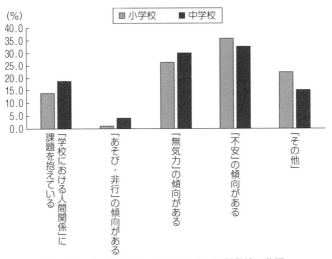

図10-3　本人に関する要因に注目した不登校の分類

出所：文部科学省，2019a，p.83をもとに筆者作成。

ることに不安を感じ学校に行けない不登校と，無気力で学校に行く意欲が湧かない不登校では，児童生徒の様子も必要な支援の在り方も大きく異なってくるといえます。

　次に，不登校の学校・家庭に関する要因について見てみましょう。図10-4は，学校・家庭に関する不登校の要因を集計したものです。一人の不登校児童生徒が複数の要因に該当する場合もあります。これを見ると，小中学校とも家庭に係る状況が不登校の要因となっているケースが多く，学校だけでなく家庭の問題にも目を向ける必要があるといえます。特に，小学校では割合が50％を超えており，親子関係の問題や家庭内不和，経済的問題といった家庭の問題の把握と対応も重要になるでしょう。学校内の要因としては友人関係や学業の不振が要因となっているケースが多く，これらの割合は中学校の方が高くなっています。ここには，思春期になると内面的な類似性を重視した友人関係を形成するようになるといった友人関係の変化や，学習内容の高度化といったことが関係していると考えられ，発達面・環境面の双方から不登校の要因を理解することが重要です。

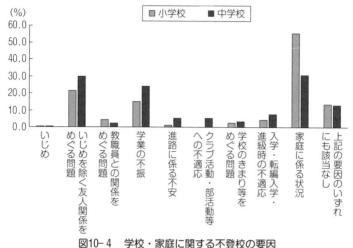

図10-4　学校・家庭に関する不登校の要因
出所：文部科学省，2019a，p. 83をもとに筆者作成。

2　不登校と発達障害

　すでに見てきたように，不登校の児童生徒はかなりの数にのぼっており，不登校はどの児童生徒にも生じ得る問題です。ただし，発達障害の児童生徒はそうでない児童生徒に比べ，より不登校に陥るリスクが高いと考えられます。小枝（2002）は学習障害，注意欠如多動性障害（ADHD）の診断を受けている児童生徒の不登校の割合を報告しており，学習障害では小学生29名のうち10名（34.5％），中学生42名のうち25名（59.5％）が不登校で，ADHDでは小学生43名のうち1名（2.3％），中学生33名のうち13名（39.4％）が不登校でした。また，原田・松浦（2010）が小中学校を対象に実施した調査では，984名の不登校児童生徒のうち，知的障害を伴わない発達障害が疑われる児童生徒の割合は20.2％にのぼることが示されました。こうした研究を踏まえると，不登校の児童生徒の中には少なくない割合で発達障害のある者がいるといえます。この背景には，発達障害の障害特性に起因する問題だけでなく，周囲の理解のなさや不適切な対応によって，彼らが学校生活で困難を経験しやすいことが考えられます（岡田，2016）。

3　不登校を理解する際に重要な視点

　これまで不登校に関する要因について概観しましたが，不登校を理解するためには以下の2つのポイントを押さえておくことが重要です。一つ目のポイントは，近藤（1994）が指摘する個人と環境のマッチング（適合）という視点です。上述のように，文部科学省の調査では不登校の背景にある本人に関する要因として不安や無気力傾向などが挙げられているほか，先行研究では発達障害も不登校につながりやすいことが示唆されています。しかし，当然のことながらこうした児童生徒の全てが不登校になるわけではありません。同じような個人特性をもっていても不登校になる者とそうでない者がいるということは，個人の要因だけでなく環境側の要因にも目を向ける必要があるということになります。たとえば，ある児童が以前の学級では不適応をおこしていたのに，学年が変わって別の学級になると不適応が見られなくなるということがしばしばあります。これは，以前は個人の特性と学級の環境が適合していなかったのが，別の学級になり個人特性と環境が適合するようになったためと理解することができます。ともすると不登校は個人の側の要因に目が向きがちですが，個人の側と環境を切り離して捉えるのではなく，両者の不適合が不登校につながるという視点をもつことが肝要です。

　もう一つのポイントは，不登校のきっかけとなる要因と不登校が継続する要因は同じではないという視点です。たとえば，友人関係の問題がきっかけで不登校になった児童生徒が，その後も同様の理由で学校に登校できないとは限りません。学校に行かない期間が長くなることで，生活リズムが乱れたり，学習内容がわからなくなるといった不安が新たに生じ，登校ができない可能性もあります。また，思春期になると自意識が高まることで周囲から自分がどのように見られているのかが気になるようになります。先に示したように中学生において不登校の継続率が多くなっている背景には，周囲の目を気にして気まずさを感じてしまうという可能性もあるでしょう。このように，不登校のきっかけとなる要因と継続する要因が異なる場合のあることを踏まえると，双方の要因を把握した上で対応していくことが重要になります。

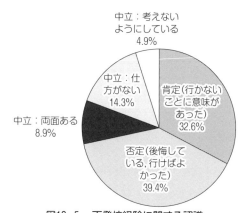

図10-5　不登校経験に関する認識

出所：不登校生徒に関する追跡調査研究会，2014，p. 157
をもとに筆者作成。

4　不登校のその後

　本節の最後に不登校の児童生徒のその後についてみてみましょう。不登校は問題視されることが多いですが，不登校の経験者はその後どうなっているのでしょうか。この問題については，これまでに不登校経験者を対象とした2回の大規模な調査が実施されています（現代教育研究会，2001；不登校生徒に関する追跡調査研究会，2014）。

　まず，不登校経験について当事者がどのように認識しているかについてですが，不登校経験者379名を対象としたインタビュー調査からは，不登校を否定的に捉えている者（39.4%）ばかりではなく，肯定的に捉えている者（32.6%）も3分の1程度存在することが示されています（図10-5）。伊藤（2016）が不登校を「さなぎ」の比喩で捉えているように，不登校にはネガティブな側面だけでなく，不登校経験を通じて成長につながるというポジティブな側面もあるといえます。

　次に，不登校経験者の進路状況を見ると，表10-1に示したように高校に進学する者が多く，大学や専門学校などに進学する者も少なくありません。また，1993年度と2006年度不登校生徒追跡調査を比較すると，全体的に進学率が

表10-1　不登校経験者の進路状況

	1993年度不登校生徒追跡調査	2006年度不登校生徒追跡調査
高校進学率	65.3%	85.1%
高校中退率	37.9%	14.0%
大学・短大・高専への就学率	8.5%	22.8%
専門学校・各種学校への就学率	8.0%	14.9%

注：それぞれ1993年度，2006年度の時点で不登校だった生徒を追跡した調査。
出所：不登校に関する調査研究協力者会議，2016，p.6をもとに筆者作成。

上昇しています。2006年度不登校生徒追跡調査が実施された2012年の大学・短大進学率（高専・専門学校は含まない）は56.2％となっており，それに比べると大学や短大への進学率は低くなっていますが，不登校経験者の進学状況は改善してきています。もちろん，不登校経験者の中には進学ではなく就業を選ぶ者も存在します。

　以上のように，不登校経験者の調査からは不登校が必ずしもネガティブなものとはいえないことが示されてきています。こうしたことも受け，文部科学省は不登校児童生徒への支援に対する基本的な考え方として，「『学校に登校する』という結果のみを目標にするのではなく，児童生徒が自らの進路を主体的に捉えて，社会的に自立することを目指す必要がある（文部科学省，2019b）」としています。不登校の児童生徒の意思を尊重した理解と対応が求められています。

3　気づきのポイントと関わり

1　学校適応上の問題としての不登校

　不登校に気づき関わる際の視点として，不登校を学校適応上の問題と捉えることが重要です。児童生徒が楽しく充実した学校生活を過ごせていれば不登校という問題は生じにくいといえます。不登校の状態にある児童生徒だけでなく，登校している児童生徒にも目を向け，彼らが学校生活を適応的に過ごせるように支援することが，不登校を未然に防ぐことにつながります。

　それでは，どうすれば児童生徒は学校生活を適応的に過ごせるのでしょうか。

この問いに関して，森田（1991）は何が児童生徒を学校につなぎとめているのかに注目し，児童生徒と学校との社会的絆が強ければ，彼らは学校に引きつけられ登校行動が促されると指摘しています。社会的絆にはさまざまなものが含まれ，友人やクラスメイト，教師といった対人的なものだけでなく，学業や部活動といった活動も含まれます。そして，何が学校との社会的絆となるのかは児童生徒によって異なっており，児童生徒はそれを支えに学校に適応していると考えられます。もし，こうした適応の支えとなるものが見つからなかったり，崩れてしまった場合，児童生徒は不適応に陥り不登校になる可能性が高まるでしょう。何が児童生徒の学校適応を支えているのかに注目し，適応支援をすることが不登校の予防につながります（岡田，2015）。

　上記のような学校への適応状態を理解するためには，教師やスクールカウンセラーによる日々の観察も重要ですが，多くの児童生徒の適応状態を理解することは容易ではありません。また，周囲からの期待には応えているけれども内面では悩みを抱えているといった過剰適応の児童生徒は，周囲がその問題に気づくことは難しいといえます。こうした場合には，児童生徒の適応状態を把握するためのアンケート調査を実施することが有益でしょう。児童生徒の不適応傾向などを把握するためのアンケートを実施する学校は増えており，調査に基づく児童生徒の適応支援も浸透してきています。

2　学校における支援

　次に，不登校の児童生徒に対して学校でどのような支援がなされるのかについて見ていきます。現在では学校の教師の他に，心理や福祉の専門家も不登校の児童生徒に関わるようになっています。こうした役割の専門家にはスクールカウンセラー（以下，SC）とスクールソーシャルワーカー（以下，SSW）が挙げられます。

　SCは1995年から導入され，現在では多くの小学校・中学校・高校に配置されるようになっています。これにより，問題を抱えた児童生徒に対して心理の専門家による支援がなされるようになりました。SCによる支援は，大きくアセスメント，カウンセリング，コンサルテーションの3つに区分できます（石

隈，1999)。アセスメントではさまざまな角度から不登校の原因や状況等について分析・把握し，支援のための計画が検討されます。カウンセリングでは，種々のカウンセリングの手法を駆使して児童生徒に直接的な援助がなされます。コンサルテーションでは，教師や親に対して不登校児童生徒に必要な支援などについて助言がなされます。このように，SC は不登校児童生徒の支援において重要な役割を担っています。SSW は2008年から配置されるようになり，国は SSW の拡充を進めています。SSW は福祉の専門家として位置づけられており，不登校の児童生徒が置かれている環境を調整したり，関係機関との連携体制の構築や調整などを担っています。不登校児童生徒の支援においてはこうした福祉の観点も重要になります。上述した専門家の他に，学校には養護教諭をはじめ，学内の教育相談において中心的な役割を担う教育相談担当教員や，特別支援教育の推進に関わる特別支援教育コーディネーターという役割の教員がいます。SC や SSW などの専門家とこうした役割の教師，校長・副校長（教頭）などの管理職，担任教師，保護者などがチームとなって児童生徒の支援にあたることが求められています。

　チームとして支援を行う際には，不登校児童生徒の状況や支援の方針等を共有するためのツールが重要になります。このことに関して，不登校に関する調査研究協力者会議（2016）は不登校児童生徒に対する組織的・計画的な支援のためのシートの作成を提言しており，文部科学省の通知（文部科学省，2019b）では「児童生徒理解・支援シート」を作成し支援にあたることが望ましいとされています。本シートは「共通シート」「学年別シート」「ケース会議・検討会等記録シート」から構成されており，「共通シート」には支援全体を通して利用・保存される児童生徒本人の基本情報が記入されます。「学年別シート」には対象となる児童生徒の状況が随時追記され，具体的な支援の計画が記入されます。「ケース会議・検討会等記録シート」には本人・保護者・関係機関の支援に関連する協議の結果が実施の度に記入されます。こうしたシートを活用することで情報が共有され円滑な支援が可能になるとともに，学級や学校が変わった際にも引継ぎが容易になり途切れない支援が提供できるといえます。

3　従来の学校とは異なる教育の場

　学校への登校が難しい不登校児童生徒を支援するためには学校における支援だけでは十分ではありません。不登校に対する認知が広まってきたことに伴い，現在では従来の学校とは異なる教育や生活の場が整備されるようになってきました。ここではその代表的なものとして教育支援センター，不登校特例校，フリースクールの３つを紹介します。

　教育支援センターは適応指導教室と呼ばれることもあります。教育支援センターのほとんどは各自治体の教育委員会によって設置され，2017年の調査では63％の自治体が設置しており，２万人以上の児童生徒が在籍しています（文部科学省，2019c）。数は多くありませんが，小中学生のほかに高校生や高校中退者を受け入れているところもあります。同調査では教員免許を持っている職員が８割以上，職員の３割以上が退職した教員となっており，教育面での支援が厚いといえます。援助目標としては学校復帰を挙げている教育支援センターが７割弱と最も多く，活動内容としては個別の学習支援，児童生徒や保護者への相談・カウンセリングがほとんどのセンターで実施されています。

　不登校特例校は，不登校児童生徒の実態に配慮して特別に編成された教育課程に基づく教育を行う学校で，学校教育法に規定された学校です。そのため，従来の中学校と同様，卒業すれば高校に進学することができます。2004年から設置されるようになり，2020年時点で全国に14校があります（公立６校，私立８校）。不登校特例校では通常の学校に比べ教員やSC等の支援者が多く配置されていたり，授業に出られない児童生徒のための居場所が整備されているなど，支援体制が充実しています。具体的な活動内容は学校によって異なりますが，体験活動を重視したプログラムや，自己肯定感・他者理解促進のためのプログラムなど，特色のある取り組みが実施されています（後藤，2016）。

　フリースクールは，不登校児童生徒を受け入れる民間の団体・施設のことで，全国に450以上のフリースクールがあり，５割弱がNPO法人によって運営されています（文部科学省，2015）。運営する団体によって方針や活動内容はさまざまですが，ほとんどのフリースクールでは個別の学習や，相談・カウンセリ

ングがなされています。筆者がスタッフをしていたフリースクールでは，学校と連携し，児童生徒と配布物を受け取りに行ったり，部分的に学校行事や定期試験に参加するといったこともしており，学校と連携した取り組みをしているところもあります。

　このように，従来の学校とは異なる教育の場が整備されつつありますが，16万人を超える不登校児童生徒の数に対して十分な状況にはありません。多くの不登校児童生徒が存在する今日においては，多様な教育・発達の機会をさらに整備していくことが求められます。

📖 さらに学びたい人のために

○不登校に関する調査研究協力者会議（2016）．不登校児童生徒への支援に関する最終報告　Retrieved from https：//www.mext.go.jp/b_menu/shingi/chousa/shotou/108/houkoku/1374848.htm（2020年12月21日）
○不登校生徒に関する追跡調査研究会（2014）．不登校に関する実態調査――平成18年度不登校生徒に関する追跡調査報告書――　Retrieved from https：//www.mext.go.jp/a_menu/shotou/seitoshidou/1349956.htm（2020年12月21日）

引用文献

不登校生徒に関する追跡調査研究会（2014）．不登校に関する実態調査――平成18年度不登校生徒に関する追跡調査報告書――　Retrieved from https：//www.mext.go.jp/a_menu/shotou/seitoshidou/1349956.htm（2020年12月21日）
不登校に関する調査研究協力者会議（2016）．不登校児童生徒への支援に関する最終報告　Retrieved from https：//www.mext.go.jp/b_menu/shingi/chousa/shotou/108/houkoku/1374848.htm（2020年12月21日）
現代教育研究会（2001）．不登校に関する実態調査――平成5年度不登校生徒追跡調査報告書――
後藤武俊（2016）．地方自治体における不登校児童生徒へのサポート体制の現状と課題――不登校児童生徒を対象とする教育課程特例校を設置する自治体を中心に――　東北大学大学院教育学研究科研究年報, *64*(2), 157-180.
原田直樹・松浦賢長（2010）．学習面・行動面の困難を抱える不登校児童・生徒とその支援に関する研究　日本保健福祉学会誌, *16*, 13-22.
石隈利紀（1999）．学校心理学――教師・スクールカウンセラー・保護者のチームによる心

理教育的援助サービス――　誠信書房

伊藤美奈子（2016）．さなぎとしての不登校　さなぎになれない不登校　高坂康雅（編）　思春期における不登校支援の理論と実践（pp.94-113）　ナカニシヤ出版

小枝達也（2002）．心身の不適応行動の背景にある発達障害　発達障害研究, *23*, 38-46.

近藤邦夫（1994）．教師と子どもの関係づくり――学校の臨床心理学――　東京大学出版会

文部科学省（2015）．小・中学校に通っていない義務教育段階の子供が通う民間の団体・施設に関する調査　Retrieved from https：//www.mext.go.jp/a_menu/shotou/tyousa/1360614.htm（2020年12月21日）

文部科学省（2019a）．平成30年度児童生徒の問題行動・不登校等生徒指導上の諸課題に関する調査結果　Retrieved from https：//www.mext.go.jp/a_menu/shotou/seitoshidou/1302902.htm（2020年12月21日）

文部科学省（2019b）．不登校児童生徒への支援の在り方について（通知）Retrieved from https：//www.mext.go.jp/a_menu/shotou/seitoshidou/1422155.htm（2020年12月21日）

文部科学省（2019c）．「教育支援センター（適応指導教室）に関する実態調査」結果　Retrieved from https：//www.mext.go.jp/a_menu/shotou/seitoshidou/1416706.htm（2020年12月21日）

文部科学省（2020）．令和元年度児童生徒の問題行動・不登校生徒指導上の諸課題に関する調査結果　Retrieved from http：//www.mext.go.jp/a_menu/shotou/seitoshidou/1302902.htm（2021年2月4日）

森田洋司（1991）．不登校現象の社会学　学文社

岡田有司（2015）．中学生の学校適応――適応の支えの理解――　ナカニシヤ出版

岡田有司（2016）．思春期の発達障害と不適応　高坂康雅（編）　思春期における不登校支援の理論と実践（pp.47-69）　ナカニシヤ出版

鷲見たえ子・玉井収介・小林育子（1960）．学校恐怖症の研究　精神衛生研究, *8*, 27-56.

コラム④
ゲーム障害とは何か

　次の4つの項目から何がわかるでしょうか？　①それをほどほどにしようと思う（Cut-down），②それについて周囲から非難されて腹が立つ（Annoyed by criticism），③それをすることで悪いとか後ろめたさを感じる（Guilty feeling），④目が覚めたらすぐにそれをする（Eye-opener）。答えは「アルコール依存」です。この項目は英字の頭文字から「CAGE（ケイジ）」と呼ばれています。この項目の「それ」を「お酒を飲むこと」に置き換えるとわかるかと思います。今度は「それ」を「ゲームをすること」に置き換えてみてください。当てはまる人はゲーム依存の可能性があります。

　世界保健機関（WHO）は『疾病及び関連保健問題の国際統計分類（International Statistical Classification of Diseases and Related Health Problems：ICD)』の30年ぶりの改訂版『ICD-11』において，「ゲーム障害（Gaming Disorder）」を依存症の一種として正式に収載することを決めました。

　依存は大きく分けて3つのタイプがあります。一つ目は，アルコールや薬物等の「物質」の依存です。二つ目は，家族や恋人等の「人間関係」の依存で，DVやストーカー等の問題に発展する可能性があります。そして三つ目が，ゲームやギャンブルやセックス等の「行為」の依存です。これら三つの依存はそれぞれ異なっているように見え

ますが，実際には重なり合っています。なぜなら，その背景にある心理は共通して「社会不安」と「孤独感」と「うつ」だからです。人付き合いが苦手で，寂しがり屋で，気分が落ち込みやすい子どもや若者は依存に陥ってしまう可能性があります。

　筆者がカウンセリングを担当したゲーム依存の事例を紹介します。なお，プライバシーの保護のため，解釈に支障のない範囲で事実を改変しています。

　最初は母親だけがカウンセラーである筆者のもとに相談に訪れました。母親は「高校2年生の息子（A君）の不登校・ひきこもりで困っている。注意すると息子は暴力を振るうこともある」と訴えました。母親はA君がせっかく第一希望の進学校に入学したのに，留年してしまうと悩んでいました。母親は続けます。「成績が振るわず，高校に行かなくなった。昼夜逆転で，自室にこもって家族と顔を合わせようとしない。食事は部屋の前に置くと食べるが，残していることも多く，痩せてしまった。いつもパジャマ姿で，風呂にもほとんど入らない。部屋から出そうとすると怒って両親を殴ったり，壁に穴を開けたこともある」。筆者がその年代の男子に発症することの多い統合失調症を心配し，その可能性を伝えると，母親は「私たち親も統合失調症について勉強しました。しかし，息子は違うと思う」と断言しました。

そして，緊急介入が必要な暴力のことを詳しく尋ねると，A君は「パソコンをやめて（部屋から出なさい・高校に行きなさい）」という具合に，パソコンのことを注意されると腹を立てるということがわかりました。両親がパソコンのことを触れずにいると，A君の暴力はなくなりました。さらに，筆者の「A君はパソコンで何をしているのだろう？」という興味を母親経由で聞いたA君は，その数か月後に筆者のもとにやってきました。

家族以外の人に会うことを意識した「それなりの格好」でしたが，顔色が悪く，憔悴しきった様子でした。「オンラインゲームをしている。起きている時間はほぼゲーム」とボソッと呟きました。最初のうちこそ，A君はふてぶてしく「ゲームは悪くない。ゲームの邪魔をする奴は親でも殴る」と言い放っていましたが，しばらく経って，「目が悪くなった。腰も痛い。体のアチコチが重い。……このままではダメになる……」と打ち明けてくれました。

一概には言えませんが，依存を断ち切るためには，この「もうダメだ」が必要です。これを臨床心理学では「底つき体験」と呼びます。A君は「成績が下がったからゲームにはまったのではなく，ゲームにはまったから成績が下がり，学校も行かなくなり，昼夜逆転になった。ゲームのことを言われるとムカついた。それでも，本音では『完全なるネトゲ廃人だな』と自虐して独りで泣いていた」とのことです。「ネトゲ廃人」とは，ほぼゲーム障害の状態を指すインターネット用語です。つまり，A君はゲームに後ろめたさを感じており，CAGEの4つの問い全てに「はい」と答えたと言えます。少々荒療治でしたが，インターネット環境をA君の同意のもとで家から完全に排除することで，A君のゲーム依存は治まりました。

ゲームについて興味深いことをA君は言いました。「勝ち続けたらつまらない。負けて，時々，勝つと，すげーテンション上がる」。心理学ではA君の言った内容は「間欠強化（部分強化）」と呼び，「時々，報酬が得られることで，ある行動が増える」ことを指します。「時々の勝ちや当たり」がギャンブルに没入する最高の条件なのです。ゲーム障害の原語の「Gaming Disorder」の「Gaming」には「ギャンブル」という意味もあるので，ゲーム障害はギャンブル依存の一種と考えられます。ただし，オンラインゲームはインターネット上の人間関係の中で成り立つので，人間関係の依存も含んだ複雑な様相を呈するのでしょう。

人付き合いが苦手で，寂しがり屋で，気分が落ち込みやすいA君を想像していただけたでしょうか。最後にA君が教えてくれたことが，ゲーム障害に陥らないために必要なことかもしれません。「独りぼっちとバカにされないために勉強だけは頑張った。でも，高校では独りぼっちを紛らわせるために勉強をしているのはバレバレ……。だからゲームにのめり込んだ。あの時，誰かが一緒に居ようと言ってくれていたら，こんなにボロボロにならなかった……」。

第11章

虐待に気づき関わる

【ポイント】

　第11章の学びのポイントは以下の３点です。

①虐待とは何か，また，どのような状況で起こるのかを理解しましょう。

②虐待は個人にどのような影響を及ぼすのかを理解しましょう。

③虐待への気づきと対応に関する基本的な考え方を身につけましょう。

［1］　虐待とは何か

　近年，虐待事件，生徒間・教員間のいじめ，震災，交通事故，蔓延する感染症等，誰もが「心の傷つき」を抱えるリスクの高い時代を迎えています。

　心が傷つくような体験は誰にでも起こり得る出来事です。通常であれば他者の支えや自ら内省する姿勢を通して，その体験は成長の糧となり，否定的な体験であったとしても，肯定的に捉え直すことができるでしょう。

　しかし，「心の傷つき」が個人の許容範囲を超えた強さをもち，支えとなるはずの他者から支援を受けられない場合には，その出来事を肯定的に捉えることは難しくなるでしょう。さらに，「心の傷つき」に対処できない状況が慢性的に続き，「思い出すことも苦しい体験」となった場合にはどうでしょうか。安心してもよい状況を疑い始め，信頼できる支援者を拒絶し，うまく対処できない自分をも否定的に捉え始めるかもしれません。これが虐待の影響です。

　虐待は個人の人権を著しく侵害する行為であるばかりか，生涯にわたる個人の健全な成長・発達に悪影響を及ぼします。このため，虐待のシグナルにいち早く気づき，関わることのできる支援者が求められています。

　ここでは，まずは虐待とは何かを理解していきましょう。

表11-1　児童虐待の定義

身体的虐待	殴る，蹴る，投げ落とす，激しく揺さぶる，やけどを負わせる，溺れさせる，首を絞める，縄などにより一室に拘束する　など
性的虐待	子どもへの性的行為，性的行為を見せる，性器を触る又は触らせる，ポルノグラフィティの被写体にする　など
ネグレクト	家に閉じ込める，食事を与えない，ひどく不潔にする，自動車の中に放置する，重い病気になっても病院に連れて行かない　など
心理的虐待	言葉による脅し，無視，きょうだい間での差別的扱い，子どもの目の前で家族に対して暴力をふるう（ドメスティックバイオレンス：DV）など

出所：厚生労働省，2019をもとに筆者作成。

1　虐待とは何か

　2000年に「児童虐待の防止等に関する法律（以下，児童虐待防止法）」が制定されました。この法律の目的には「児童虐待が児童の人権を著しく侵害し，その心身の成長及び人格の形成に重大な影響を与えるとともに，我が国における将来の世代の育成にも懸念を及ぼすことにかんがみ，（中略）児童虐待の防止等に関する施策を促進し，もって児童の権利利益の擁護に資する」と記され，児童虐待は著しい権利侵害であり，その子どもの将来に重大な影響を与えること，また，児童虐待の防止や早期発見に努めることにより，子どもの将来を守っていくことが広く国民に周知されました。

　児童虐待は，身体的虐待，性的虐待，ネグレクト，心理的虐待の4つに分類されます（表11-1）。身体的虐待は，殴る，蹴る，激しく揺さぶる等，子どもの身体に外傷が生じたり，生じる可能性のある暴行を指し，性的虐待は，子どもへの性行為や性器・性行為を見せる等，わいせつな行為をしたり，させたりすることです。一方，ネグレクトとは家に閉じ込める，食事を与えない等の養育の怠惰・放任で，自宅や自動車に子どもを放置し死亡させるといった事件はネグレクトによるものと捉えられます。心理的虐待は言葉による脅しや無視，また，家庭内暴力を目撃する等といった子どもの心が傷つく行為を指します。

　ここで留意しておくことは，虐待とは親の気持ちや考え，意図的であるかどうかとは無関係であり，あくまでも子どもにとって有害であるかが問われます。つまり，虐待かどうかは，親の状況や生活環境のみで判断せず，子どもの視点

に立つことが求められるのです。

2　虐待への対応と現状

　虐待の防止と早期発見が強く求められる中，虐待対応の中心を担う機関として児童相談所があります。児童相談所は18歳未満の子どもとその家族に対する相談活動を行っており，2016年の児童福祉法の改正によって，都道府県，政令指定都市，中核市に加えて，新たに特別区においても設置可能となりました。児童相談所は2020年 7 月 1 日の時点で全国に220か所設置されており（厚生労働省，2021），虐待通告を受けてから原則48時間以内に児童の安全確認を行うことが徹底されています。

　一方で，私たち国民には児童虐待の通告義務があります。児童虐待防止法には，児童虐待の通告は国民の義務であり，児童虐待を受けたと思われる児童を発見した場合は，都道府県の設置する福祉事務所もしくは児童相談所に通告しなければならないこと，また，この通告は守秘義務に関する法律等によって妨げられないこと，さらに，学校，児童福祉施設，病院等に勤務する者は，児童虐待を発見しやすい立場にあるため，早期発見に努めることが明記されています。このように「児童虐待を受けたと思われる」段階で，日頃から子どもと接する機会のある者が行動することにより，児童虐待の防止や早期発見につながっていくのです。

　また，図11-1 の児童虐待相談対応件数を見ると，2019年度の時点で19万3,780件と過去最多の状況にあります（厚生労働省，2020）。2013年度から比べると，この 6 年間で毎年 1 万人以上も相談件数は増え続け，単純に1990年度と比べた場合は約176倍の増加となります。

　その他，児童虐待による死亡事例の推移では（図11-2），虐待による死亡事例は年間50件を超え，これは 1 週間に 1 人の児童が命を落としている計算になります（厚生労働省，2020）。虐待による社会的損失は年額 1 兆6,028億円であり，東日本大震災の被害額1.9兆円に近いという報告もあります（Wada & Igarashi，2014）。

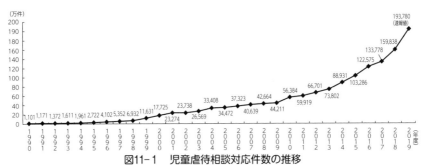

図11-1　児童虐待相談対応件数の推移

出所：厚生労働省，2020，p. 2をもとに作成。

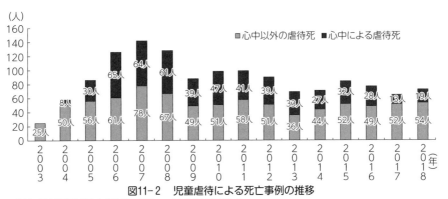

図11-2　児童虐待による死亡事例の推移

出所：厚生労働省子ども家族局，2020，p. 1をもとに著者作成。

3　虐待の背景にある要因

　児童虐待はわが国の深刻な社会問題であり，どのような状況で起こるのかを事前に理解しておくことが望まれます。

　表11-2では，虐待が起こりやすい家庭・家族の状況が示されています（全国児童相談所長会，2015）。虐待のリスクが高い順に「虐待者の心身の状態（精神疾患やうつ病等）」，「ひとり親」，「経済的困難」，「夫婦間不和」，「DV」と続き，あわせて見られる特徴として「育児疲れ」，「親族，近隣，友人からの孤立」，「不安定な就労」，「ステップファミリー[*1]」があります。

　家庭内の社会的事情（ひとり親，経済的困難，孤立，夫婦間不和）が親の育児

表11-2　虐待につながると思われる家庭・家族の状況

順位	項　目	あわせてみられる上位5項目				
		1位	2位	3位	4位	5位
1位	虐待者の心身の状態	ひとり親	経済的困難	育児疲れ	夫婦間不和	親族，近隣，友人からの孤立
2位	ひとり親	虐待者の心身の状況	経済的困難	不安定な就労	親族，近隣，友人からの孤立	育児疲れ
3位	経済的困難	虐待者の心身の状況	ひとり親	不安定な就労	親族，近隣，友人からの孤立	夫婦間不和
4位	夫婦間不和	DV	虐待者の心身の状況	経済的困難	育児疲れ	親族，近隣，友人からの孤立
5位	DV	夫婦間不和	虐待者の心身の状況	経済的困難	不安定な就労	ステップファミリー

出所：全国児童相談所長会，2015，p.108をもとに筆者作成。

ストレスを強めること，そして，親が育児ストレスに対処しようとした結果として，しつけと称した身体的虐待，育児への抵抗感としてのネグレクト，面前DV等の心理的虐待の起こる状況が想像できるのではないでしょうか。つまり，虐待を防止するには，いかに早期の段階から子育て支援を行えるかどうかが問われています。虐待は個人の責任と言い切ることは難しく，個人を十分に支えることが難しい社会の問題とも捉えられるでしょう。

　また，児童虐待はさまざまな背景や要因が複雑に絡み合いながら生じます。「教職員のための児童虐待対応の手引き」では，虐待が生じる主な背景や要因を「親の要因」，「子どもの要因」，「親子の関係」，「家庭の状況」，「社会からの孤立」の5つに分類しています（千葉県教育委員会，2019；表11-3）。育児に関する不安やストレスを全く感じない人がいないように，児童虐待はどの家庭にも起こり得る問題と認識しなくてはなりません。

4　不適切な養育とその実際

　近年の脳科学の研究では，狭義の虐待の定義に含まれない養育行為にもかかわらず，子どもを傷つける行為であれば，虐待と同様に子どもの脳を萎縮させ

＊1　「カップルの少なくともどちらかが以前の相手との間に生まれた子どもを連れて再婚した家族」あるいは「親の再婚を経験した子どものいる家族」と定義されています（緒倉，2017）。

表11-3　児童虐待が起こる要因

親の要因	育児不安や育児疲れ，配偶者等が家事や育児に非協力的で負担過重になっているストレス，望まない妊娠，情緒不安定，攻撃的な性格傾向，アルコール・薬物依存，精神疾患，養育者自身が被虐待の経験（愛情飢餓・世代間伝達・体罰信仰）
子どもの要因	未熟児，発達の遅れ，疾患，障害等による子育てや将来への不安
親子の要因	入院等による親子分離状態の長期化，自責感や養育不安，年相応の評価ができず過度の期待
家庭の状況	夫婦・家族不和，経済的困窮，借金，失業，転居，若年結婚・出産，再婚，内縁関係
社会からの孤立	近隣との交流が無く，親・兄弟・友人等相談相手が身近にいない状態

出所：千葉県教育委員会，2019，p. 1をもとに筆者作成。

ることが明らかとなっています（友田，2017）。近年では虐待を含めた不適切な養育を総称して「マルトリートメント」と言うことがあります。マルトリートメントとは，大人の加害，しつけ，指導，愛情等の意図，行為の強弱，子どもの目立った傷や精神疾患等の有無にかかわらず，子どもが傷ついたと感じる不適切な行為全般を指します。養育者のしつけや愛情を理由にした養育行為においても，その行為によって子どもが傷つくのであれば，子どもの心の健康に関する問題を引き起こす可能性があるということです。

　一方で，約6割の大人がしつけのためであれば子どもを叩くことを容認しており，約7割の大人が一回以上叩いた経験のあることが明らかとなっています（セーブ・ザ・チルドレン・ジャパン，2018：図11-3）。マルトリートメントは非常に身近な問題です。多くの子どもたちが虐待と同様のダメージを受けており，マルトリートメントの影響を自覚しないままの状態で日常を過ごしていると考えられます。

$$\boxed{2}\quad 虐待の影響$$

1　虐待を受けた子どもに見られる特徴

　虐待を受けた子どもは，共通した特徴を示す傾向があります。「教職員のための児童虐待対応の手引き」（千葉県教育委員，2019）では，虐待を受けた子ど

しつけのために，子どもをたたくことに対して
どのように考えますか

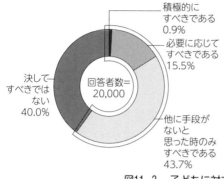

あなたは過去に，しつけの一環として
子どもをたたいたことがありますか

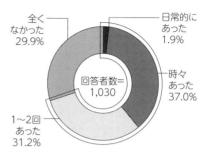

図11-3　子どもに対する体罰への認識
出所：セーブ・ザ・チルドレン・ジャパン，2018, p. 8, 14をもとに作成。

表11-4　虐待を受けた子どもに見られる特徴

虐待の種類	特　徴	
身体的虐待	低身長・低体重等発育不良／十分説明のつかない，あざ，やけど，顔面の傷。／新旧混在する傷跡（繰り返されるけが）／統制できない行動（怒り・パニック等）	挑発的，攻撃的な言動が多い。／人にへばりつくようにしてくる。／人を寄せ付けない。／怯えている。／緊張度が極めて高い。／感情表現が乏しい。／親や，周りの大人の顔色をうかがい，言動に過敏に反応する。／服を脱ぐことを極端にいやがる。／自傷行為。／可食，拒食。／徘徊，家出，不登校，万引き，虚言，薬物使用，援助交際等の不良行為，非行，問題行動と見られる行動。
性的虐待	急に性器への関心が高まる。／他の子供の性器をさわろうとする。／性的な話題が増える。／年齢に不釣り合いな性的知識がある。／性的非行がある。／無断で外泊がある。	
ネグレクト	無気力。／低身長，低体重等発育不良。／ガツガツ食べる，隠れて食べる。／身体・服がいつも汚い。／気候にあわない服装。／ひどい悪臭。／汚いぼさぼさ髪。／必要な医療を受けていない。／鬱状態で受動的。	
心理的虐待	自尊心の欠如。／いつも極端に承認を求める。／敵意，口汚くののしる。／挑発的。	

出所：千葉県教育委員会，2019, p. 2。

もに見られる特徴がまとめられています（表11-4）。これらは虐待の種類によって異なる部分もありますが，基本的には重複しており，中でも心理的虐待の特徴は他の虐待の特徴と重複して見られることが指摘されています。心理的虐待は，他の虐待よりも個人に与えるダメージは大きく，子どもたちが長期にわたっ

て苦しむのは，身体の傷そのものよりも，心の傷つきであることが明らかとなっています。虐待を受けた子どもに見られる特徴に気づき，背景にある心の傷つきを理解していく姿勢が重要といえます。

2　トラウマ体験と精神的な症状

　虐待は行う側の意図や理由とは関係なく，子どもの心が傷つく行為です。世間的には「心が傷つく」と表現されますが，この傷つきがあまりにも強く，長期にわたって継続し，思い返すと苦しい体験として記憶された場合には，こうした傷つきを与える出来事を「トラウマ体験（外傷体験）」と呼び，トラウマ体験によって生じる影響を「トラウマ反応」と表現します。

　トラウマ体験は，その出来事から大きく2つに分類されます。一つ目は，自然災害（地震・津波・台風等）や人災（犯罪，交通事故，火事，自殺等）のような単回的に起こる出来事です。二つ目は，虐待やいじめのように長期反復的に起こり続ける可能性の高い出来事です。

　まず，単回的なトラウマ体験が個人に与える影響として，外傷後ストレス障害（Post Traumatic Stress Disorder：PTSD）があります。米国精神医学会の精神疾患の診断・統計マニュアル（DSM-5）によれば，主な症状として再体験（侵入）症状，回避症状，認知と気分の陰性の変化，過覚醒症状の4つがあります（表11-5）。これらの症状は最低でも1か月以上続き，数か月，数年続くことも少なくありません。トラウマ体験から1か月以内に強く症状が現れている場合は「急性ストレス障害」と診断される可能性があります。

　一方，長期反復的なトラウマ体験が個人に与える影響として，複雑性PTSD（complex PTSD：CPTSD）があります。2019年に改訂された世界保健機関（WHO）の国際疾病分類（ICD-11）から導入されました。PTSDに含まれる再体験症状，回避症状，過覚醒症状を主要な症状とし，さらに，トラウマ体験に関連するような感情制御不全，否定的な自己概念，対人関係の障害の3つの症状を示します（飛鳥井，2019）。特に，CPTSDに特徴的なこの3つの症状は自己組織化の障害（Disturbances inself-organization：DSO）と呼ばれています（表11-6）。DSOを示す者は，不信感の強さから支援者に援助を求めることが難しく，安定した

表11-5　心的外傷後ストレス障害の主な症状

再体験（侵入）症状	意思とは無関係にトラウマ体験を繰り返し思い出す。トラウマ体験と関連した悪夢をみる。トラウマ体験を思い出した時には，心理的苦痛や身体的反応が伴う。など
回避症状	トラウマ体験と関連する記憶，思考，感情と結びつくもの（人，場所，会話，行動，物，状況）を回避しようと努める。など
認知や気分の陰性の変化	トラウマ体験の重要な側面を思い出せない。自他に対する過剰に否定的な考え。持続的な陰性感情（怒り，恥，罪悪感など）。持続しない陽性の情動体験（幸福，満足，愛情など）。重要な活動への関心・参加の著しい減退。など
過覚醒症状	言語的・肉体的な攻撃性。無謀・自己破壊的な行動。過度の警戒心。過剰な驚愕反応。集中困難。睡眠障害。など

出所：APA, 2013　日本精神神経学会監修，2014，pp. 269-272をもとに筆者作成。

表11-6　自己組織化の障害（DSO）の特徴

感情制御不全	感情反応性の亢進（気持ちが傷つきやすいなど） 暴力的爆発 無謀な自己破壊的行動 ストレス下での遷延性解離状態 感情麻痺および喜びまたは陽性感情の欠如
否定的な自己概念	自己の卑小感，敗北感，無価値感などの持続的な思い込みで，トラウマ的出来事に関連する深く広がった恥や自責の感を伴う
対人関係の障害	他者に親密感を持つことの困難 対人関係や社会参加の回避や関心の乏しさ

出所：飛鳥井，2019，p. 326。

治療関係を築くこと自体が重要なテーマとなります。

3　トラウマ体験が生涯に及ぼす影響

　トラウマ体験は，生涯にわたって心身の健康に悪影響を及ぼすことが明らかとなっています。フェリッテらは，18歳までの間に家族から受けた虐待および家族の機能不全を逆境的小児体験（Adverse Childhood Experiences：ACEs）と捉えて（表11-7），大規模な疫学調査を行いました（Felitti et al., 1998）。この調査の結果，人口の67％が少なくとも1つ以上，12.4％以上が4つ以上のACEsを体験していました。特に，4つ以上当てはまる人は，1つも当てはまらない人よりも，喫煙や性的逸脱等の非行は約2〜3倍，不正薬物の使用や乱用の犯罪行為は4〜10倍，自殺未遂は12倍以上も高まることが明らかとなっています

表11-7　逆境的小児
　　　　体験(ACEs)

| ○虐　　待 |
| 心理的虐待 |
| 身体的虐待 |
| 性的虐待 |
| 身体的ネグレクト |
| 心理的ネグレクト |
| ○家族の機能不全 |
| 家庭内暴力・面前 DV |
| 家族の精神疾患・自殺未遂 |
| 家族の薬物・アルコール乱用 |
| 両親の別居・離婚 |
| 家族の収監・犯罪 |

出所：Felitti et al., 1998,
　　　p. 248をもとに筆者作成。

表11-8　トラウマ体験による健康への影響

項　目	確　率	項　目	確　率
自殺未遂	12.2	肝炎・黄疸	2.4
注射器による薬物乱用	10.3	不健康との認識	2.2
アルコール依存	7.4	虚血性心疾患	2.2
不正薬物の使用	4.7	喫煙	2.2
1 年内で 2 週以上の抑うつ	4.6	癌	1.9
慢性気管支炎・肺気腫	3.9	骨折経験	1.6
50人以上の性的関係	3.2	糖尿病	1.6
性感染症	2.5	重度の肥満	1.6
脳卒中	2.4	身体的な余暇活動の欠如	1.3

注：ACEs が 4 つ以上当てはまる人と 1 つも当てはまらない人との比較。
出所：Felitti et al., 1998, pp. 252-255をもとに筆者作成。

（表11-8）。

　また，トラウマ体験が生涯に及ぼす影響の道筋として ACEs ピラミッドがあります（図11-4）。たとえば，慢性的なトラウマ体験はストレスに対処する脳の機能を長時間活性化させるため（神経発達不全），個人はストレスから身を守り，安心を得るために，いじめや引きこもり等の社会的な問題を示すことがあります（社会的・情緒的・認知的障害）。そして，問題がエスカレートした場合は，薬物・アルコール依存，自傷等の生命を脅かす行動に発展するほか（健康上リスクのある行動），非行・犯罪，やがては重大な事故や病気を招き（疾病，障害，社会的問題），結果として早期に命を落とすリスクを高めています（早期の死亡）。

　身体の疾患や不適応的な行動ばかりに着目した支援は有効とはいえず，誰しもが ACEs を経験し，トラウマを体験している可能性があるという視点に立った理解と対応が求められるといえるでしょう。

図11-4　ACEs ピラミッド
出所：Felitti et al., 1998, p. 256をもとに筆者作成。

③ 気づきのポイントと関わり

1 トラウマ反応に着目した子どもへの関わり

　虐待を受けた子どもの乱暴で攻撃的な言動は「問題行動」と判断される傾向にあります。しかし，それは教員の強い口調や友人の挑発がきっかけとなり，怒りをコントロールできなくなった状態やかつて受けていた虐待を思い出すといったトラウマ反応と考えられます（表11-9）。トラウマ反応に着目した支援においては，こういった不適応行動を「病理」や「問題行動」と捉えるのではなく，これまで適応するために身につけてきた「反応」や「対処」と捉えます。このような支援の方法として，トラウマインフォームド・ケア（Trauma Informed Care：TIC）があります（亀岡，2020）。支援者は，トラウマに関する知識と対応方法をよく理解し，自身の思い込みによって，子どものトラウマ反応を悪化させることのないよう努めていくことが望まれます。

2 支援者のセルフケア

　虐待を受けた子どもに関わる際は，子どもをサポートする支援者自身のケアも重要となります。たとえば，虐待を受けた子どもに見られる特徴として「虐待の再現」があります。虐待の再現とは，大人への恐れや怒りが背景にあるために，無意識に大人を怒らせるような言動をとってしまい，再び虐待が起こり

表11-9　トラウマが子どもの行動に現れるプロセスと支援者の思い込み

支援者の捉え方 （よくある思い込み）	子どもの行動 （現在の出来事）	トラウマの影響 （トラウマ反応）	きっかけ （リマインダー）	過去の出来事 （トラウマ体験）
・問題行動，指導すべき ・怖い，関わりたくない	・乱暴，攻撃的	・怒りによる興奮，過覚醒 ・フラッシュバック	・教員の強い口調 ・友人の挑発	・親に理解されず，一方的に暴言・暴力を受けた悔しい体験
・元気，活動的 ・AD/HD（注意欠如・多動症）	・動き回る，多動 ・多弁，衝動的	・不安による興奮，過覚醒 ・不安の否認・回避	・放課後に近づく ・親の話題が出る	・親からいつ暴力を受けるかわからない恐い体験
・自分勝手，こだわり ・ASD（自閉症スペクトラム障害）	・人や活動を避ける ・集団で行動しない	・怒られる恐れのある状況の回避	・評価される状況 ・人目のある状況	・公の場でひどく怒られた，恥ずかしい体験
・気が利く，良い子 ・優しい，高い社会性	・周囲への気配り ・お節介，世話焼き	・否定的な自己認知（例：良い子でいなければならない）	・期待される状況 ・頼み事を受ける	・期待に応えなければ受け入れてもらえない寂しい体験

出所：筆者作成。

得るような状況を作り出すことです。虐待の再現によって，支援者には怒りや傷つき等のネガティブな感情が生じますが，共感・傾聴といったポジティブな関わりが求められます。しかし，子どもの気持ちを受けとめることは容易ではなく，子どもへの関わり方に葛藤する支援者も少なくありません。支援者には高い感情調整能力と，子どもたちの行動の背景にある怒りや恐れに対し受容的に関わる態度や姿勢が求められます。

　また，子どものトラウマ体験を見聞きすることで，支援する側にもトラウマと同様の症状が現れることもあります。こうした症状は二次受傷（Secondary Traumatization），そのストレス因は二次的外傷性ストレス（Secondary Traumatic Stress）と呼ばれています（Figley, 1995）。たとえば，子どもから性被害の体験を聞いた支援者に，子どもと同様に「他人は信じられない」という否定的認知や，異性の些細な動きに過敏に反応するという過覚醒などの状態が生じる場合があります。その他，支援者に見られる状態として，①子どものトラウマ体験を熱心に聞き入れ，その苦痛や傷つきに共感的に関わる過程で生じる共感疲労

(Figley, 1995), ②子どものトラウマ体験に自身の体験を重ね合わせ, 支援者自身の怒りや嫌悪等の感情的な反応によって治療関係の維持が難しくなる外傷性逆転移 (Wilson & Lindy, 1994), ③職業によってふさわしい感情のルールがあり, その感情のルールに従うように自身の感情を調節しながら働く状態である感情労働, ④感情労働が長く要求されることで情緒的なエネルギーが枯渇し (情緒的消耗感), 思いやりのない言動が現れ (脱人格化), 職務のやりがいや自信を失う (個人的達成感の低下) 状態であるバーンアウト等が挙げられます (Zapf, 2002)。

　これらの状態は, いずれもトラウマを体験した者と関わる中で生じる支援者の葛藤が大きく関わっています。子どもへと熱心に関わる一方で, 支援者自身の葛藤が解消されず, うまく関われない状態が続いているのであれば, その背景には支援者自身の心理的な課題があるかもしれません。児童に悪影響を与える前に, 上司や心理職からの助言や指導者からの教育・訓練を受けるスーパービジョン等によって, 自身の状態をよく理解し, セルフケアに努めることが重要となります。

3　虐待への具体的な対応方法

　虐待対応として, ①支援者としての関わりと②組織としての対応があります。
　まずは, 支援者としての関わりです。虐待に気づき関わる支援者の資質・能力として, メンタライジングがあります。メンタライジングとは「自分と他者の行動の背後にある心理状態 (考え, 感情, 欲求等) に注意を向け, それを認識すること」であり, 他者との安定した関係を築くほか, 虐待の予防因となることが知られています (Allen, 2013)。すなわち, 心の状態に気づこうと努める姿勢は, 支援者の基本的態度といえるでしょう。虐待を受けた子どもの心の状態に気づき, 寄り添い, 関わるためには, 虐待が将来のPTSDやCPTSD等の精神疾患のほか, 身体の健康を損ね, 社会不適応を高めるリスクを理解することが大切な事前準備といえます。
　ここで事例を2つ見てみましょう。事例に登場する子どもの様子から, どのような虐待の影響に気づくでしょうか。また, 支援者の様子から, 虐待を受け

た子どもに対してどのような理解と対応が必要と感じられるでしょうか。

エピソード1　学校の事例

　　身体的虐待とネグレクトを受けた中学校2年生の男児Kは，いつもイライラしている様子であった。攻撃的な言動も見られ，他の生徒との言い争いも起こる。また，体育は活発に行うが，その他の授業は集中できずに身体を揺らし，私語が見られる。教師はKを不真面目と捉えて「集中しなさい」「最後までしっかり頑張りなさい」と指導するが，Kの態度は改善されず，反省の態度は見られない。指導を繰り返すうちに，Kの遅刻・欠席が目立ち始め，やがて登校しなくなった。数日後，児童相談所から電話が入り，家に帰らず友人宅で寝泊まりしていることを知った。

エピソード2　福祉施設の事例

　　ネグレクトを受けてきた小学校1年生の女児Hは，新人職員Aに「悩みがいっぱいで苦しい」と話し掛ける。しかし，職員に慰めてもらうつもりであったが，側で様子を見ていた小学校5年生の女児Mから「うるさいから泣かないで！」と強く注意されてしまった。Hは大勢の子どもが遊ぶ部屋で寝転がり，大声で泣き叫ぶ状態となる。その後，Hは子ども集団から離れた部屋へ移動（タイムアウト）し，落ち着くまで一人で過ごすことになった（クールダウン）。

　　Hは部屋で一人泣き叫び，自身の頭を叩き続けていた。そこへ，心理職員Bが対応に入る。優しく「寂しかったね」と声を掛けると，Hは涙をこらえ始め「ママに会いたい」と話し始めた。Hは「ママと別れた日をよく思い出す」「思い出すと苦しくなる。夜も眠れない」ことを打ち明ける。Hにとって，職員は忙しそうに見えたため，話しかけられずに我慢していたようだ。

　　心理職員Bは，Hの行動は虐待の影響を受けていると捉え傾聴を続けた。すると，Hは日頃から泣かないように我慢していることが多く，寂しく泣いてしまう自分は「悪い子」と思い込んでいることが確認できた。Hは「良い子でいなければ怒られる」ことを家庭で学び，現在は「怒られないように」と気を張った状態で生活していることがわかった。その他，些細な注意にも強く傷つくこと，怒られることが恐くて他の子どもと話せず一人で過ごしてい

るこ と, 悲しい気持ちをコントロールできずすぐに泣いてしまうことも確認
できた。現在Hは, 自分の気持ちをうまく落ち着かせて, 他の子どもと仲良
く遊びたいと考えている。

　2つの事例では, 指導的に努める教師と, 傾聴に努める施設職員の対応を挙
げています。どちらの事例においても, 支援者が子どもの成長を願う気持ちは
変わりません。しかし, 子どもの状態をどのように捉えるかによって, その後
の関わり方や児童の反応は異なり, 子どもの成長が健やかとなるかどうかに影
響することがわかります。目の前で起こる問題に気づけない状況は, 支援者の
不適切な関わりや問題の悪化を引き起こし, 支援関係の破綻を招く恐れがあり
ます。安定した支援関係を育むためには, 支援者自身の心の状態が, 子ども本
人や周囲の関係者 (周囲の子ども, 保護者, 同僚), 所属の組織, 関係機関等に
対して, どのような影響を与えるのかを十分によく理解し, 支援者として望ま
しい心の状態に努めることも重要といえるでしょう。

　次に, 組織としての対応です。虐待への対応方法として, 文部科学省により
2020年6月に改訂された「学校・教育委員会等向け虐待対応の手引き」があり
ます。この手引きには「虐待リスクのチェックリスト」や「学校における虐待
対応の流れ」が示されています。学校における虐待対応であれば, ①早期発見,
②チームとしての対応・早期対応, ③児童相談所・市町村・警察への通告, ④
教育委員会等への連絡, ⑤発生予防等の順に対応する流れとなります。

　まず, 初期動作は早期発見です。現在の子どもの行動が虐待を受けた子ども
に見られる特徴に当てはまるかを注意深く観察します。たとえば, 子どもが毎
日同じ服を着ている (汚れている), 入浴していない臭いがする等はネグレクト
があり, 一方で, 身体に傷がある, 家庭訪問をしたが本人に会わせてくれない
等は身体的虐待があると想像できるでしょう。さらに, 保護者と面談した際に
は, 経済的に苦しい, 強い育児ストレスを抱えている等の子育てを難しくさせ
る家庭・家族の状況が確認されることもあります (表11-2, 表11-3)。その他,
アンケート, 健康診断, 水泳指導等によって虐待の早期発見に努めます。

　次に，管理職，学年主任，学級担任，養護教諭，スクールカウンセラー，スクールソーシャルワーカー等で連携し，情報の収集と共有に努め，対応の検討が求められます。そして，①明らかな外傷（身体的虐待）がある，②生命の安全を脅かすネグレクト，③性的虐待が疑われる，④子どもが救済を求める場合には，児童相談所と警察へ，心理的虐待や①〜④に該当しない場合は，市町村の虐待対応担当課へ通告し，通告の経過等を教育委員会等へ連絡・報告する流れとなります。

　また，発生予防では，虐待の発生を未然に防ぐことを目的に，子どもや保護者に相談窓口を周知する他，教育・啓発活動，研修等により，児童・生徒，保護者，教職員の虐待への知識や対応力を高めることが望まれます。

　いずれにしても，虐待対応は個人で行わずにチームで対応します。特に，現在の児童相談所は増え続ける虐待相談に対応できる十分な職員数や専門家の確保が大きな課題であり，児童相談所だけでは充実した支援の実施が難しい状況にあります（厚生労働省，2018）。このため，虐待対応は関係機関で連携し，地域で行うことが重要です。一人一人が虐待に気づくための知識を身につけ，どのような関わりが望ましいのかをよく理解しておきましょう。

📖さらに学びたい人のために

○亀岡智美（2020）．子ども虐待とトラウマケア──再トラウマ化を防ぐトラウマインフォームドケア──　金剛出版
○前田正治（編）（2019）．こころの科学──トラウマ臨床の明日──　こころの科学，（208）

引用文献

Allen, J. G.(2013). *Restoring mentalizing in attachment relationships : Treating trauma with plain old therapy.* American Psychiatric Publishing（J. G. アレン　上地雄一郎・神谷真由美（訳）（2017）．愛着関係とメンタライジングによるトラウマ治療──素朴で古い療法のすすめ──　北大路書房）

飛鳥井望（2019）．複雑性 PTSD の概念・診断・治療精神療法──複雑性 PTSD の臨床"心的外傷〜トラウマ"の診断力と対応力を高めよう──　精神療法，*45*(3)，11-16.

千葉県教育委員会 (2019).　教職員のための児童虐待対応の手引き　Retrieved from https : //
　　www.pref.chiba.lg.jp/kyouiku/jisei/jinkennkyouiku/gyakutaitebiki.html（2020年 8 月 1 日）

Felitti, V. J., Anda, R. F., Nordenberg, D., Williamson, D. F., Spitz, A. M., Edwards, V.,
　　Koss, M. P., & Marks, J. S.(1998).　Relationship of childhood abuse and household
　　dysfunction to many of the leading causes of death in adults : The adverse child-
　　hood experiences（ACE）study. *American Journal of Preventive Medicine, 14*, 245-
　　258.

Figley, C. F.（ed.).(1995). *Coping with secondary traumatic stress disorder in those who
　　treat the traumatized.* Brunner/Mazel, Publishers.

亀岡智美（2020）．　子ども虐待とトラウマケア──再トラウマ化を防ぐトラウマインフォー
　　ムドケア──　金剛出版

厚生労働省(2018)．児童虐待防止対策の強化に向けた緊急総合対策について　Retrieved from
　　https : //www.mhlw.go.jp/stf/seisakunitsuite/bunya/kodomo/kodomo_kosodate/dv/
　　hourei.html（2020年 8 月 1 日）

厚生労働省(2019)．児童虐待の定義と現状　Retrieved from https : //www.mhlw.go.jp/stf/sei-
　　sakunitsuite/bunya/kodomo/kodomo_kosodate/dv/about.html（2020年12月21日）

厚生労働省（2020）．　令和元年度　児童相談所での児童虐待相談対応件数〈速報値〉　Retrieved
　　from https : //www.mhlw.go.jp/stf/seisakunitsuite/bunya/kodomo/kodomo_kosodate/dv
　　/index.html（2020年12月21日）

厚生労働省（2021）．　一時保護の手続等に関する基礎資料集（参考資料 4 ）　Retrieved from
　　https : //www.mhlw.go.jp/stf/newpage_16545.html（2021年 2 月21日）

厚生労働省子ども家庭局（2020）．　子ども虐待による死亡事例等の検証結果等について（第
　　16次報告）Retrieved from https : //www.mhlw.go.jp/content/11901000/000533885.pdf
　　（2020年12月21日）

文部科学省（2020）．　学校・教育委員会等向け虐待対応の手引き　Retrieved from https : //
　　www.mext.go.jp/a_menu/shotou/seitoshidou/1416474.htm（2020年 8 月 1 日）

日本精神神経学会（監修）髙橋三郎・大野裕（監訳）(2014)．DSM-5　精神疾患の診断・統
　　計マニュアル　医学書院

緒倉珠巳(2017)．　新たな親子関係の構築を支える子どもの虹情報研修センター紀要, *15*, 92
　　-108.

セーブ・ザ・チルドレン・ジャパン（2018）．　子どもに対するしつけのための体罰等の意識・
　　実態調査結果報告書　子どもの体やこころを傷つける罰のない社会を目指して　Re-
　　trieved from https : //prtimes.jp/main/html/rd/p/000000143.000005097.html（2020年 8
　　月 1 日）

友田明美（2017）．　子どもの脳を傷つける親たち　NHK 出版

Wada, I., & Igarashi, A.(2014).The social costs of child abuse in Japan. *Children and Youth Services Review, 46,* 72–77.

Wilson, J., & Lindy, J.(1994). *Countertransference in the treatment of PTSD.* Guildford Press.

Zapf, D.(2002). Emotion work and psychological well-being : A review of the literature and some conceptual considerations. *Human Resource Management Review, 12,* 237–268.

全国児童相談所長会 (2015). 「児童虐待相談のケース分析等に関する調査研究」報告書, 全児相　通巻第99号別冊

第12章

発達障害に気づき関わる

【ポイント】

第12章の学びのポイントは以下の３点です。

①発達障害とは何かを理解しましょう。

②自閉スペクトラム症（ASD），注意欠如・多動症（ADHD），限局性学習症（LD）の特徴を理解し，学校や家庭ではどのように見られるのかや，この障害のある子どもの困難さを理解しましょう。

③発達障害のある児童・生徒への支援に関する基本的な考え方を身につけましょう。

1 発達障害の理解

発達障害があることを理解されないと本人や保護者を苦しめることにつながります。たとえば，発達障害があると，勉強をしてもテストで点数が取れなかったり，授業中，先生の話を集中して聞くことができなかったり，じっとしていられずに立ち歩いてしまうことがあります。これを本人の努力や我慢が足りないと責められ，結果の出づらい試練を強いられることがあります。また，保護者は育て方が悪いと非難されてしまったり，周りの目を気にして，結果の出づらい試練を強いる側にまわってしまうことがあるのです。このような誤解と悪循環が積み重なると，本人・保護者ともに自分で自分を否定する気持ちが出てきたり，抑うつ気分になったり，不登校につながることもあります。これを二次障害といいます。

発達障害のある子どもも大人も周囲の理解や適切な支援があれば，できることを増やすことができます。言い換えれば，私たち教育に携わる者（以下，支援者）が発達障害を理解し，適切な支援を行うことで発達障害のある人たちの可能性を引き出すことにつながるのです。

　本章では発達障害について説明をしていきますが，まずは事前に次の4点を
理解しましょう。

1　学校現場における診断基準の捉え方

　これから DSM-5（Diagnostic and Statistical Manual of Mental Disorder, Fifth
Edition ; American Psychiatric Association, 2013 日本精神神経学会監修 2014）とい
う診断基準を基に発達障害の特徴の説明をしていきますが，実際に診断をする
ことができるのは医師のみです。学校では診断基準を基に，「Aさんは自閉ス
ペクトラム症（ASD）だ」と同定するのではなく，目の前の困難を抱えている
子どもはなぜそのような状態にあるのかを理解し，具体的な支援を検討し，実
践するために利用しましょう。つまり，支援者にとって診断基準とは，目の前
の子どもを理解するための一助だと捉えてください。なお，DSM-5では，発
達障害のことを神経発達症群と位置づけていますが，ここでは広く用いられて
いる「発達障害」という言葉を使用します。

2　発達障害の顕在化

　発達障害とは自閉スペクトラム症（ASD），注意欠如・多動症（ADHD），限
局性学習症（SLD）などの総称で，脳の機能障害によるものです。脳の機能障
害であるため，保護者の育て方やしつけ，本人の努力不足によるものではあり
ません。保護者の中には，乳幼児期から漠然と「育てづらい」と感じているこ
とがあります。発達障害のある子どもへの支援は早期発見，早期対応が望まれ
ますが，幼稚園や保育所，認定こども園への入園，小学校への入学など集団生
活や学習の始まりによって表面化することがあります。場合によっては，大学
生や社会人になって，本人がうまくいかないと感じることが出てきて，自ら医
療機関を受診し，その背景には発達障害があると診断されることもあります。

3　発達障害のある子どもの困難さ

　発達障害のある子どもは，発達障害のない子どもが困難なく身につけられる
ことに対して困難を感じます。これは本人が感じる場合もあれば，周囲の人が

感じることもあります。たとえば，子どもは遊びを通して，他者の立場にたって物事を考えたり，気持ちを推測することができるようになりますが，自閉スペクトラム症（ASD）のある子どもはこれらが苦手です。また，注意欠如・多動症（ADHD）のある子どもにいくら話して聞かせようとしても伝わっている様子がなく，保護者が疲弊したと感じることがあります。

4　診断名の影響

　発達障害，自閉スペクトラム症（ASD），注意欠如・多動症（ADHD），限局性学習症（SLD）などの診断名によって，発達障害のある人の理解が深まることもあれば，発達障害のある人の個性を見失うこともあります。発達障害のある子どもや保護者は，「他の子ができることをなぜできないのか」と悩み苦しむことがあります。そのような時，その背景に発達障害があることがわかると腑に落ちたり，自分を責める気持ちが軽減することもあります。そして，発達障害があるとわかったことによって支援につながるのです。一方で，発達障害や診断名によって，個性が見えなくなってしまうことがあります。一人一人性格が違うように，同じ診断名がついていたとしても，得意なこと，苦手なことは異なります。したがって，支援の際には，そのことを踏まえ，目の前の子どもをしっかりと見て行わなければならないのです。

２　ASD，ADHD，SLD の特徴の理解

　ここでは各発達障害の特徴について説明をしていきます。その際，具体的な例を示しますが，それはあくまでも可能性であって，こういった状態にあるからといって必ずしもその障害だと判断できるものではないので注意してください。

1　自閉スペクトラム症／自閉症スペクトラム障害の理解

　これまで，自閉性障害（自閉症），アスペルガー障害，広汎性発達障害と呼ばれていた障害は DSM-5 から自閉スペクトラム症／自閉症スペクトラム障害

表12-1　ASD の特徴

A. 社会的コミュニケーション障害
(1)社会的相互反応の障害
・他者との距離感が異常，会話のやりとりができない
・興味，情動，感情を共有することの少なさ
(2)非言語的コミュニケーションの障害
・まとまりの悪いことば
・他者と目を合わせることが苦手
・身振りや顔の表情によるやりとりが苦手
(3)対人関係の障害
・人間関係を発展させ，維持し，それを理解することの欠陥
・友だちを作ることの困難さ
・仲間に対する興味の欠如
B. 限定された反復的な行動様式
(1)常同反復性
・おもちゃを一列に並べる
・同じことばを何度も言う
(2)習慣へのこだわり
・変化に対する極度の苦痛
・柔軟性に欠ける思考
・同じ道順を歩いたり，同じものを食べることを求める
(3)興味の限定
・きわめて限定されたものへの執着
(4)感覚の異常
・痛みや体温に無関心のように見える
・音や触感に過剰に反応する

出所：APA, 2013 日本精神神経学会監修，2014, pp. 26-27をもとに筆者作成。

（Autism Spectrum Disorder：ASD）と呼ばれるようになりました。ここでは英語名の略語である ASD と表記します。

　ASD とは「社会的コミュニケーション障害」や「限定された反復的な行動様式」により，日常生活や学校生活に支障が出ている状態です（表12-1）。

　「社会的コミュニケーション障害」という特徴があると，学校では，まず対人関係に問題が生じてきます。たとえば，物理的にも心理的にも他者との距離がつかめず，近づきすぎたり，離れすぎたりして，‘適切な’距離を取ることが苦手です。そのため，好きな子に近づきすぎて怖がられてしまったり，反対に離れすぎて疎遠な印象を与えることがあります。これらは，じっと見すぎてしまう，目を合わせられないといった視線の使い方や，常にかしこまった言葉

を使うなどで見られることもあります。また表情や身振り手振りといったコミュニケーションが乏しかったり，不適切であることもあります。ASDのある子どもは，‘適切な’や‘ちょうど良い’といった抽象的な事柄や，言葉では説明しづらい感覚や暗黙のルールを理解することが難しいようです。

　また，同い年の子どもと一緒に遊んだり，仲間関係を作ることも苦手です。たとえば，電車に興味をもち，その話をしたとしても，それはその興味や楽しみを共有するためではなく，また，聞いている人がどう感じているのかなどを推測せずに一方的にするという場合があるのです。そのため，会話が続かず，仲間関係に発展しないということがあります。

　「限定された反復的な行動様式」という特徴があると，通学路や時間割の変更などの習慣化されたものの変更や環境の変化に対応しきれなかったり，いつも同じものを食べるといった食事へのこだわりが見られることもあります。また，テストで100点をとることやゲームで勝つことへのこだわりが見られ，これが達成されなかった時，きりかえが難しいということもあります。加えて，DSM-5では，刺激（音や触られること）に対する過敏さなども診断基準の中に含められました。

　さらに，ASDの特徴として，心の理論の障害が挙げられます（黒田，2018）。心の理論に障害があると，他者の気持ちや考えを推測することが苦手，自分の言動が相手にどう響くかを理解しづらい，また，自分自身の気持ちにも気づきづらいということがあります。そのため，友だちを傷つける言葉を悪気がなく言ってしまったり，母親に叱られた直後に，その場で同じ過ちを繰り返し，母親の気持ちを逆なでしてしまうことがあります。

　このような障害の特徴があるためASDのある子どもは，対人関係に支障が出たり，きりかえができず日常生活に支障が出てきます。そして，本人にはその理由がよくわからず，うまくいかないと感じることが増え，パニックになったり，二次障害につながっていくことがあるのです。

2　注意欠如・多動症／注意欠如・多動性障害の理解

　この障害もこれまでは注意欠陥・多動性障害と呼ばれていましたが，DSM-

表12-2　ADHD の特徴

(1)不注意
(a) 不注意な間違いをする
(b) 注意の持続ができない
(c) 話しかけられた時に聞いていないように見える
(d) 課題などをやり遂げることができない
(e) 課題や活動を順序だてて行うことができない
(f) 精神的努力を避ける
(g) 課題や活動に必要なものをなくす
(h) 刺激によってすぐに気が散ってしまう
(i) 忘れっぽい

(2)多動性・衝動性
(a) 手足をそわそわ動かしたりトントン叩いたり，椅子の上でもじもじする
(b) 席についていなければならない場面で席を離れる
(c) 不適切な状況で走り回ったり高い所へ登ったりする
(d) 静かに遊ぶことができない
(e) じっとしていない，エンジンで動かされているように行動する
(f) しゃべりすぎる
(g) 質問が終わる前に出し抜いて答えてしまう
(h) 順番を待つことが困難である
(i) 他人の邪魔をする

出所：APA, 2013 日本精神神経学会監修 2014, pp. 30-32をもとに筆者作成。

5 から注意欠如・多動症／注意欠如・多動性障害（Attention-Deficit/Hyperactivity Disorder：ADHD）へと診断名の変更がありました。ここでは英語名の略語である ADHD と表記します。

　ADHD の特徴は大きく分けると「不注意」と「多動性・衝動性」に分類されます（表12-2）。これらにより，日常生活や学校生活に支障が出てきている状態を指します。

　まず「不注意」について見ていきましょう。私たちは，何かを最後までやり遂げたり，人の話を最後まで聞くためには，そこに意識を向け続けるといった注意集中が必要になります。たとえば，宿題で作文を書く時も，注意集中が途切れてしまうと何について書こうとしていたのか，そもそも何をしようとしていたのかがわからなくなってしまうことがあります。そのため，こういった特徴のある子どもは，授業中，話を最後まで聞くことができず，何をすればよい

のかわからなくなったり，不注意な間違いをしたりします。また，課題を最後までやり遂げるためには注意集中をし続ける精神的なエネルギーを要しますので，そういったことを嫌がったり，避ける傾向もあります。さらに，刺激に反応して気が散ってしまうこともあるので，校庭で行っている体育の音や他の子どもの言動に反応して，時に心の声を口に出してしまうこともあります。忘れ物や物を失くしてしまうことが多いというのも，注意集中の困難さ，つまり，不注意によるものと考えられます。

　次は「多動性・衝動性」です。こういった特徴のある子どもは，じっとしていることが苦手です。そのため，授業中，着席していなければならない場面で離席してしまうことがあります。また，質問が終わる前に出し抜いて答えてしまったり，順番を待てないという傾向もあります。さらに，友だちとケンカをした時，言葉よりも手足が先に出てしまいトラブルに発展することもあります。

　ADHD のある子どもは，これまで説明をしてきた通り，他人の話を聞く，学習に集中する，忘れ物をしない，授業中着席をしているといった学校で求められることが苦手で，教員や保護者から叱られる場面が増えてしまいます。しかし，その背景にあるのは本人の努力不足や我慢の足りなさではなく，ADHD という障害であるため，支援者は ADHD を理解し，ADHD のある子どもが学校生活を送りやすいように支援方法を検討していかなくてはならないのです。

3　限局性学習症／限局性学習障害の理解

　SLD（Specific Learning Disorder：SLD）は，ASD や ADHD 同様，これまでは学習障害と呼ばれていましたが，DSM-5 から限局性学習症／限局性学習障害と診断名が変わりました。また，SLD は ASD や ADHD のある子どもに同時に見られたり，ASD や ADHD の特徴により学習に困難な状況が生じる場合もあります。

　DSM-5 に記されている SLD の特徴は，表12-3の通りです。実際に SLD があるとどのような困難さを生じさせるのかを理解していきましょう。たとえば，小学校高学年の児童が「今日，あさがおに水をあげました」という文章を読む時，この障害のない子どもは「今日，あさがおに　水を　あげました」のよう

表12-3　SLDの特徴

(1)読字の困難さ
・単語を間違って，またはためらいがちに音読する
(2)読んでいるものの意味を理解することの困難さ
・読んでいるもののつながり，関係，意味するもの，またはより深い意味を理解することの困難さ
(3)綴字の困難さ
・母音や子音を付け加えたり，入れ忘れたりする
(4)書字表出の困難さ
・句読点の間違いをする，段落のまとめ方が下手など
(5)数字の概念，計算を習得することの困難さ
・数字の大小や関係の理解に乏しい。1桁の足し算で指を使う
(6)数学的推論の困難さ
・定量的問題を解くために，数学の知識を用いることが難しい

出所：APA, 2013 日本精神神経学会監修 2014, pp. 34-35をもとに筆者作成。

に，意味のある場所で区切って読むことができますが，この障害のある子どもは「今日，あさが　おに　水をあ　げ　ました」のように，たどたどしく，また，意味のある場所で区切ることが難しい場合があります。また，教科書を読んでいる途中でどこの行を読んでいるのかがわからなくなって，読み飛ばしてしまうこともあります。また，書く文字のバランスが悪かったり，文字によって大きさが異なったり，「言った」と書く場合，「言た」のように「っ」を書き忘れたり，「お」と「を」，「は」と「わ」，「え」と「へ」の区別や，「ャ，ュ，ョ」などの拗音への理解が苦手などの特徴が見られる場合もあります（関，2016）。

　さらに，小学校低学年であっても 4 ＋ 9 ＝のような繰り上がりのある足し算や，13 － 6 ＝のように繰り下がりのある引き算，また，15cm は150mm のように単位を理解することに困難を覚えることもあります。このような困難さは見た目からはわからないため，その困難さを理解されずに大変つらい思いをすることがあります。支援に際しては，どの時点でつまずいているのかを確認し，個別に丁寧に指導をしていく必要があります。

4　ASD，ADHD，SLD と同時に見られる可能性のある発達障害

　ASD，ADHD，SLD のある子どもは，発達性協調運動症／発達性協調運動障

害（Developmental Coordination Disorder：DCD）が見られることがあります。協調運動とは，複数の身体の動きを統合した運動のことです。たとえば，自転車に乗る時はハンドルを持ちながら，姿勢を保ち，ペダルを漕ぐことによって前進します。このように自転車に乗ると一言で言っても，複数の身体の動きを同時に行っているのです。このような協調運動は，たとえば，字を書く，はさみを使う，ボールを投げる，楽器を弾くといった動作にも必要です。学校では学習や対人関係で課題があったとしても，運動会や文化祭などで活躍の場があると，それだけで学校に居場所ができることもあります。しかし，DCDがあると体育，音楽，図工（美術）も苦手である可能性があるのです。

　DCDのある子どもは，遊びにおいても，野球やバドミントンでボールやシャトルを打ち返すことが苦手，ドッヂボールをするにしてもうまくボールが投げられない，先ほどの例のように自転車に乗ることも苦手で友だちと一緒に近所を乗り回すことができず，友だちと一緒に身体を動かして遊ぶことを避けることがあります。

　このように，DCDがあると，学校や教室でスポットライトを浴びることが少なく，友だちとの遊びにもついていけず，「うまくいかないな」とか「つまらないな」という思いが募り，不登校やひきこもりなどの二次障害につながっていくことがあるのです。

③　発達障害のある子どもへの学校でのアセスメントと支援

　ここでは，発達障害のある子どもへのアセスメントと支援について考えていきます。発達障害のある子どもたちの困難さは，行動面や学習面において生じてきます。それは発達障害の特徴による場合もありますが，周囲の人の関わり方や環境の在り方によって引き起こされることもあります。そのため，支援者は，その子どもの状況をしっかりとアセスメントする必要があります。具体的に，アセスメントの視点として，困難な状況が生じている原因は何か，どのような関わり（支援）をすれば困難な状況は改善されるのか，その子ども自身がもっている力や資源は何か，将来を見据えて，今，その子どもは何を身につけ

た方が良いのかなどが挙げられます。アセスメントは知能検査や心理検査など
を用いて行われることもありますが，学校では授業中の学習の取り組み方や教
員との関わり方，休み時間の過ごし方（一人で過ごすか，友だちと過ごすか等）
や友だちとの関わり方などを観察することによって，現実的な問題や課題を見
ることができるでしょう。

　ここでは発達障害に対する支援を障害別に記すのではなく，困難さとして表
面化する行動と学習についての支援について考えていきます。

1　適応的な行動を支援する

　私たちは人と関わり，互いに影響を及ぼしあって生活をしています。認知行
動療法では，個人内の相互作用と個人と環境の相互作用という２つの相互作用
の悪循環によって不適応状態が生じると考えます（下山，2011：図12-1）。ま
た，応用行動分析では，先行刺激(A)によって生じた行動(B)に対して，褒め
たり無視したりすること(C)で，行動の頻度を変えていくという ABC モデル
（先行刺激(A)―行動(B)―後続刺激(C)）から行動を分析します（図12-2）。この
ように発達障害のある子どもの困難さは，障害の特徴によるものだけでなく，
周囲の人の理解や関わり方によって生じていると捉えることができるのです。
言い換えれば，周囲の人の理解や関わり方によって，適応的な行動を身につけ
ることができるのです。

　具体的に見ていきましょう。ASD の子どもが同級生を傷つける言葉を言っ
た時，その子どもは障害があるがゆえに傷つける表現になってしまったのかも
しれませんが，先にそのきっかけを作った（嫌なことを言ったりやったりした）
のは同級生の方かもしれません。このような時，単に障害を理由としていては，
何の解決にも至りません。障害の有無にかかわらず，子どもが社会の中で生き
ていくために何を身につけなければならないかを考え，教員としては，同級生
だけでなく，発達障害のある子どもに対しても，次のような指導をする必要が
あります。「傷つけるような言葉を言ったら謝りましょうと指導する(A)」―
「実際に謝ることができた(B)」―「謝ることができたのは偉かったね(C)と伝
える」。また，「次に同級生から嫌なことを言われたら，言い返さずにその場か

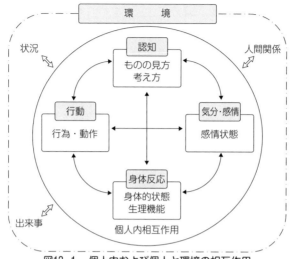

図12-1　個人内および個人と環境の相互作用
出所：村上，2013をもとに作成。

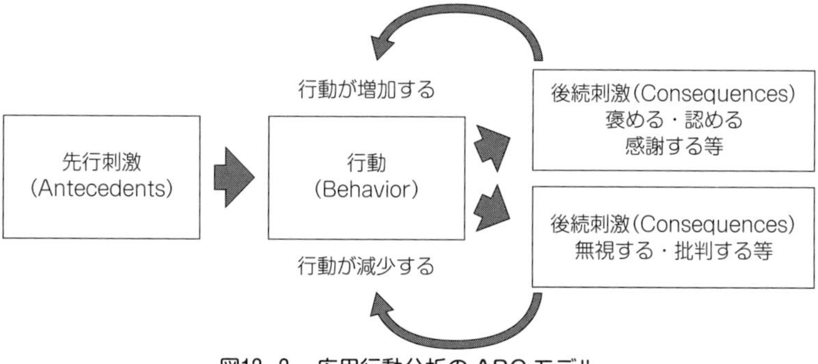

図12-2　応用行動分析の ABC モデル
出所：筆者作成。

ら立ち去りましょうと指導する（A）」—「実際にその場から立ち去ることができた（B）」—「'うまく対処できたね'と褒める（C）」です。

　また，ADHD のある子どもには「授業中，挙手をして指されたら答えましょうと指導する（A）」—「挙手をして指された時に答えることができた（B）」—「'先生に指されてから答えることができたね''今の行動はとてもいいよ'のように認めたり，褒める（C）」，このように ABC モデルを意識して関わり，後

続刺激(C)において，子どもが認められたり褒められたりして，うれしいと思うことがあることにより，(B)の行動が獲得されていくのです。

　学校という場面では教員が指導や指示をし，それに対して子どもたちが従うという状況がたくさんあります。その時，子どもたちにとってわかりやすい指導や指示を心がけ，また，それに従っている子どもたちの行動を当たり前のことと捉えずに，認めたり，褒めたりすることで，子どもたちの行動を変えていくことができるのです。

　また，ペアレントトレーニングでは，子どもの'してほしい行動'を増やすために褒める，感謝の言葉を伝えることを重視します。そして，褒めたり，感謝の言葉を伝える際のポイントとして，'してほしい行動'が見られたら，その直後に，具体的に行動を褒めるのです（Cynthia, 1991）。これにより，子どもは自分の行動の何が良いのかがわかるとともに，その行動をもっとしようという気持ちになるのです。つまり，支援にあたる者は自分の関わり方を見つめ直すとともに，子どもたちの行動を丁寧に見ていく必要があるのです。

2　WISC-Ⅳから学習面での得意・不得意を知り支援をしましょう

　日常生活や学校生活での困難さや本人がもっている力を理解するためにWISC-ⅣやKABC-Ⅱといった知能検査が用いられます。ここでは特別支援教育の必要性や支援内容を検討するために用いられることのある日本版 WISC-Ⅳ（Wechsler intelligence Scale for Children-Fourth Edition：Wecheler, 2003 日本版 WISC-Ⅳ刊行委員会，2010）と学習の関係について簡単に説明をしますが，詳しくは専門書を読んでください。

　まず，この検査は5歳0か月～16歳11か月の子どもの知能（IQ）と「言語理解」，「知覚推理」，「ワーキングメモリー」，「処理速度」という4つの指標についての得意・不得意を知ることができます。「言語理解」は語彙力や言葉を理解したり，言葉を使って考える力のことです。この力はどの教科にも関係します。なぜなら，教員はことばを使って説明をし，教科書もテストもことばで書かれているからです。算数（数学）の文章問題で，文章の理解に苦労したという経験のある人もいるのではないでしょうか。このように「言語理解」は，学

習をする上で重要な能力です。

「知覚推理」とは目から情報を取り入れたり，それを基に考える力です。たとえば，空を見上げて雲一つない状態であったら今日は傘はいらないと判断します。このように私たちは目からたくさんの情報を取り入れて，考えたり，判断したりしているのです。「知覚推理」が弱い場合は，教員が説明している内容が教科書や黒板のどこに書いてあるのかを見つけることに時間がかかる可能性があります。また，図や地図の読み取り，分類やパターンの理解にも困難さを覚えるかもしれません（松田，2013）。

「ワーキングメモリー」とは学習や生活をするうえで使用する一時的な記憶力です。特にこの検査では耳から取り入れた情報を一時的に記憶する力を測っています。たとえば，テストの時，「教科書，ノートをしまい，筆記用具だけを机の上に置いてください」と口頭で指示（耳からの情報）があった時，その言葉を一時的に記憶しないと指示に従って行動をすることができません。この能力は「読む」「書く」「計算する」といった LD のある子どもが困難さを抱えるすべての領域と関連すると言われています。（松田，2015）。「処理速度」は作業を素早く行う力で，この力が弱いと黒板をノートに写すことや課題を終えるのに時間がかかり，書くことが嫌で勉強嫌いにつながることもあります。

このように WISC-Ⅳ で測定している能力は学習や日常生活と深く関連しています。そのため，支援に際して，WISC-Ⅳ の結果を基に，苦手を補うような支援を行うことが必要です。たとえば，平易なことばで的確に指示を出すということを意識すればことばを理解する力が弱かったり，耳からの情報を取り入れることが苦手な子どもにも伝わりやすくなります。また，プリントの配布は，耳からの情報を取り入れることが苦手な子どもや書くことが苦手な子どもにとっては助かるものです。加えて，目からの情報を取り入れることが苦手な子どもにもわかりやすいようにレイアウトなどを工夫すると良いでしょう。このような配慮や丁寧な指導を行うことによって，障害の有無にかかわらず，学習への取り組み方に変化が出る可能性があるのです。

なお，どのような検査にも限界があり，WISC-Ⅳ は読み書きの能力について調べることはできません。また，この検査結果のみで発達障害の診断をする

表12-4　ユニバーサルデザインを用いた教室・学習環境づくりの例

教室環境づくり	・教室を整理整頓し，不要なものは置かないようにする
	・教室前面や黒板には掲示物を貼らない
	・教員の机の上を整理整頓する
	・掲示物は整理整頓して貼る
学習環境づくり	・正しい姿勢を意識させる
	・机上を整理整頓させる（使うもの以外を置かない）
	・見やすいノートの書き方を指導する
	・板書を構造化する
	・指示は端的にする
	・説明は簡潔に，要点は繰り返す
	・話を聞くときは手に物をもたせない

出所：阿部，2016，pp. 2-4 をもとに筆者作成。

ことはできないことに留意しなければなりません。

3　生活しやすい環境を整える

　生活しやすい環境を整えることも学習への取り組み方に変化を与えます。その際，構造化やユニバーサルデザインを意識すると良いでしょう。構造化とは，環境を理解しやすく作ることであり，物理的構造化，スケジュールなどがあります（黒田，2018）。たとえば，時間割，週予定，月予定表，課題提出表を掲示し，今，何をしなくてはならないのか，そして，先の見通しを立てて心の準備ができるようにします（スケジュール）。このようにすることで，変更に弱いASDの子どもも，教員の話を聞き逃す可能性のあるADHDの子どもも，どこを見れば次に何をすればよいのかがわかるようになり，見通しを立てて行動ができるようになります。また，特別支援学級などでは教室の一角をカーテンで仕切ったり，椅子を置くなどして気持ちを落ち着ける場所（タイムアウトスペース）を作ることがあります（物理的構造化）。

　一方，ユニバーサルデザインを取り入れた教室・学習環境づくりを実践する教員も増えてきています。ユニバーサルデザインを用いた教室・学習環境づくりの例を表12-4にまとめました。このような教員による工夫と配慮があることによって，どのような子どもも学びやすさが変化してくるのです（詳しくはコラム②参照）。

4　気づきのポイントと関わり

　これまで説明をしてきた通り，発達障害のある子どもはその障害の特徴により困難な状況に身を置く可能性もありますが，周囲の人の関わり方によって困難の程度が変わってくることがあります。そのため，発達障害のある子どもと関わる時は，まずは自分の関わり方（声のかけ方や言葉の用い方）が適切なのかを見つめ直す必要があります。先にも記しましたが，ASD のある子どもは抽象的な表現が苦手であり，また，ADHD のある子どもは注意集中が苦手です。また，SLD のある子どもは読み書きだけでなく，聞くことに関しても不得意である可能性があります（落合，2011）。そのため，口頭で指示を出す場合，代名詞や指示語，長い話は伝わらないことがあるので，具体的かつ的確な表現を用いなければなりません。このようにまずは，自分の関わり方を見直して，子どもたちの立場になって，わかりやすいものであるのかを確認しましょう。また，必要に応じて，スクールカウンセラーなどに，授業内での教員と子どもたちのやりとりを観察してもらい，助言を求めるとよいでしょう。

　その上で，子どもたちがどこに困難さを感じているのかをアセスメントしましょう。発達障害のない子どもは対人関係における一つの出来事を，次に活かしたり応用したりすることができます。しかし，発達障害のある子どもはそういったことが苦手です。そのため，一つ一つ丁寧に根気強く関わる必要があります。

　現状では，発達障害のある子どもや保護者が経験する困難さを想像すると，それを無責任に個性だと表現することには憚られます。しかし，一人でも多くの人が発達障害を理解し，発達障害があったとしても一人の尊厳ある人間だと受容し，その困難さに対して共感的に理解をすることができれば，誰もが生きやすい社会になるのではないかと思います。

📖さらに学びたい人のために

○前川あさ美（監修・解説）かなしろにゃんこ。（2019）．発達障害 僕にはイラつく
　理由がある！ 講談社

○下山晴彦（監修）（2018）．公認心理師のための「発達障害」講義 北大路書房

引用文献

阿部利彦（2016）．通常学級でユニバーサルデザインを進めるために 阿部利彦（編）通常学
　級のユニバーサルデザインと合理的配慮（pp.2-14） 金子書房

American Psychiatric Association（2013）. *Diagnostic and statistical manual of mental disorders* (5th ed.). American Psychiatric Publishing.（日本精神神経学会（監修）髙橋三
　郎・大野裕（監訳）（2014）．DSM-5 精神疾患の診断・統計マニュアル 医学書院）

Cynthia, W（1991）. *Win the Whining War & Other Skirmishes* : A family peace plan.
　Perspective Publishing.（上林靖子・中田洋二郎・藤井和子・井澗知美・北道子（訳）
　（2002）．読んで学べるADHDのペアレントトレーニング――むずかいし子にやさしい子
　育て―― 明石書店）

黒田美保（2018）．PART 4 自閉スペクトラム症（ASD）の理解と支援の基本を学ぶ 下山
　晴彦（監修）公認心理師のための「発達障害」講義（pp.146-197） 北大路書房

松田修（2013）．日本版WISC-Ⅳの理解と活用 教育心理学年報52(0) 238-243.

松田修（2015）．WISC-Ⅳによるアセスメントの手順 上野一彦・松田修・小林玄・木下智
　子 日本版WISC-Ⅳによる発達障害のアセスメント――代表的な指標パターンの解釈と
　事例紹介――（pp.51-92） 日本文化科学社

村上香奈（2013）．学習理論の臨床心理学的応用 山崎浩一（編著） とても基本的な学習心
　理学（pp.261-278） おうふう

落合俊郎（2011）．発達障害についてのとらえ方と対応について 春日井敏之・伊藤美奈子（編）
　よくわかる教育相談（pp.64-67） ミネルヴァ書房

下山晴彦（2011）．第1回講義 認知行動療法とは何か 下山晴彦（編）認知行動療法を学ぶ
　（pp.14-33） 金剛出版

Wechsler, D.（2003）. Administration and scoring manual for WISC-Ⅳ The Pychological
　Corporation.（日本版WISC-Ⅳ刊行委員会（2010）．日本版WISC-Ⅳ実施・採点マニュア
　ル 日本文化科学社）

第13章

精神障害・心身症に気づき関わる

【ポイント】

第13章の学びのポイントは以下の2点です。

①精神障害・心身症の基礎知識を身につけましょう。

②学校で精神障害や心身症を持つ児童・生徒に気づくために求められる基本的な視点について学び，適切な対応の仕方について理解しましょう。

1 精神障害と心身症

1 学校で出会う子どもたち

学校では，精神障害や心身症のある子どもと関わることがあります。たとえば，身体には異常がないのに腹痛や吐き気で登校できない子，日常的に不思議な声が聞こえている子，理由はわからないが気分が落ち込み死にたくなる子，自分自身を傷つけてしまう子など，さまざまな状態の子どもに出会います。こうした子どもたちの発するシグナルに早期に気づき，適切に対応していくためには，精神障害や心身症に対する基本的な理解が欠かせません。

2 精神障害と心身症の定義

精神障害とは「個人の認知，情動制御，または行動における臨床的に意味のある障害によって特徴づけられる症候群(American Psychiatric Association, 2013 日本精神神経学会監修 2014)」であり，より端的に言うならば，こころに何らかの苦しみを抱え，社会適応上に何らかの困難が生じている状態を指します。一方，心身症は「身体疾患の中で，その発症や経過に心理社会的因子が密接に関与し，器質的ないし機能的障害が認められる病態（日本心身医学会教育研修委員会，1991)」と定義され，精神障害に伴う身体症状は除外されます。精神障害

表13-1　DSM-5における精神疾患の分類

DSM-5
1．神経発達症群／神経発達障害群
2．統合失調症スペクトラム障害および他の精神病性障害群
3．双極性障害および関連障害群
4．抑うつ障害群
5．不安症群／不安障害群
6．強迫症および関連症群／強迫性障害および関連障害群
7．心的外傷およびストレス因関連障害群
8．解離症群／解離性障害群
9．身体症状症および関連症群
10．食行動障害および摂食障害群
11．排泄症群
12．睡眠─覚醒障害群
13．性機能不全群
14．性別違和
15．秩序破壊的・衝動制御・素行症群
16．物質関連障害および嗜癖性障害群
17．神経認知障害群
18．パーソナリティ障害群
19．パラフィリア障害群
20．他の精神疾患群
21．医薬品誘発性運動症群および他の医療品有害作用
22．臨床的関与の対象となることのある他の状態

出所：APA, 2013 日本精神経学会監修 2014をもとに筆者作成。

や心身症には，実に多くの種類の障害や疾患が含まれます（表13-1，表13-2）。全てを網羅することは難しいため，本章では，特に小学生から高校生にかけて多く見られるものを取り上げます。

3　精神障害の操作的診断基準について

現在，医療における精神障害の診断基準として，一定の基準や期間を満たすことにより診断が特定される操作的診断分類が用いられています。具体的には，DSM-5（American Psychiatric Association, 2013 日本精神神経学会監修, 2014）やICD-10（World Health Organization, 1992 融・中根・小見山監訳, 1993）という診断基準が使用されていますが，わが国では特に，DSM-5による診断分類が，医師だけでなく，心理，教育，福祉などさまざまな領域における専門家同士の

表13-2　心身症の主な種類

領　域	主な疾患
呼吸器領域	気管支喘息，神経性咳嗽，過換気症候群，慢性閉塞性肺疾患
循環器領域	本態性高血圧，本態性低血圧，起立性調節障害，虚血性心疾患（狭心症，心筋梗塞），不整脈
消化器領域	食道機能異常（食道アカラシアなど），機能性胃腸症，胃十二指腸潰瘍，神経性嘔吐，過敏性腸症候群，炎症性腸疾患（潰瘍性大腸炎，クローン病），慢性膵炎
内分泌系代謝領域	バセドウ病，糖尿病，メタボリックシンドローム，肥満症，摂食障害
膠原病領域	関節リウマチ，線維筋痛症
神経領域	頭痛（緊張性頭痛，偏頭痛），ジストニア，チック，めまい，自律神経失調症など
外科領域	頻回手術症，腸管癒着症，術後ダンピング
整形外科領域	腰痛症，肩こり
泌尿器領域	排尿障害（心因性頻尿，夜尿症など），勃起障害
産婦人科領域	月経異常，更年期障害
耳鼻咽喉科領域	メニエール症候群，突発性難聴，アレルギー性鼻炎
皮膚科領域	アトピー性皮膚炎，円形脱毛症，多汗症
歯科口腔領域	顎関節症，舌通症，知覚異常
小児科領域	気管支喘息，過換気症候群，起立性調節障害，機能性胃腸症，過敏性腸症候群，夜尿症，心因性発熱

出所：石川・星，2013，pp. 45-46を一部改変。

共通言語として用いられています。したがって本章においては，DSM-5の診断分類を用います。

2 子どもに見られる精神障害（不安障害，強迫性障害，摂食障害，統合失調症，自傷行為）

1　不安症群／不安障害群

　不安症群／不安障害群（以下，不安障害）は小学生から高校生にわたり多く見られます。DSM-5では，不安障害にはさまざまな分類（表13-3）がなされていますが，教育現場において比較的よく見られるのは，分離不安障害や選択性緘黙（かんもく）です。

表13-3　DSM-5の不安症群／不安障害群

・分離不安症／分離不安障害
・選択性緘黙
・限局性恐怖症
・社交不安症／社交不安障害（社交恐怖）
・パニック症／パニック障害
・広場恐怖症
・全般不安症／全般性不安障害
・物質・医薬品誘発性不安症／物質・医薬品誘発性不安障害
・他の医学的疾患による不安症／他の医学的疾患による不安障害
・他の特定される不安症／他の特定される不安障害
・特定不能の不安症／特定不能の不安障害

出所：APA, 2013 日本精神神経学会監修 2014をもとに筆者作成。

　分離不安障害は，愛着（アタッチメント）に関連した障害です。愛着とは，人が特定の他者（愛着対象）との間に築く情緒的な絆と定義されます。分離不安障害は，愛着対象からの分離に関する，発達的に不適切で，過剰な恐怖または不安がある状態を指します。小学生の不登校の背景に分離不安障害が見られることもあります。他の不安障害に比べ早期に発症するため，小学生になる前に自然に改善することも多いのですが，他の不安障害や気分障害を合併することも少なくありません（古荘，2019）。分離不安障害の子どもは，愛着対象と一緒であれば，登校しやすくなることもあります。

　選択性緘黙は，言語を理解しているにもかかわらず，話すことが期待される特定の社会状況で話すことができない状態を指します。発症前にはほぼ正常な会話能力をもち，社会的コミュニケーションで求められる表出性言語能力を持っていたことが判定の条件です（清水，2010）。選択性緘黙の子どもは，一般的に学校など家庭の外で話せないことが多く，そのため対人関係や学習における困難が生じやすくなります。

　不安や恐怖といった感情は私たちにとって身近であり，正常と異常の区別が難しいこと，こうした子どもたちは派手な問題行動を示さないことから，不安障害は子どもの有病率が高いにもかかわらず，保護者や教職員，専門家に見落とされやすい障害であるといわれています。中には，不安や恐怖から生じている子どもの行動を「考えすぎ」や「わがまま」と曲解し，誤った対応が取られ

てしまうこともあります。また，不安障害を抱える子ども自身も，学校に行けないことや人前で喋れないことを「自分が弱いから」と考えてしまい，周囲に相談できなくなってしまうこともあります。さらに，分離不安障害を抱える子どもの保護者は，周囲から「子どもを甘やかしているから，子どもが自立できないのだ」と誤解され傷ついてしまうこともあります。こうした場合，教職員からの無理な分離の促しは，かえって親子の学校への恐怖感を増幅してしまいます。したがって，不安障害を抱える子どもに対しては，教職員が彼らの状態を正しく理解し，安心できる環境を提供できるよう工夫する必要があります。たとえば，分離不安障害を伴う不登校の子どもに対しては，保護者と一緒に過ごせる場所への登校からはじめる，子どもが触っていると安心できる物（ぬいぐるみなど）の持参を許可する，学校の中で子どもが安心できる場所や対象を作るといった工夫が考えられます。一方，選択性緘黙の子どもに対しては，手紙や交換日記など書き言葉でのコミュニケーションを増やす，絵画や工作など非言語的なツールを用いる，「はい・いいえ」や，頷きや首振りで答えられる質問を増やすなどの工夫が考えられます。

2　強迫性障害

　強迫性障害は，小学生から高校生のどの時期にも見られます。発症年齢は，10歳前後と20歳前後という2つのピークがあり（古荘，2019），男性の方が女性に比べ発症年齢が若い（塩入，2018）といわれています。強迫性障害は，強迫観念と強迫行為のどちらか，あるいは両方の存在によって特徴づけられます。強迫観念とは，繰り返し湧き上がる持続的な思考，衝動，またはイメージで，たいていの人に強い不安や苦痛を引き起こします。一方，強迫行為とは，強迫観念を無視したり抑え込もうとしたりするために行われる行為のことを指します。強迫行為は，繰り返しの行動（例：手洗い，いつも同じ順番で同じ場所を通る，何度も確認する，物の配置にこだわるなど）と心の中の行為（例：祈る，数える，何か言葉を唱えるなど）に分けられます。こうした強迫観念と強迫行為に1日1時間以上が費やされ，日常生活に支障があることが診断基準の一つです。

　子どもの強迫性障害には，①成人と比べ強迫観念よりも強迫行為が前景に出

やすいこと，②症状の不合理性に対する自覚が曖昧であったり，症状に対する違和感が乏しかったりすること，③他者を症状へ巻き込む傾向が強いこと，という3つの特徴があります（齋藤，2015）。一般的に，強迫性障害を有する人は，強迫症状が「おかしいものだ」と自分でも自覚しているけれども，やめられないという特徴があります。しかし，子どもの場合にはこうした違和感が乏しく，強迫症状そのものがもたらす苦痛を訴えることが多いと言われています。たとえば，「学校の教科書に触ることが，汚くて耐えられない」という子どもがいたとします。成人の場合，「教科書を触ることに多くの人は苦痛を感じないことを理解しているが，それを汚いとしか思えない自分」や「教科書を触った後に，気が済むまで手を洗わなければならないこと」に苦痛を覚えますが，子どもは「教科書を触ること」自体に苦痛を訴える傾向があります。そこで子どもは，自分が教科書を触らないで済むように，保護者（たとえば，母親）に逐一教科書を開かせる行動（巻き込み行動）をとります。このように，子どもの場合には，強迫症状に伴う不合理性や違和感の自覚が少なく，また苦痛の解消のための努力を周囲に求めることが多いといわれています。その結果，本人よりも周囲（家族）が困り感を抱えているというケースもあります。

　こうした強迫性障害の治療には，薬物療法や認知行動療法などの心理療法が用いられます。あわせて，家族に対する心理教育も有効です。心理療法に関しては，一般的に，あえて不安を引き起こす刺激や場面に触れさせ，それを打ち消す強迫行動を我慢させることで，徐々に不安に慣れさせるという曝露反応妨害法が用いられます。一方，鍋田（2014）は，強迫性障害を有する子どもには「割り切れなさ」や「決められなさ」といった傾向があり，安心できる環境に支えられながら「これで大丈夫」と思える落としどころを見つけていくことが重要であると述べています。そのため治療においては，まずは強迫症状の意味を本人と家族に理解してもらうこと，本人の強迫行為については自分のペースでやれるよう周囲が保証すること，これにより本人の症状が和らぎ安全感が確保されたところで，本人が「これで大丈夫」と思えなくなった経緯などを探索することがよいと言われています。学校では，子どもの強迫症状の程度に合わせて対応していく必要があります。症状が軽症であれば，スクールカウンセラ

ーなどの専門家が心理療法を行うことも考えられますが，症状が重く日常生活の適応に問題が生じている場合は，医療機関につないだ上で，学校で可能な環境調整を行う必要があります。

3　摂食障害

　摂食障害は，かつては10代の発症が中心であるといわれていましたが，現代では思春期（小学生高学年から中学生くらい）に発症して症状が長期化するケースや，成人期や思春期以前に発症するケースも見られるようになり，有病者の年齢層が広がっているといわれています（西園，2018）。摂食障害は症状により，神経性やせ症／神経性無食欲症，神経性過食症／神経性大食症，過食性障害に分類されます。神経性やせ症／神経性無食欲症は，著しい低体重と肥満恐怖，自分の体重や体型の体験の仕方に関する障害により定義づけられます。本人が体重の減少に対して深刻さを感じておらず，病識がないことが多いです。体格指数（Body Mass Index：BMI）の数値により，軽度，中等度，重度，最重度に特定され，身体の状態（BMI<15kg／㎡以下の低体重，意識障害，心拍数の低下など）によっては入院治療が必要です。一方，神経性過食症／神経性大食症は，過食エピソードと体重増加を防ぐための反復する不適切な代償行為（自己誘発性嘔吐，絶食，過剰な運動など）により定義づけられます。食べ過ぎているのに食べることを止められないという「失コントロール感」があること（西園，2018）が大きな特徴です。また，神経性やせ症／神経性無食欲症と同じく，体重や体型により自己評価が決まりやすい傾向があります。

　摂食障害の治療には，身体面への治療と心理面への治療の両方が必要です。この疾患ではさまざまな身体症状や合併症（表13-4）が見られるため，医師による身体管理が欠かせません。あわせて，摂食障害に多く見られる自己評価の低さに対し働きかける心理面へのアプローチや，専門家が道案内をしながら当事者に治療に取り組んでもらうガイデッドセルフヘルプ（西園，2010）を用いた介入も有効です。学校では，医療機関と連携し学校で必要な配慮（特に身体面への配慮）を確認しながら，教員が養護教諭やスクールカウンセラーなどと連携し，本人への支援を行う必要があります。

表13-4　摂食障害の身体症状と合併症

身体症状と合併症	特に低栄養による症状： るいそう（著しい痩せ），無月経（月経不順含む）や初経の遅れ，徐脈，不整脈，耐寒性低下，便秘，腹痛，腹部不快感，腰痛，皮膚乾燥，体毛増加，低血糖，貧血，電解質異常など
	特に過食／嘔吐／下剤乱用による症状： 不整脈，筋脱力感，唾液腺・耳下腺腫脹，胃炎，胃拡張，むし歯，歯のエナメル質脱落，肝機能障害など

出所：生野，2013，p.69；西園，2018，p.398をもとに一部改変。

4　統合失調症

　統合失調症は，15歳以降に発症数が高まり，20代にかけて発症年齢のピークがあることが知られています（清水，2010）。発症頻度は，100人に1人程度です（文献によっては，120人に1人というデータもあります）。症状は，実際には聞こえない声が聞こえる幻聴や，実際にはない刺激を感じる幻覚を特徴とする陽性症状と，気分の落ち込みや意欲の低下，喜怒哀楽を示さなくなる感情の平板化などを特徴とする陰性症状に大別されます。陰性症状は，陽性症状に比べて目立ちにくいため注意が必要です。特に子どもの場合，引きこもりや不登校の背景に，統合失調症の発症があるというケースも見られます。

　子どもの統合失調症の場合，成人と異なり，発達上の諸問題を考慮しなければなりません。幻覚・妄想の存在は統合失調症の診断において重視されていますが，これらの症状は，ある程度の発達段階を経なければ現れず，かつ言語化も困難であるといわれています（広沢，2008）。そのため，子どもの幻覚・妄想は，「いつも誰かに見られている」「みんなが悪口を言っている」「誰かにつけられている」といった曖昧な表現が多く，幻聴に関しても内容は被害的なものとは限らず，空想的・要素的である場合も多いです。ただし成長に伴い，幻覚・妄想が持続するようになり，被害感や被影響感（自分が何か・誰かに支配され，影響されているという感覚）も増し，成人の統合失調症の状態へと近づいていくといわれています。

　統合失調症は，かつては不治の病とされていましたが，現在では早期発見・早期治療により社会適応が可能です。原則として，治療には薬物療法が必要で

す。そのため学校では，統合失調症が疑われる場合には，子どもが早期に医療を受診できるよう，保護者に協力を求めていく必要があります。子どもが医療につながったのちは，症状の再燃と悪化を予防するために，子ども本人のペースを大切にしながら支持的な関わりを増やし，安定した学校生活を送れるよう支援します。

5　その他（自傷行為）

　自傷行為は「故意に自分を傷つける行為」を指す用語であり，診断名ではありません。しかし教育現場では，さまざまな自傷を行う子どもと出会うことが多いため記します（コラム⑥「スクールカウンセラーの実際」も参照してください）。
　自傷行為で頻繁に見られるのは，手首や腕，足，首，腹などを自分で傷つけるものです。最近では，身体に針と糸で模様をつけるボディステッチや，おしゃれの範囲を超えたボディピアスを好む子もいます。自分の血を抜くというケースもありました。こうした自傷の多くは，怒りや不安，恐怖，緊張，あるいは恥辱感といったつらい感情（＝心の痛み）の緩和を目的として行われ，自傷をする子どもの多くは他者に助けを求められない傾向があります（松本，2014）。自傷行為を子どものアピール行為と捉える考えは未だ根強いですが，この理解は誤りです。多くの研究が自傷は自殺の危険因子であることを報告しています。また，支援する大人側が自傷行為を「アピール行動」と理解することは，もともと他者に助けを求められない傾向をもつ子どもの孤立を強化してしまいます。
　実際に学校において，子どもから自傷を告白されたり，子どもの自傷を発見したりした際には，冷静な対応をとることが重要です。自傷行為については淡々と対応しながらも，子どもが周囲の大人と「話せる関係性」を築いていくことが求められます。

③　子どもに見られる心身症（過喚気症候群，起立性調節障害）

　第1節で，心身症の定義について述べましたが，ここでは，よりわかりやすく，心身症について整理していきます。

　先に，心身症とは，「身体疾患の中で，その発症や経過に心理社会的因子が密接に関与し，器質的ないし機能的障害が認められる病態（日本心身医学会教育研修委員会，1991）」であり，精神障害に伴う身体症状は除外するものであると述べました。みなさんの中には，精神障害と心身症はどう違うのか，と疑問に思われる方もいるのではないでしょうか。

　この2つの最も大きな違いは，心身症は身体疾患が先にあり，日常の心理的状態やストレスが身体疾患に大きな影響を及ぼしているという点です。また，心身症は病態を指すものであり，病名ではないということです。よりわかりやすく説明するために，以下に，宮本（2010）の気管支喘息の子どもの例を引用します。子どもが喘息発作を起こした際，投薬と身体的治療で改善し，かつ発作の反復が見られない場合，この気管支喘息は「身体疾患」として捉えられます。一方，投薬で発作がいくらか改善しても抑えることはできず，かつ背景に学校でのいじめがあったとします。いじめの話を聞いた医師が学校と連携し，教員の介入によりいじめの問題が解決し，かつ薬物の変更がないままに発作が起こらなくなった場合，この気管支喘息は「心身症」として捉えられます。この時，医師は「気管支喘息（心身症）」と診断します。このように，身体疾患の背景に心理・社会的な問題があり，身体的治療のみでは治療が困難である場合に心身症を疑います（図13-1）。心身症が疑われるケースの場合，背景にある心理・社会的な問題に対してアプローチしていく必要があります。

　以下に，学校現場において見られる心身症の例として，過換気症候群，起立性調節障害を取り上げます。

1　過換気症候群

　過換気症候群は，若い女性に多く見られます。何かしらの誘因によって，本人の意図と関係なく突然呼吸が速くなり，血中の酸素が増え血液が過度にアルカリ性に傾くことによって，手足の痺れ，動悸，嘔吐，意識消失といったさまざまな症状が見られる状態を指します。過換気発作は，一般的に30分から1時間程度でおさまります。発作の誘因には，激しい運動や疲労といった身体的要因の他，不安や恐怖，興奮といった精神的要因が関連しています。発作が起き

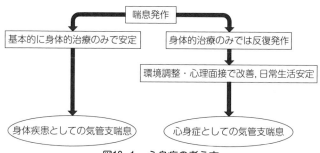

図13-1　心身症の考え方
出所：宮本，2010，p.6をもとに作成。

た際には，その症状の派手さから，周囲の人々も動揺しやすくなります。そのため，まずは周囲が落ちついて，本人が安心できるような態度で接することが重要です。その上で，本人に対し「ゆっくり呼吸する」ことを伝えます。傍にいる大人が一緒に，「ゆっくりとした呼吸」を行うことも有効です。過換気発作に対しては，以前は紙袋で口と鼻を覆いゆっくり呼吸させるという，ペーパーバッグ法（古荘，2019）がよく用いられていましたが，現在は低酸素症の危険もあり，勧められていません（別處，2018）。発作を繰り返したり，背景に不安障害やパニック障害が考えられたりする場合には，これらの疾患に対する薬物治療や心理療法が行われます。学校で発作が起きた際には，養護教諭と連携しながら適切な対応を行うこと，発作が繰り返されるようであれば，子どもの背景にある問題を同定し，それに応じた対応を行う必要があります。

2　起立性調節障害

　起立性調節障害は，不登校との関連が強い疾患です。英語表記である「Orthostatic Dysregulation」の頭文字をとり，OD と呼ばれることもあります。好発年齢は10〜16歳で，軽症例も含めると小学生の5％，中学生の10％に見られるといわれています（田中，2010）。立ちくらみやめまい，頭痛，朝なかなか起きられず午前中の調子が悪い，食欲不振，全身倦怠感といった症状が見られます。起立性調節障害には4つのサブタイプがあり，タイプによって症状が異なる部分もあります。診断とサブタイプの特定には，医療機関による専門の検査

（新起立試験法）が必要です。なお，治療や子ども・家族への対応については，小児心身医学会ガイドライン（日本小児心身医学会，2015）が参考になります。

　起立性調節障害は，基本的には身体疾患であるため，医師による身体治療（薬物療法含む）が有効です。一方で，この疾患を抱える子どもの約半数が不登校を抱えていることや，心身症との関わりが見られるケースが多いこと（日本小児心身医学会，2015）を踏まえると，教育現場においてもこの疾患に対する正しい理解をもち，対応する必要があるといえます。たとえば，起立性調節障害の子どもは，倦怠感からゴロゴロと横になりやすかったり（横になると症状が緩和されるため），午後に症状が軽快し元気になったりするため，家族や教職員から「怠けている」と評価されることが多くあります。元々真面目な性格の子どもも多いため，子ども自身も自分を「身体が動かないのは怠けだ」と評価し，落ち込んでしまうこともあります。こうした子どもに対しては，教職員が「身体のことは，医師の治療を続けていれば必ず治る。時間がかかるかもしれないけれど，焦らずにやっていこう。治療をしながら，学校でできることも一緒に考えていこう」と伝えると良いでしょう。支援する大人が，「子ども自身も体が思うように動かずつらいのだ」ということを忘れずにいる必要があります。

４　気づきのポイントと関わり

　十一（2014）は，学校は教育機関であると共に，法令に基づき子どものメンタルヘルスを扱う"児童精神保健機関"としての役割をもっていると述べています。精神障害や心身症のある子どもに気づく上で，家庭以外に，毎日子どもの様子を身近で見ている学校の果たす役割は大きいといえます。

　こうした子どもに気づくために，学校現場で求められる視点とは何でしょうか。まずは基本的なことですが，日々の子どもの様子をよく観察することです。教員は毎日子どもの様子を見ているので，子どもの些細な変化に気づくことがあります。一方で，子どもに毎日会わない教職員だからこそ，気づく変化もあるでしょう。このように，一人の大人だけでなく，複数の大人で子どもの様子を見守り，些細な変化を見落とさないようにすることが重要です。そして，こ

のような態勢で子どもを見守るためには，学校で働く大人同士の関係性が良好である必要があります。

　次に，子どもに対し，大人からこまめに声をかけることです。これは，特別な声かけでなくても構いません。子どものもつ重要な話や悩みは，日々の何気ない会話からこぼれ落ちてくることがとても多いのです。そのため，日々のこまめな声かけが，子どもからの相談を容易にすると考えられます。

　さらに，子どもの様子から精神障害や心身症が疑われる場合には，まずは教員や養護教諭が，子ども（や保護者）を，比較的相談しやすい身近な専門家（スクールカウンセラー，スクールソーシャルワーカー，学校医，教育相談センターの医療相談など）につなぐと良いでしょう。専門家への相談を拒まれた場合には，教員自身が専門家とつながり，子どもとの関わりについて助言を受ける「コンサルテーション」も役に立ちます。

　子どもに医療機関の受診をすすめる際には，本人の同意だけでなく，原則，保護者の同意を得る必要があります。教職員として，子どもについて心配している点や気になっている点，医師の視点を得ることの利点を伝えます。子ども（や保護者）が医療機関につながり，医師からの治療方針が共有された場合には，基本的には医師の指示のもと，学校でできる支援を共に考えます。その際，医療機関につなげることがゴールではなく，そこを皮切りに，子どもとの関わりを続けていくことが重要です。診断はあくまで，子どもの状態を表す一部でしかありません。そのため，「この子は○○障害だから」と理由づけし関わりを中断するのではなく，子どものさまざまな面を発見する視点を常にもち続ける必要があります。こうした努力が，子どもの個別性を大切にすることにつながります。全ての障害にいえることですが，「○○障害」のある子どもがみな，同じような性格ということはありません。必ず，その子にしかない個別の特徴や背景があります。そういった意味では，私たちは常に，子どもに対し，無知の姿勢（not-knowing stance）をもち続けることが求められているといえます。

　最後に，一つの架空事例を提示します。ある小学3年生の児童は，学校では全く喋らず，母親がいなければ登校することもできませんでした。担任は，選択性緘黙の可能性を考え，養護教諭のアドバイスを参考に，短い時間の登校や，

学校で母親と過ごせる場の提供を提案しました。また，教員は母親にスクールカウンセラーとの面接をすすめ，カウンセラーが母子に対し定期的なカウンセリングを行いました。その後，カウンセラーの勧めで母親は医療機関につながり，医師からは「小集団から慣れさせることがよい」との助言を得ました。さらに，カウンセリングで話を聴くうちに，児童が幼い頃に母親が長く入退院を繰り返していたこと，父親が子育てに無関心であることがわかりました。カウンセラーは母親の子育てに伴う悩みをサポートしながら，さりげなく児童にも関心を向け続け，児童の感じている気持ちを想像し，その気持ちを言葉にするようにしました。カウンセリングから2年が経つと，児童にはカウンセラーに対し簡単な意思表示ができるようになり，表情にユーモアを交えてコミュニケーションを取るようになりました。また，適応指導教室に通い始め，母親が別室におり，相談員が傍にいれば仲間集団の中で過ごせるようになりました。

　このように，児童の困っていること（このケースの場合は，母親が困っていたとも言えますが）に気づき，さまざまな人が関わりを続けていくことで，変化が生まれていくのです。

📖さらに学びたい人のために

○中井久夫・山口直彦（2004）．看護のための精神医学　第二版　医学書院
○滝川一廣（2017）．子どものための精神医学　医学書院
○十一元三（2014）．子供と大人のメンタルヘルスがわかる本──精神と行動の異変を理解するためのポイント40──　講談社

引用文献

American Psychiatric Association（2013）．*Diagnostic and statistical manual of mental disorders* (5th ed.). American Psychiatric Publishing.（日本精神神経学会（監修）髙橋三郎・大野裕（監訳）（2014）．DSM-5　精神疾患の診断・統計マニュアル　医学書院）

別處力丸（2018）．呼吸器系の症状──喘息は心身症？──　高尾龍雄（編）思春期のこころと身体 Q&A④心身症──身体の病からみたこころの病──（pp.31-51）ミネルヴァ書房

古荘純一（2019）．医療・心理・教育・保育の授業と現場で役に立つ子どもの精神保健テキスト　改訂第2版　診断と治療社

広沢郁子（2008）．学童期と思春期の統合失調症　中根晃・牛島定信・村瀬嘉代子（編）詳解こどもと思春期の精神医学（pp.452-458）　金剛出版

生野照子（2013）．心療内科の立場から　鍋田恭孝（編）摂食障害の最新治療——どのように理解しどのように治療すべきか——（pp.67-84）　金剛出版

石川俊男・星明孝（2013）．心身症の診断　久保千春（編）新しい診断と治療の ABC78／精神 8　心身症（pp. 44-56）　最新医学社

松本俊彦（2014）．自分の体を傷つける——自傷行為——　児童心理, *68*(3), 75-80.

宮本信也（2010）．身体表現性障害・摂食障害と心身症　宮本信也・生田憲正（編）子どもの心の診療シリーズ 3　子どもの身体表現性障害と摂食障害（pp.2-13）　中山書店

鍋田恭孝（2014）．不安を伴うこだわりについて——強迫性障害——　児童心理, *68*(3), 81-86.

日本心身医学会教育研修委員会（1991）．心身医学の新しい診察指針　心身医学, *31*(7), 537-573.

日本小児心身医学会（2015）．小児心身医学会ガイドライン集　改訂第 2 版——日常診察に活かす 5 つのガイドライン——　南江堂

西園マーハ文（2010）．摂食障害のセルフヘルプ援助——患者の力を生かすアプローチ——　医学書院

西園マーハ文（2018）．摂食障害　尾崎紀夫・三村將・水野雅文・村井俊哉（編）標準精神医学　第 7 版（pp.393-402）　医学書院

齋藤万比古（2015）．子どもの精神科臨床　星和書店

清水將之（2010）．子どもの精神医学ハンドブック　第 2 版　日本評論社

塩入俊樹（2018）．神経症性障害（不安症・強迫症・解離症・身体症状症）尾崎紀夫・三村將・水野雅文・村井俊哉（編）標準精神医学　第 7 版（pp.243-277）　医学書院

田中英高（2010）．小児の自律神経失調症　宮本信也・生田憲正（編）子どもの心の診療シリーズ 3　子どもの身体表現性障害と摂食障害（pp.160-173）　中山書店

十一元三（2014）．子供と大人のメンタルヘルスがわかる本　精神と行動の異変を理解するためのポイント40　講談社

World Health Organization （1992）. *The ICD-10 classification of mental and behavioral disorders-clinical descriptions and diagnostic guidelines.* WHO.（融道男・中根允文・小見山実（監訳）（1993）．ICD-10精神および行動の障害——臨床記述と診断ガイドライン——　医学書院）

コラム⑤
ひきこもりと8050問題

　1968年の平均初婚年齢は，男性が27.2歳，女性が24.4歳でした（内閣府，2005）。結婚後1〜2年ほどで子どもを授かったとすると，いま両親は約80歳，子どもは約50歳となります。これが「8050」の意味です。もしも，子どもがひきこもりであるとすると「8050問題」となります。ひきこもりとは，家族以外の他者とコミュニケーションを取らず，おおむね6か月以上にわたって自宅から出ない状態を指します。

　ひきこもりの場合の「8050」は，いったいなぜ「問題」となるのでしょうか。問題となる要因は次に挙げるように複数あります。第一に，親と子の老化という身体的な要因です。通常の老々介護とは逆で「老いた親が老いた子の面倒を見ることの困難さ」があります。第二に，経済的な要因です。ひきこもりの子どもの圧倒的多数が貯蓄がないため，親と子が「親の貯金・退職金と年金だけで生活しなければならないという困難さ」があります。第三が重要なのですが，第一の要因と第二の要因が複合化された心理的な要因です。「自分たちが死んだ後，この子はどうなるのかという困難さ」，「親が死んだ後，自分はどうなるのかという困難さ」です。

　80歳というのは人生の大きな節目です。親はその時自分の貯蓄と命が見えて焦りが生じます。しかも親の目から

見ても，わが子は「白髪交じりの中高年」です。親はそんな子どもに今まで堪えてきた感情を吐き出しながら「これから先をどうするか」と急に詰問します。子どもは親の言うことを薄々わかっていたはずです。それでも，改まって親から明確に突き付けられれば動揺します。しかも，子どもも親を見返してみれば，そこには元気はつらつとしていた中高年の両親の姿はなく，高齢者になっていることに気づき不安が高まります。親子間で非常に激しい緊張・葛藤状態が生じ，「今まで放っておきながら，急に何を言い出すのか」と激怒する子どももいます。

　子どもの中には不登校から始まり，10年間，20年間，30年間，中には40年間もひきこもってきた人もいます。ひきこもりの人の中には家庭教育・学校教育・社会人教育を受けていない人も多くいるのです。そのため，親から唐突に「これから先をどうするか」と問われても，外に出て働くことができず，子どもは怒るか嘆くことしかできないのです。

　誤解のないように言い添えますが，不登校の子ども全員がひきこもりになるわけではありません。不登校を経験した人でも学校に復帰し，ひきこもりを経験した人でも就職をして働いている人も多くいます。ただし，ひきこもりのきっかけは「不登校・退学」と「退職」が上位に挙がります（内閣府，2019）。

これに対して80歳という世代の親は同じことを言います。「学校に行くのは当たり前」と「仕事なんかいくらでもある」です。この考えがひきこもりの子とその親の軋轢の源かもしれません。

心理学には大きく分けて2つの視点があります。一つは，臨床心理学等のように個人の心に寄り添い，個人に介入する視点です。もう一つは，コミュニティ心理学等のように個人の心を容れる器としての「学校」や「職場」や「社会」の環境にも目を向け，環境に介入する視点です。

不登校の環境に目を向けてみましょう。日本にスクールカウンセラーが導入された主な理由は「不登校の解消」です。しかし，1995年に導入されてから約25年経過した現在でも，不登校の児童・生徒は減少することがありません。1995年に当時15歳だった子どもは，現在は40歳を過ぎています。全ての中学校の全ての学級に1〜2名は不登校の生徒がいる勘定だとすると，「学校に行くのは当たり前」とは言い切れません。

続いて，ひきこもりの環境に目を向けてみましょう。「就職氷河期」という言葉を聞いたことがある人も多いと思います。「バブル経済」がはじけた後の1993〜2005年頃まで，新規卒業者の多くが非正規雇用に就かざるを得ない状況が生じました。1993年に大学卒業を迎えた当時22歳だった若者は，現在は49歳を過ぎています。その人たちの中には，現在でも，パートやアルバイトや派遣社員等の非正規雇用として働く人が多くいます。「仕事なんかいくらでもある」とは，やはり言い切れません。

子どもや若者自身にはいかんともしがたい環境の要因を無視して，「根性」や「甘え」等の精神論を振りかざすだけでは，不登校やひきこもりの克服は見込めません。

また，「あの家のお子さん，学校に行っていないんだって（ひきこもっているのね）」等の偏見という環境からの負の圧力は事態を悪化させます。不登校やひきこもりで悩んでいる家の中で起きていることは親子のコミュニケーションの問題です。コミュニケーションのことを「社会関係資本」と言いますが，お金や物といった物理的な資本よりも大切と言えます。不登校やひきこもりの人のいる家庭は地域から孤立して，息をひそめて暮らしています。「大丈夫ですか。思いつめていませんか。一緒に考えましょう」と手を差し伸べ，社会関係資本を豊かにすることが大切です。

引用文献

内閣府（2005）．5. 平均初婚年齢　平成16年版　少子化社会白書（全体版）Retrieved from https：//www8.cao.go.jp/shoushi/shoushika/whitepaper/measures/w-2004/html_h/html/g3350000.html（2020年4月22日）

内閣府（2019）．Ⅲ　調査の結果　生活状況に関する調査報告書　Retrieved from https：//www8.cao.go.jp/youth/kenkyu/life/h30/pdf/s3.pdf（2020年4月22日）

第Ⅲ部

児童・生徒を支援するための具体的な方法
——日常生活で心理学を活用する——

第14章

支援に携わる者の構え

【ポイント】
　第14章の学びのポイントは以下の３点です。
①カウンセリングの目標の一つである自己実現について理解しましょう。
②傾聴や受容・共感的理解といったカウンセラーの基本的な態度を理解し，支援者としての在り方について考えましょう。
③支援にあたる者の構えを理解しましょう。

1　カウンセリングの基本

　誰にでも悩みは生じます。そのような時，みなさんはどのようにして，悩みに対処するのでしょうか。自分の努力で解決できることもありますが，家族，友人，同僚などの力を借りることも重要です。また，風邪をひいた時に病院を受診し医者に診てもらうように，心の問題も‘心の専門家’に相談することが必要な時もあります。

　現在，日本には公認心理師，臨床心理士，臨床発達心理士などの資格を持った‘心の専門家’がいて，学校現場ではスクールカウンセラーや相談員として子ども，保護者，教職員の支援を行っています。また，指導の専門家である教員にもカウンセリングマインドが求められるようになりました。そこで，本章では教職員や保護者といった子どもの成長を支援する人たち（以下，支援者）に求められる姿勢や態度を，心の専門家（以下，カウンセラー）が行うカウンセリングから学んでいきましょう。

1　自己実現

　カウンセラーが行う支援の一つにカウンセリング（心理療法）があり，これには精神分析（精神分析的心理療法），クライエント中心療法，認知行動療法な

どさまざまな立場があります。ここでは，傾聴，受容や共感的理解が中核にあるクライエント中心療法からカウンセリングの目標を説明します。

　クライエント中心療法では，カウンセリングを今，起きている問題の悪化を防いだり改善させたりするだけでなく，人間としての成長をもたらすものと捉え，これをカウンセリングの目標と位置づけています（佐治・岡村・保坂，2007）。この人間としての成長を自己実現や実現傾向と呼びますが，クライエントには潜在的な可能性があり，望ましい状況が整えば，健康的な力を発揮することができるということを意味します。つまり，カウンセリングとは一方的に何かを「してあげる」のではなく，クライエントがもっている力を信じ，その力を発揮できるよう援助することと捉えられるのです。

　この考え方を学校という場面に応用してみましょう。たとえば，学校を休みがちな子どもに対して，支援者が「あの子は学校に来ない（行けない）」と考えてしまうことがありますが，これは子どもの持っている可能性を否定していることになります。その子どもが，現在の学校の枠組みでは力を発揮できないのであれば，力を発揮できる方法を柔軟に考えるというのも支援の一つです。たとえば，朝から学校に行けないのであれば放課後に登校する，教室に行きたくないのであれば保健室や相談室などを利用する，学校自体に行くことができないのであれば適応指導教室やフリースクールを活用するということです。このように子どもが持っている可能性を信じ，どのようにしたら力を発揮できるのかを模索し，そのための状況を検討することも支援者に求められることなのです。一方で，可能性を信じることが過度な期待になると，子どもを苦しめることにつながります。子ども自身がもっている力を発揮するための具体的な状況設定に関しては，ヴィゴツキーの最近接領域や行動療法（村上，2013）を参考にするとよいでしょう。

2　カウンセリングにおいて話を聴くということ

　カウンセリングにおいて話を聴くということはクライエントを理解するための重要な方法です。まず，話を聴くというと，クライエントがどのような話をしているのかを聴いているだけと捉えられるかもしれませんが，カウンセラー

は話の内容を聴きながら，表情や顔色，視線，目の動き，身振り手振り，姿勢，身なり（服装，髪型，化粧の仕方など），間合い，言葉遣い，声の大きさやトーン，抑揚，匂いなど，クライエントが醸し出すたくさんの情報を感じ取っています。そして，たくさんの情報からクライエントはどのような人か，何を訴えようとしているのか，またそれによってどのような感情が引き起こされているのかを理解しようとしているのです。このようなクライエントを積極的に理解しようとする働きかけを傾聴といいます（佐治・岡村・保坂，2007）。

　たとえば，初めて相談に来たクライエントは「この人は信頼できる人なのだろうか」「この人に話すことで悩みは解決できるのだろうか」「この人に話すことで秘密が漏れることはないだろうか」のように相談内容とは別の不安を抱えていることがあります。また，まるで何を話すかを決め練習してきたかのように話をする人もいます。カウンセラーはこういった気持ちをさまざまな情報から察し，クライエントが安心・安全を感じながら，自分の話ができるように配慮する必要があるのです。

　一方で，話を聴く回数が増えると‘いつもと同じこと’と‘いつもと違うこと’に気がつく時があります。‘いつもと同じこと’には行動パターン（例：いつも5分遅れてくる），口癖，服装などがあります。また，‘いつもと違うこと’は「顔色が良い」や「髪型が違う」といった目で見てわかる情報もありますが，たとえば，普段は仕事帰りに相談に来る保護者が休みを取って来た場合，疲れた様子や雰囲気がなく，気持ちに余裕が感じられることがあります。こういった違いを感じ取ることによって，疲れている時とそうでない時，家ではどのように子どもと接しているのだろうかと想像するのです。

　子どもの場合は，‘元気がない’‘落ち着きがない’‘あまりしゃべらない’‘食事が進まない’などといったことで‘いつもと違うこと’を知ることができます。人間にはさまざまな側面がありますので，‘いつもと同じこと’と‘いつもと違うこと’を良い悪いで判断するのではなく，支援者としては，子どもを理解しようと心がけ，発信されている情報に気づくことが大切です。そして，「今日は元気がないのかな」，「いつもより表情が明るいように感じるよ。何か良いことがあったのかな」など，気づいたことを言葉にすることによって，気にか

表14-1　建設的なパーソナリティ変化が起きるための6条件

第1条件	2人の人が心理的な接触を持っていること
第2条件	クライエントは，不一致の状態にあり，傷つきやすく，不安な状態にあること
第3条件	カウンセラーは，この関係のなかで一致しており，統合していること
第4条件	カウンセラーはクライエントに対して無条件の肯定的配慮を経験していること
第5条件	カウンセラーはクライエントの内的照合枠を共感的に理解しており，この経験をクライエントに伝えようと努めていること
第6条件	カウンセラーは共感的理解と無条件の肯定的配慮が必要最低限，クライエントに伝わっていること

出所：Rogers, 1957, p. 267；佐治・岡村・保坂，2007，pp. 41-48をもとに筆者作成。

けてくれている人がいることを伝えることができるのです。

　なお，相談に来たクライエントの話題と関連する自分の体験談を話される支援者が稀にいます。これは話を聴くことにはあたらないので気をつけなければなりません。

2　カウンセラーの基本的な態度とカウンセリングマインド

1　カウンセラーの基本的な態度——自己一致，受容，共感的理解

　クライエント中心療法を確立したロジャーズは，クライエントが成熟した行動を獲得し，効果的な生き方へと変化することを「建設的なパーソナリティ変化」とし，それが起こるための6つの条件をまとめました（Rogers, 1957；表14-1）。中でも第3条件，第4条件，第5条件の3つは「カウンセラーの基本的態度」と呼ばれることがあります。ここから，支援者に求められる態度について考えていきましょう。

　まず，第1条件はクライエントとカウンセラーという2人の異なる人間が存在し，その存在をお互いが感じている，つまり，心理的に接触しているということを意味しています。また，第2条件はクライエントについての説明で，たとえば，完璧でありたい自分とそうではない現実のように自己像と現実の体験とに不一致が生じ，傷ついたり，不安になったりしている状態にあることを意味しています。

　第3条件はカウンセラーについての説明で自己一致や純粋性と呼ばれます。第2条件に記されている通り，クライエントは不一致の状態にありますが，カウンセラーは自己一致していること，つまり，カウンセリングの中で現実に経験していることに気づき，嘘偽りのないありのままの姿，つまり，誠実さと率直さ，素直さでいることが求められます（清水，2011）。たとえば，威厳を見せようと振る舞ったとしたら，これに反することになります。また，クライエントの話を聴いているうちに，自分とは異なる価値観や考え方に触れ，それらに対して否定したい気持ちが出てくることがあります。そのような時でも，カウンセラーは自分の中にこのような気持ちが生じたことに気づくことが大切なのです。

　第4条件は受容や無条件の肯定的配慮と呼ばれます。受容とはカウンセラーが「クライエントを一人の価値ある人間としてまるごと受け取ること」であり，そのための条件が存在しないことを意味します（佐治・岡村・保坂，2007）。つまり，'成績が良いから''真面目だから''指導しやすいから''こういう時は良く，こういう時は悪い'といった条件がなく，たとえ，クライエントが否定的な感情をぶつけてきたとしても，一人の尊厳ある人間として受けとめるのです。

　第5条件は共感的理解と呼ばれます。これはクライエントの話を自分のことのように感じつつも，「あたかも……かのように（as if）」という感覚を見失わずにいることです（Rogers, 1957）。この「あたかも……かのように（as if）」とは，クライエントの話を自分が経験したことのように感じてはいるが，決して自分の経験と混同しないということです。たとえば，いじめに遭った子どもの話を聴いているうちに，カウンセラーの中にも加害者への怒りが湧いてくることがあります。この場合，クライエントの話をあたかも自分のことのように感じていたら，共感的に理解しているといえるでしょう。しかし，カウンセラー自身が，かつて，いじめの被害に遭ったことがあり，クライエントの話を聴いたことによって，その時の自分の感情が思い出され，怒りを表出してしまったら，共感的理解とはいえません。実際に，クライエントの話を聴いていると，さまざまな感情が湧いてきます。その時，自分の気持ちを否定したり，蓋をす

る必要はありません。第3条件の自己一致にある通り，気づくことが重要なのです。そして，気づくことができるからこそ，自分の体験と混同せずにいられるのです。

　第6条件はカウンセラーの態度や言動からクライエントが「このカウンセラーは，私を一人の価値ある人間として受け容れてくれている（受容）」「このカウンセラーは私のことを理解してくれている（共感的理解）」ということが伝わっていることの必要性を記しています。先に記した「気づいたことを言葉にすることによって，気にかけてくれている人がいることを伝えることができる」とは，まさにこのことなのです。

　先にも記した通り，第3条件，第4条件，第5条件は特にカウンセリングの中で重視されています。その理由として，カウンセラーが自らの感情に気づくことにより，クライエント自身も自らの感情に気づくことができるようになり，また，カウンセラーの受容によりクライエントは自己評価の高まりを経験し自己実現に向けて歩みを進めることができ，さらに，カウンセラーが，クライエントが体験していることを共感的に理解しようとすることでクライエント自身も自己理解が深まると考えるからです（勝見，2002）。そして，このような態度や姿勢によって支えられる「関係そのもの」がクライエントが成熟した行動を獲得し，効果的な生き方へと変化することに影響を与えるともいえるでしょう（諸富，2016）。

　これらはクライエント中心療法の中核となる考え方ですが，認知行動療法においても受容や共感的理解の重要性が説明されています（Beck, Rush, Shaw & Emery, 1979）。したがって，カウンセラー全般に求められる態度といえるでしょう。

2　教育相談とカウンセリングマインド

　教育相談とは，臨床心理学，発達心理学，学校心理学などの理論と実践に基づき，児童生徒それぞれの発達に即して行われる，人間関係の形成，生活への適応，自己理解の深化，人格の成長への援助を指します（文部科学省，2010）。実際の学校現場では教員による管理や指導である生活指導の一環として位置づ

けられ，問題を起こした子どもへの指導に際しても，そのような行為に至った
気持ちを理解しようとする態度が求められるのです。たとえば，同級生に嫌が
らせをした生徒に対しては，それはいじめに相当する絶対にやってはならない
行為だと指導する一方で，その背景には家庭での両親の不和があり，安心・安
全を感じられる場所がなかったり，やるせない気持ちや他の生徒をうらやむ気
持ちがあることを汲む必要があります。このように，教育相談という視点では，
一人の価値ある人間として受けとめ，この生徒が体験していることを共感的に
理解する態度，つまり，カウンセラーのような態度・姿勢が求められるのです
（坪井，2009）。

　しかし，教員はあくまでも指導の専門家です。本章の最初に記した通り，現
在の学校にはスクールカウンセラーといった心の専門家がいます。カウンセラ
ーのような態度を理解しつつも，カウンセラーとしての実際の仕事はカウンセ
ラーに任せるといった協働や連携が重要になってくるのです。

3 支援者に求められる資質

1 自己理解

　カウンセラーという支援を行う側に立つと，クライエントも同じようにカウ
ンセラーが発する情報を受け取っているということを忘れてしまうことがあり
ます。そのようなことがないように，カウンセラーは自分が発信している情報
にも注意を向ける必要があります。それはカウンセリングの中での言動だけで
なく，目で見てわかる情報にも気を配る必要があります。たとえば，場にそぐ
わない服装や華美な装飾などはクライエントに嫌悪感を与えることがあります。
つまり，自分の存在や言動がクライエントにどのように映り，影響しているの
かを理解しようと心がけることが重要です。

　これに関して，健康を維持するということも重要なことです。クライエント
はカウンセラーのところに自分の悩みや問題の相談にやってきます。その時，
目の前にいるカウンセラーが，具合が悪そうにしていたら「大丈夫ですか」と

心配をしてしまうかもしれないし，話をすることを遠慮してしまうかもしれません。また，カウンセラー自身も十分に話を聴くことができていないと感じるかもしれません。

　さらに，教員やカウンセラーなどの対人援助職はバーンアウト（燃え尽き症候群）になる可能性が高い職種です。バーンアウトは人間関係のこじれや崩壊，孤立化などにより，心身の不調を感じるようになり，精神疾患になったり，場合によっては自死などに至ることもあります（新井，2011）。そのため，支援者はこのような事態にならないためにも，自らの健康管理に留意し，自分の気持ちに気づくことが重要なのです。

2　専門性の向上

　カウンセラーは自分の専門性について，常に資質向上に努め，「専門的知識及び技術，最新の研究内容及びその成果並びに職業倫理的問題について研鑽を怠らないよう」にしなくてはなりません（日本臨床心理士会，2009）。資質向上の責務に関しては公認心理師法第43条にも明記されています。

　また，子どもたちを取り巻く社会の状況は変化，多様化しています。たとえば，特別支援教育の在り方は一定の方向性は示されていますが，実際の運用は，年度や自治体によって異なります。また，英語学習やICT教育もその例でしょう。さらに，法律が社会状況に応じて作られたり，改正されたりしています（例：義務教育の段階における普通教育に相当する教育の機会の確保等に関する法律（教育機会確保法））。つまり，支援にあたる者は自らの専門性の研鑽に加え，社会の変化や多様化に敏感になり，より良い支援を提供できるよう，日々，努めなければならないのです。

3　心理教育的援助サービスから理解する支援の視点

　これまでクライエント中心療法を基に，カウンセラーの態度や姿勢について学んできましたが，ここでは学校心理学という学問から子どもへの支援について考えていきます。

　学校心理学とは，一人一人の子どもが学校生活を送る上で出会う課題や問題

の解決を援助し，子どもの成長を促進することを目指した学問であり，心理教育的援助サービスを提唱しています（石隈，1999；学校心理士資格認定委員会，2012）。この心理教育的援助サービスは全ての子どもを支援の対象と捉えます。心理的な支援や援助といった場合，すでに問題が起きている子どもに目が向きがちですが，たとえば，卒業後の進路のように子どもたち全員が直面する，発達段階によって生じる課題の解決も支援の対象となります。また，昨今では，携帯電話やソーシャル・ネットワーキング・サービス（SNS）の利用の仕方のように社会的な問題に巻き込まれないように身につけなければならないことを教えることも支援の一つです。つまり，支援者は子どもたちの発達段階を考慮し，全ての子どもが支援の対象であるという認識をもつことが重要になるのです。

4 支援の実践例

1 「お腹が痛い」といって相談に来た子どもへの対応

　学校の相談室にはさまざまな子どもが訪れます。遊びに来る子，友だちについてきた子，もちろん，話（相談）に来る子もいます。その内容は，友だち，教員，保護者，自分のことなどさまざまです。その中でも，「お腹が痛い」という相談に来る子もいます。「お腹が痛い」のであれば，保健室に行った方がよいのではないかと考えるかもしれませんが，あえて相談室に来てその話をしてくれたのであれば，まずはそのことを受け容れる必要があります。そして，その「お腹が痛い」が'何か'をその子どもが発信する情報全てから理解しようとするのです。お腹が痛くて苦痛の表情を浮かべているのであれば，トイレや保健室に行くことを勧めます。しかし，「お腹が痛い」はもしかすると話のきっかけであって，ここから友だちや保護者の話に発展することもあります。場合によっては，前日に保護者に蹴られお腹が痛いといった虐待に関わる話かもしれません。したがって，支援者は言葉を字面通りに受け取るのではなく，子どもが発する全ての情報から何を伝えようとしているのかを察し，受け取ら

なければならないのです。

2 '心'を扱っているということを忘れないこと

　支援にあたっていると，クライエントとカウンセラーの間に考え方の違いが生じることがあります。たとえば，支援者としては，子どもの学習状況を見て特別支援教育を受けた方が良いと考えていますが，保護者としては必要ないと感じているといったことが挙げられます。このような時，保護者の気持ちを無視して特別支援教育を推し進めることはできません。また，無理強いをした場合，保護者との関係が壊れ，結果として子どもへの支援ができなくなってしまうことがあります。

　このような時は，保護者がなぜ支援を必要としないと考えているのか，その背景にはどのような想いがあるのか，また特別支援教育に対してどのような価値観をもっているのかを聴き，それらを受けとめる必要があります。その上で，子どもの状況や特別支援教育について理解してもらい，つなげていくための地道な関わりを続けていくのです。

　また，クライエント自身も頭の中では「こうした方が良い」と認知的に理解していても，気持ちがついていかないということがあります。カウンセラーはこういった気持ちをそのまま受容すること，そして，このような場合，自分自身の中にも無力感が生じる可能性があることをそのまま受けとめ，自らの健康管理に留意する必要があるのです。

　加えて，保護者や教員，カウンセラーが子どもへの支援について相談をしている時，当事者である子ども自身の心が置き去りにされることがあります。支援に際しては，子どもがそのことに関してどう感じているのか，また，どうしたいと思っているのかにもしっかりと耳を傾ける必要があるのです。

🗍 さらに学びたい人のために

○佐治守夫・岡村達也・保坂亨（2007）．カウンセリングを学ぶ──理論・体験・実習──　第2版　東京大学出版会
○学校心理士資格認定委員会（編）（2012）．学校心理学ガイドブック　第3版　風

間書房

引用文献

新井肇（2011）．バーンアウトする教師たち──教職に特有の悩みやストレス──　春日井
　　敏之・伊藤美奈子（編）　よくわかる教育相談（pp.106 - 107）　ミネルヴァ書房

Beck, A. T., Rush, A. J., Shaw, B. F., & Emery, G. (1979). *Cognitive therapy of depression*. Guilford Press.（坂野雄二（監訳）（1992）．うつ病の認知療法　岩崎学術出版社）

学校心理士資格認定委員会（編）（2012）．学校心理学ガイドブック　第3版　風間書房

石隈利紀（1999）．学校心理学──教師・スクールカウンセラー・保護者のチームによる心
　　理教育的援助サービス──　誠信書房

勝見吉彰（2002）．カウンセリングの理論と実際　一丸藤太郎・菅野信夫（編著）学校教育
　　相談（pp.17-30）　ミネルヴァ書房

諸富祥彦（2016）．クライエント中心療法　石隈利紀・大野精一・小野瀬雅人・東原文子・
　　松本真理子・山谷敬三郎・福沢周亮　学校心理学ハンドブック──「チーム」学校の充
　　実をめざして──　第2版（pp.130-131）　教育出版

村上香奈（2013）．学習心理学の臨床心理学的応用　山崎浩一（編著）　とても基本的な学習
　　心理学（pp.261-278）　おうふう

文部科学省（2010）．生徒指導提要

日本臨床心理士会（2009）．一般社団法人日本臨床心理士会倫理綱領

Rogers, C. R. (1957). The necessary and sufficient conditions of therapeutic personality change. *Journal of Consulting Psychology, 21*, 95-103.（H. カーシェンバウム・V. L.
　　ヘンダーソン（編）伊藤博・村山正治（監訳）（2001）．ロジャーズ選集（上）──カ
　　ウンセラーなら一度は読んでおきたい厳選33論文──　誠信書房）

佐治守夫・岡村達也・保坂亨（2007）．カウンセリングを学ぶ──理論・体験・実習──
　　第2版　東京大学出版会

清水幹夫（2011）．傾聴の技術1 傾聴の意義　諸富祥彦（編）人生にいかすカウンセリング──
　　自分を見つめる人とつながる──（pp.31-45）有斐閣

坪井さとみ（2009）．かかわりの援助　谷口明子（編著）子どもの育ちを支える教育心理学
　　入門（pp. 203-219）　角川学芸出版

コラム⑥
スクールカウンセラーの実際

スクールカウンセラーとは

　スクールカウンセラー（SC）は，学校の中にいる「こころの専門家」であり，子どもや保護者にとっては，最も身近な心理職であるといえます。ここでは，SC として出会う「リストカットをする生徒」と「非行傾向のある生徒」について取り上げます。なお事例には，プライバシーの保護のため解釈に支障のない範囲で変更を加えています。

リストカットをする生徒

事例：A子の場合

　A子はおとなしく，自己主張が少ない高1の女子でした。自傷行為を見つけた教員が，A子の了承を得て SC につなげました。面接当初，A子はリストカットについて語ろうとせず，SC が「リストカットのこと，先生から聞いたよ」と伝えると，頷くのみでした。SC は，A子が好きだというアニメの話題を取り上げながら，まずは安心できる関係性を築くことを目指しました。また，養護教諭や担任と共に，A子が学校で安心して過ごせる方法を考えました。やがてA子は，SC がいない日に不安定になると保健室で養護教諭と話をするようになりました。SC との面接では日常生活で感じている大変さを話すようになり，やがてリストカットの背景にある感情についても話せるようになっていきました。

　学校で SC として勤務していると，A子のようなリストカットをする生徒に出会うことがあります。こうした生徒に対する「対応マニュアル」も参考にはなりますが，筆者は，生徒が何を伝えようとしているのかに向き合い，考え続けることが大切であると感じています。彼らは通常，気持ちを言葉にするまでに時間がかかります。そのため，こちらも粘り強く待つ必要があります。また，彼らは関係性や空気感に敏感で，こちらが「何を言うか」よりも「どのような姿勢でいるのか」を肌で感じ取っているようです。過去に自傷行為が見られた生徒から，「周りの人に，『自傷って，つらいアピールなんでしょ？』って言われるのがつらかった。それを言われると何も言えなくなる。何を話しても無駄って思う」と率直な気持ちを教えてもらったことがあります。自傷行為への対応については，その行為を私たちの価値基準で判断することよりも，その子にとって安心して話ができる関係を築いていくことの方が，はるかに重要です。

非行傾向のある生徒

事例：B男の場合

　B男は中学2年生で，器物破損，教師への暴言・暴力，授業のエスケープを頻発しており，生徒指導の常連でした。校内で偶然 SC が声をかけ雑談し

たことから，B男がカウンセリングを希望しました。生育歴を聴取する中で，B男が過去に虐待を受けていたことがわかりました。また，トラブルが起きた前後の様子を詳しく聴取すると，教員に厳しく叱られたB男がパニックになり，問題行動につながっていました。SCは関係機関と連携し現実的な対処をしながら，B男にパニックが見られた際に落ち着かせる方法を教員に伝え，実践するよう依頼しました。その後，B男がパニックを起こした際には，教員はまず落ち着かせる方法を実践し，B男の問題行動は収束していきました。B男は学校で穏やかに過ごすことが増え，SCとの面接では大人への不信や不安を語るようになりました。

　SCとして，B男のような非行傾向がある生徒に出会うこともあります。彼らは，授業中に教室を抜け出していたり（エスケープ），生徒指導の常連であったりします。筆者は学校でエスケープしている子を見つけたら「どうしたの」と声を掛けます。一般に学校では，非行の対応は生徒指導が担うものと考えられており，彼らも自発的にはSCにつながらないので，こうした瞬間はSCが関わりをもてる絶好の機会です。実際，彼らは背景に，家庭，学習，情緒の問題を抱えていることが多く，これらの問題に取り組む際にSCの介入は役に立ちます。また彼らは，大人と距離をとり，仲間といることで思春期の不安を乗り越えようとしています。仲間だけでなく，大人とも安心できる関係性を作れるように支援する必要があります。大人が彼らと関わる際には，大人から彼らに対し率直に愛情（関心）を伝える必要があります。これを甘やかしと混同されることがありますが，大人として，かつ専門家として彼らに愛情を伝え情緒的な甘えを許すことと，問題行動を許すことは違います。彼らに関心を向け，情緒的な甘えを許す一方で，社会的にダメなものはダメと毅然とした態度をとります。こうしたメリハリをつけた関わりは，彼らの安心感を高めます。

　ある非行傾向のある生徒は，生育歴の中で深刻なトラウマを抱えていましたが，問題行動が前景にあり，抱えている大変さを周囲に理解されずにいました。面接を重ね関係性が安定してきた頃，筆者が「君の派手な行動の後ろに，底なしの寂しさがあるように感じるよ」と伝えると，その子は一拍置いてから「寂しさなんて，感じないようにすればいい。考えだすと結局，死ぬしかないから」と，さらりと答えました。彼らの問題行動の背景にある，深い孤独に触れた瞬間でした。

スクールカウンセラーの醍醐味

　筆者は，さまざまな背景をもった子どもに出会うことがSCの難しさであり，醍醐味でもあると考えています。彼らは関わりの中で，私たちに何かを伝えようとしており，面接が終結（あるいは中断）した後にも心の中に生き続け，多くのことを教えてくれます。そうした子どもたちの声に耳を傾け続けていくことが，SCとして，また心理職としての基本姿勢であると感じています。

第15章
日常生活で使える心理学的支援

【ポイント】

　第15章の学びのポイントは以下の2点です。

①ソリューション・フォーカスト・アプローチから，問題（過去）ではなく解決（未来），できていないことではなく，できていることに目を向け，自分の描いた将来を手に入れるという考え方を理解しましょう。

②ソリューション・フォーカスト・アプローチを用いて，自己理解を深めましょう。

1　ソリューション・フォーカスト・アプローチとは何か

　私たちは問題が起きた時，つい，その原因探しをしてしまいます。たとえば，子どもが1週間，学校を休んだ場合，'学校で何か嫌なことがあったのか''いじめがあるのではないか''勉強についていけないのか''家庭や親子関係に問題があるのではないか'など，原因となるようなさまざまなことに思いを巡らし，子どもが1週間学校を休むことに至った，自分の中で理解しやすい答えを探し出そうとするのです。その答えは的外れでない場合もありますが，原因帰属が間違っていたり，さまざまな要因が複雑に絡みあったりして明確に答えを導き出せないこともあります。そして，このような原因探しの結果，最終的に行きつくのは，子どもや保護者，場合によっては教員に対する否定的，批判的な言葉や視線です。これは他者から向けられることもあれば，自分自身を責める形で見られることもあります。学校に行くことがベストだとは言いませんが，他の子どもたちが問題なく通っている学校に行かないということは本人の意思にかかわらず，子ども自身の心に影響を与えます。そのような時，子どもの一番の理解者であってほしい保護者や，学校と子どもをつなぐ役割を担っている教員が原因探しの結果，精神的にダメージを受け，その力を発揮できなくなっ

たとしたら，それは子どもにとって，さらなる負の影響を及ぼします。だからこそ，問題が起きた時は，原因探しではなく，子どもの将来を見据えて，今，何ができるのかを考えてもらいたいのです。

このような考え方のヒントをソリューション・フォーカス・アプローチ (Solution Focused Approach：SFA) が教えてくれます。SFA とは短期療法の一つで，問題が解決した状態（以下，解決像または将来）をイメージすることが解決の第一歩だと考えます (DeJong & Berg, 1997；森・黒沢，2002)。また，できていないことではなく，できていることに目を向け，解決像に近づくために今，何ができるのかを考えます。そのため，SFA は他の心理療法に比べると，考え方が肯定的になる，気持ちが前向きになる，自尊心が向上する，目標に向けての行動ができるようになるといった効果が見られるといわれています（鈴木・皆川，2008；伊藤，2007；Grant，2012)。

過去や問題を振り返り，そこから同じ過ちを繰り返さないよう学習をすることは必要なことです。しかし，その結果，自分を否定し続け，精神的に落ち込んで身動きがとれなくなってしまうのだとしたら，将来に向けて何ができるかを考えた方がよいのではないでしょうか。ここでは SFA を通して，過去や問題に囚われている視点を解決像または将来に向け，自分を認め，将来に向けて行動する力を，自分のためにも，周囲の人のためにも身につけていただきたいと思います。

2 解決に向かうための質問とコンプリメント

ここでは，第 1 節で述べた目的のため，SFA で用いられる質問とコンプリメント（褒める，労う）について説明をします。なお，SFA は心理療法であるため SFA 自体の説明をする際にはカウンセラーやクライエントという表現を用いますが，具体的な例では子ども（児童生徒），保護者，教員といった表現を用います。

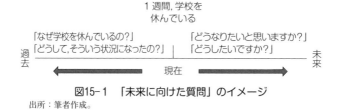

図15-1　「未来に向けた質問」のイメージ

出所：筆者作成。

1　未来に向けた質問

　たとえば，'1週間，学校を休んでいる'という状況において，「なぜ，学校を休んでいるの？」や「どうして，そういう状況になったの？」のように，そのような状況になった経緯（原因や理由）を探るといった過去に向かった質問をするのではなく，「どうなりたいと思いますか？」や「どうしたいですか？」などと質問をし，未来へと考えや気持ちを切り替えてもらうものです。これにより，「(学校には行きたくないけど）勉強はしたい」や「友だちと遊びたい」のように，本人が'どうしたいのか'が見えてくるのです（図15-1）。

　実際に，このような質問を投げかけると，子どもはどのように答えたら良いのかがわからず戸惑うことがあります。また，'どうしたいのか'ではなく，「学校には行った方がいいと思う」のように，'どうするべきなのか'を答えてしまうこともあります。そのような時，周囲の大人は，自分の考えをまるで子どもの考えのように口を挟むのではなく，子ども自身が答えを出すまでじっくりと見守る姿勢が大切になります。

2　例外探しの質問

　これは問題が起こりそうな状況で，実際には起こらなかった時に注目し，その時の状況や条件など，すでに起きている解決の一部をたずねる質問です。SFAではこのような「すでに起きている解決の一部」を「例外」と呼びます（栗原，2011）。

　1学期の間，学校に行ったり，行かなかったりするという状況があった場合，学校に行かなかった日ではなく，学校に行った日に目を向けます。たとえば，

学校に行かなった日に目を向けた場合，体育のある日や授業中に発表がある日は休みが多く，この子は体育や発表が苦手で嫌なことを避ける傾向がある，といった本人を否定する答えを導き出すことにつながります。

　しかし，学校に行った日に注目することで，まずは学校に行くことができている日もあるという成功体験に目が向けられ，すでに行ける日があるのだから（これを例外と呼びます），その日を少しずつ増やしていけばよいという発想に切り替わります。そして，その学校に行くことを可能にする要因を見つけていくのです。

　たとえば，授業が午前のみの日や短縮時程の日は行くことができるということがわかれば，午前のみ登校するという目標を作ることができます。また，保護者と一緒なら登校できるのであれば，それを続けてもらうように打診するのです。このように例外探しの質問は，成功体験に目を向け，それを実現させるための要因を見つけ，その要因を基に解決に向けた目標を作っていくために効果的なのです（伊藤，2009）。

3　コーピング・クエスチョン

　コーピング・クエスチョンとは，困難な状況においても現在に至ることができたのは，どのような対処（コーピング）をしたからなのかを尋ね，その人がもっているリソース（資源）を知ってもらう質問です。心理臨床では，その人がもっている利用可能なものという意味で，リソース（資源）という言葉がよく使われますが，SFAでは特に重視され，解決に至る場合にはその解決を可能とするリソースがあると考えるのです（栗原，2011）。

　具体的に見ていきましょう。たとえば，学校で友だちとのトラブルがあったとしても，辛抱強く登校している子どもがいた場合，この質問によって「友だちから嫌なことを言われても，先生が声をかけてくれるのがうれしい」，「昼休みは，図書室で過ごすようにしている」のように友だちとのトラブルといった困難な状況においても登校することができているのは，先生からの声かけや図書室という居場所が学校生活の支えになっているからだということが把握できます。学校としては，子どもたちの人間関係のトラブルの解決にも努めなけれ

ばなりませんが，これらはこの子どもにとってのリソースであり，先生は毎朝，声を掛けるようにするとか，司書の先生の理解を促すなどを行うことによって，学校に対する気持ちや登校しやすさに変化が出てくる可能性があるのです。

　2020年に蔓延した新型コロナウイルス感染症や，昨今の自然災害による甚大な被害により，非常に困難な状況に身を置いている人がたくさんいます。こういった人たちに，将来を志向してもらうこと自体が新たな傷つきをもたらすことがあります。そういった時は，この質問を用いるのです。そして，大変な苦境であっても周りに支えてくれる人がいることに気づくことができるだけで，気持ちが楽になったり，救われることがあるかもしれません。

4　ミラクル・クエスチョン

　ミラクル・クエスチョンとは解決像を具体的にイメージし，その解決像と現実との差異を明確にするための質問です（森・黒沢，2002）。具体的には次の通りです。

　「今晩あなたが眠っている間に奇跡が起こったと想像してください。奇跡とは，今日あなたがここへご相談に来られた問題が解決するというものです。ただ，あなたは眠っていたので，問題が解決していることは知りません。明日の朝，目覚めた時に，どのような違いがあることで奇跡が起こって，あなたがここに来ることになった問題が解決したとわかるでしょうか（DeJong & Berg, 1997）」。

　この質問は，「奇跡」という言葉を用いて解決像をイメージしてもらうことにより，クライエントの考えを飛躍させ，無限の可能性を引き出し，現在と過去に向けられている視点を，未来のより満足のいく生活へと転換させるという働きがあります（DeJong & Berg, 1997）。

　たとえば，「1週間，学校を休んでいる」子どもの保護者にこの質問をした場合，どのような答えが返ってくるでしょうか。

　「奇跡が起きたら……目が覚めた時，気持ちが晴れて，なんだか楽しい気分になる。その気持ちのまま，朝食を作っていたら，息子が学校に行く支度をして部屋から出て来るのです。私が明るく『おはよう』と声をかけると，息子は

小さな声で『学校に行く』と言って，食卓につくのです。だから，私は急いで朝食を出し，学校に間に合うように送り出します。そして，息子のうしろ姿を見て，奇跡が起きたのだと実感するのです」。

このミラクル・クエスチョンによって，保護者は息子に学校へ行ってほしいという願いだけでなく，どのような状況，気持ち，出来事を望んでいるのか，つまり，具体的な解決像が見えてくるのです。

そして，保護者は解決像を語った後，現実との差異に気づくのです。それは，たとえば，「息子が学校に行かなくなってから，朝から暗い気持ちで，朝食の支度をちゃんとしていなかった」「どのように接したらいいのかわからなくて『おはよう』も言っていなかったかもしれない」などです。このような気づきが得られ，'奇跡'として語られた解決像の中でも，「朝食は作ろう」や「『おはよう』は元気よく言おう」といった少しでも奇跡に近づくために実行できる目標が立てられると，奇跡としてイメージされた解決像が現実へとつながっていくのです。

なお，ミラクル・クエスチョンは，「奇跡」という言葉を用いるため，クライエントはカウンセラーが変なことを言い出したという印象を与える可能性があります。そのため，前もって，変わった妙な質問をすると言ってから使用することが推奨されています（DeJong & Berg, 1997；伊藤，2011）。

5　スケーリング・クエスチョン

スケーリング・クエスチョン（以下，スケーリング）とは，数値を用いて，現状を捉え，今できていることを把握したり，将来に向けて今できることとして現実的・具体的・達成可能な目標を作るものです。

具体的に見ていきましょう。まず，「将来どうなっていると良いと思いますか？」などと問い，解決像をイメージしてもらいます。'1週間，学校を休んでいる中学生'に対してこのような問いをした場合，「高校には行きたい」「友だちと遊びに行きたい」「お金持ちになりたい」など多様な答えが出てきますが，このように解決像をイメージすることが解決への第1歩となります。そのため，1つ2つイメージができたとしても，「他にはないかな」などと，さら

に思い浮かべることができるかを考えてもらいます。

　その後，解決像を10点満点の10点とした場合，今，何点かを答えてもらいます。もしこの生徒が「３点」と答えたら，０～３点分の内容を尋ねます。これにより「家で少し勉強をしている」「学校を休み始めた頃は昼まで寝ていたけど，最近は８時頃に起きている」「友だちと夏休みに遊ぶ約束をしている」など今できていることに注目することができるのです。

　私たちは，たとえばテストで80点を取ったとしても100点に届かない20点分に目を向けてしまいます。しかし，実際にはできている80点分があるのです。このようにSFAでは３点といった場合，10点に届かない７点分に目を向けるのではなく，０～３点に注目し，これをできていることとして捉えるのです。また，この点数は相対的なものであり，今，説明をした，できていることを理解したり，次の目標設定のために必要な手順にすぎないので，他者と比較することに意味はありません。

　次に３点の状態から１点（もしくは0.5点）上がった状態をイメージしてもらいます。具体的には，４点になった状態はどのような感じか，また，今とはどのように違う状況になっているのかを考えてもらうのです。これにより，（１点上がって４点になったら）「学校に行く時間には起きている」「高校受験に向けて，毎日勉強をしている」「（担任の）先生に時々会って進路の話をしている」といったことが挙げられるのです。ここでのイメージはあくまでも１点（もしくは0.5点）上がった状態であるため少しの変化にすぎないことに留意しましょう（図15-2）。

　そして，この状態になるために何をすればよいのかを目標として考えていきます。良い目標の条件には①大きいものではなく小さなもの，②抽象的なものではなく，具体的で行動の形で表されるもの，③否定形（～しない）ではなく肯定形（～する）で表されるものがあります（森・黒沢，2002）。これらを意識して目標を考えていきましょう。

　それでは，具体例の続きで考えていきます。学校に行く時間に起きているは，「月曜日から金曜日は朝７時に起きる」，高校受験に向けて毎日勉強をしているというのは「月曜日から金曜日の午前は時間割通りに学習をする」，（担任の）

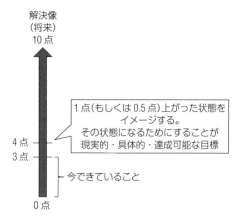

図15-2　スケーリング・クエスチョンの流れ
出所：筆者作成。

　先生に時々会って進路の話をしているは「毎週火曜日16：30に学校に行って先生と話をする」という目標が考えられます。これらは，すでに最近は8時に起きていて，家で少し勉強をしているこの生徒にとっては，大きいものとはいえず，具体的に‘〜をする’と表現される現実的・具体的かつ達成可能な目標といえるでしょう。このような目標ができるとより実際の行動に移しやすくなるのです。

　ここまで，SFAで用いられる特有の質問（未来に向けた質問，例外探しの質問，コーピング・クエスチョン，ミラクル・クエスチョン，スケーリング・クエスチョン）について，例を挙げながら説明をしてきました。これらをまとめると，解決とはクライエントの中に存在するもので，すでに起きている解決や今できていることに気づくことであり，私たちは解決に向かう力をもっていて，その力を引き出すのがSFAなのだと考えられます。また，将来と現在は当然のことながらつながっており，将来に向けて一つ一つ小さな目標を行動に移すことで，自分の描いた将来を手に入れることができるのです。これを読んでいる方にも，漠然と将来を展望するのではなく，できていることを認めながら，さらにできることを積み重ね，自分の描く将来を手にいれていただきたいと思います。

　なお，本節では，SFAの説明をするにあたって，具体的な質問と回答例を

挙げてきましたが，実際の場面はこのように単純ではなく，複雑な過程です。しかし，クライエントは解決に向かう力をもっているのだと信じて，その力を引き出そうとする姿勢がカウンセラーには求められるのです。

6　コンプリメント

コンプリメントとは，クライエントの考えや行動に対して，褒めたり，労ったりすることです。SFAによる面接ではコンプリメントから始められます。たとえば，子どもが相談に来たら，「よく来てくれたね。一人で抱えずに，相談することは良いことだよ」と褒め，また，保護者が子どものことで相談に来たら「わざわざ足を運んでくださり，ありがとうございます」と労うのです。このようにして相談への動機づけを高めるのです。また，面接の最中にも用います。そのようにして，子どもや保護者の行動を評価し，賛同することによって，自分が行っていることに自信をつけ，解決へと歩みを進めることができるのです。

3　支援の実践例

第2節ではSFAで用いられる質問やコンプリメントについて具体的な例を挙げ，説明してきました。ここでは，コンプリメントの実践と自己理解としてスケーリング・クエスチョンを自分自身に投げかけてみましょう。

1　コンプリメントの練習

先の例でも示しましたが，まずは子どもが相談をしてきたら，どのような言葉を掛けますか。「よく話してくれたね」「相談してくれて良かったよ」などの言葉が浮かぶでしょう。他にはありませんか。

次に，保護者が子どもの相談にきた場合はどうでしょうか。「○○君のことで足を運んでくれるお母さんがいて，それだけで○○君は有難いですね」。それでは，保護者や地域の方が学校に注意・忠告（クレーム）をしてくれたら，どのような言葉を掛けますか。「学校のことをいつも気にかけてくださり，あ

りがとうございます」などでしょうか。学校に注意や忠告をしてくださる保護者のことをモンスターペアレントと呼ぶ風潮がありますが，実際にモンスターにしているのは学校側の対応によるものなのかもしれません。

2　SFAによる自己理解

　第2節ではSFAで用いられる質問について具体的な例を挙げ，説明してきました。そのため，ここでは，まずは自己理解のために，SFAの質問を行ってみましょう。

　ここでは，村上・山崎（2015）のワークシートを活用します（表15-1）。これはスケーリング・クエスチョンの流れが記されています。これをもとに，自分の将来をイメージするところから始め，自分のできていることを評価し，イメージした将来に向けての現実的・具体的かつ達成可能な目標を立ててみてください。

　先ほど，説明をしましたが，目標を最終的に設定する際には，良い目標の条件を意識し，現実的，具体的かつ達成可能なものかを確認しましょう。その後は，行動するのみです。解決は自分の中にあります。ぜひ，自分の描いた将来を手に入れるために一歩を踏み出してください。

　これまで，日常生活で使える心理学的支援としてSFAで用いられる質問とコンプリメントについて説明をしてきました。SFAを通して，その発想の転換を楽しむことができる人と，どうしても‘できていないこと’に目が向いてしまったり，日々行っている行動をできて当たり前のことだから‘できていること’と評価できない人に出会います。しかし，当たり前のことでもそれを当たり前としてできることは素晴らしいことではないでしょうか。たとえば，朝起きて，学校（仕事）に行くということは，当たり前かもしれませんが，それを続けることで将来につながっていくのです。このSFAを通して，是非，自分自身を肯定的に捉えられるようになってもらいたいと思います。

表15-1　SFAのスケーリング・クエスチョンに基づく発達支援シート

(1)　将来，どうなっていると良いと思いますか？　思いついたことをすべて記入してください。

(2)　(1)で記入した将来を10点満点の10点とします。現在は何点ですか？
　〔　　　　〕点

(3)　0点から(2)の点数の内容を記入してください。(例．(2)の点数が5点だった場合，0〜5点
　　分の内容（できていることや行っていること）を記入する)。

(4)　(2)の点数から0.5点もしくは1点上がった状態を想像してください。現在と何が違っていると
　　思いますか？

(5)　(4)のようになるためには，'どのようなことをする'もしくは'どのようなことができる'と
　　思いますか？

(6)　(5)で考えた'どのようなことをする'もしくは'どのようなことができる'は
　　　　①大きいものではなく，小さいものですか？　　　はい・いいえ
　　　　②具体的な行動の形で記されていますか？　　　　はい・いいえ
　　　　③否定形ではなく，肯定形ですか？　　　　　　　はい・いいえ
　※　この①〜③にすべて'はい'と答えられた場合，(5)があなたの現時点での達成可能な目標と
　　言えます。

出所：村上・山崎，2015，p. 227。

📖 さらに学びたい人のために

○森俊夫・黒沢幸子（2002）.〈森・黒沢のワークショップで学ぶ〉解決志向ブリーフ
セラピー　ほんの森出版

○DeJong, P., & Berg, I. K.（1998）. *Interviewing for Solutions.* Brooks/
Cole Publishing Company.（玉真慎子・住谷祐子（監訳）（1998）. 解決のため
の面接技法——ソリューション・フォーカスト・アプローチの手引き——　金剛
出版）

引用文献

Cynthia, F., Terry, S. T., Eric, E., & Wallace, J. G.（2012）. *Solution-Focused Brief Therapy : A Handbook of Evidence-Based Practice.* Oxford University Press.（長谷川啓三・生田倫子・日本ブリーフセラピー協会（監訳）（2013）. 解決志向ブリーフセラピーハンドブック　金剛出版）

DeJong, P., & Berg, I. K.（1998）. *Interviewing for solutions.* Brooks/Cole Publishing Company.（玉真慎子・住谷祐子（監訳）（1998）. 解決のための面接技法——ソリューション・フォーカスト・アプローチの手引き——　金剛出版）

Grant, A. M.（2012）. Making positive change : A randomized study comparing solution-focused coaching questions. *Journal of Systemic Therapies, 31,* 21-35.

伊藤拓（2007）. ソリューション・フォーカスト・アプローチにおける感情へのアプローチ——その独自性とクライエントの感情軽視の危険性——　ブリーフサイコセラピー研究, *16,* 109-118.

伊藤拓（2009）. ソリューション・フォーカスト・アプローチの4つの質問がクライエントへ与える効果——セラピストへの面接調査による検討——　ブリーフサイコセラピー研究, *18,* 13-28.

伊藤拓（2011）. ミラクル・クエスチョンの効果的な用い方　ブリーフサイコセラピー研究, *20,* 15-26.

栗原慎二（2011）. ブリーフ・カウンセリング　春日井敏之・伊藤美奈子（編）　よくわかる教育相談　ミネルヴァ書房

森俊夫・黒沢幸子（2002）.〈森・黒沢のワークショップで学ぶ〉解決志向ブリーフセラピー　ほんの森出版

村上香奈・山崎浩一（2015）. ソリューション・フォーカスト・アプローチに基づくグループワーク・プログラムの実践とその影響——大学生への発達支援に関する質的研究——　カウンセリング研究, *48,* 218-227.

鈴木俊太郎・皆川州正（2008）．ソリューション・フォーカスト・アプローチにおけるクラ
　イエントの満足感について――協同問題解決満足感尺度による検討―― ブリーフサイ
　コセラピー研究，*17*，80-90.

第16章

学校現場における多様な教育・支援の在り方

【ポイント】

第16章の学びのポイントは以下の2点です。

①チーム学校としてさまざまな職種や校務分掌に応じた，児童・生徒並びに保護者に対する支援を行う際の目標の立て方や進め方を学びましょう。

②教育相談における支援計画・指導計画の作成や必要な校内体制の整備など，組織的な取組みの必要性を学びましょう。

1 多様な教育・支援を支える「チーム学校」

1 「チームとしての学校（チーム学校）」が求められる背景

学校現場における課題は，非常に複雑化・多様化してきています。いじめや不登校などの以前からある指導上の課題は，そのタイプや対応策が多岐にわたり，担任や教員のみによる従来型の指導では解決が難しい場面が増えました。また，特別支援教育の充実，先進国の中でも厳しい状況が明らかになってきた貧困問題，増加傾向が止まらない虐待への対応など，学校に求められる役割が拡大の一途をたどっています。

2 「チーム学校」とは

そのような状況の中，文部科学省（2015）の中央教育審議会により「チームとしての学校の在り方と今後の改善方策について（答申）」が公表されました。「チームとしての学校（チーム学校）」とは，従来の教員集団による自己完結型の学校ではなく，また現在のような教員以外の専門スタッフが少なく，さまざまな課題が教員に集中する体制となりがちな学校組織とも異なります（図16-1）。

具体的には，①心理や福祉に関する専門スタッフ（スクールカウンセラーやス

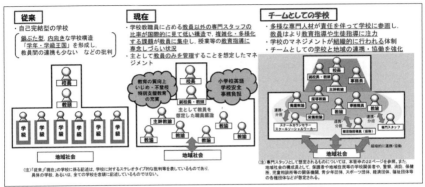

図16-1　「チームとしての学校」像（イメージ図）

出所：文部科学省，2015，p. 14。

クールソーシャルワーカー），②授業等において教員を支援する専門スタッフ（ICT
活用のスキルをもった専門の人材，外国語指導助手，多彩な人材による地域ぐるみ
の教育の推進等），③部活動に関する専門スタッフ，④特別支援教育に関する専
門スタッフ（看護師，特別支援教育支援員）のような教員以外の専門スタッフの
参画が求められます。このように多様な専門家が学校教育に参画することで，
教員がより教科指導や生徒指導に注力でき，学校マネジメントについては地域
との連携や協働の中で組織的に行われるというのが，「チーム学校」のイメー
ジです。

3　「チーム学校」と家庭，地域，関係機関との連携・協働

　「チーム学校」の在り方として，重要な点の一つに「家庭，地域，関係機関
との連携・協働」が挙げられます。欧米の教員と比べ，日本の教員は教科指導
だけでなく，生徒指導を含めた多くの役割を担うことが求められています。こ
れは，日本の教育の特徴であり，子どもを包括的に捉え，総合的な教育が可能
となる点においてはプラスですが，教員の役割や業務の量が膨らみ，国際的に
見ても勤務時間が長過ぎるという問題をはらんできました。教育とは，本来的
には学校・家庭・地域で担っていくものですので，「学校と家庭や地域との連
携・協働により，共に子供の成長を支えていく体制を作り，学校や教員が，必

要な資質・能力を子供に育むための教育活動に重点を置いて，取り組むことができるようにしていく」という方向性が答申では示されています。

　「チーム学校」とは，換言すれば，教育を担任や教員で抱え込むのではなく，家庭や地域と一緒に手を携えながら，広い視点に立って教育の在り方を捉え直すことといえるかもしれません。一人の子どもの成長を考えた時，取り巻く環境には，学校だけでなく家庭や地域，関係機関が存在するのは当然です。よりよい教育，よりよい支援を考えれば，その環境全体を視野に入れて組み立てる方がむしろ自然であり，効果的であると考えられます。

［2］　多様な教育・支援のための支援計画

1　「個別の支援計画」と「個別の教育支援計画」の関係と意味

　多様な教育・支援には，各諸問題の内容に応じた知識や方法が必要ですが，本節では支援計画の立て方について焦点を当て，解説していきます。最初に，「個別の支援計画」と「個別の教育支援計画」という言葉の意味と両者の関係についてみていきましょう。「個別の支援計画」という言葉は，障害のある子どもを支援する枠組みの中で使われ始めたもので，2003年度から2012年度までの10年間に講ずべき障害者施策の基本的方向について定めた「障害者基本計画」（内閣府，2002）において，「障害のある子どもの発達段階に応じて，関係機関が適切な役割分担の下に，一人一人のニーズに対応して適切な支援を行う計画（個別の支援計画）を策定して効果的な支援を行う」と記されています。その後，文部科学省・厚生労働省の「障害のある子どものための地域における相談支援体制整備ガイドライン（試案）」には，「個別の支援計画」が以下のように説明されています（文部科学省・厚生労働省，2008）。

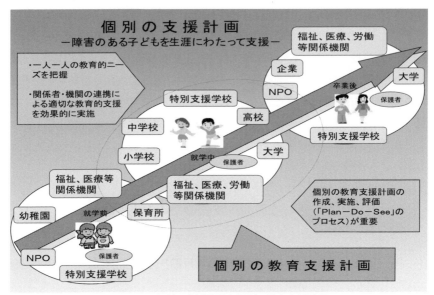

図16-2　個別の支援計画と個別の教育支援計画

出所：独立行政法人国立特殊教育総合研究所，2006，p. 17。

> 【個別の支援計画】　乳幼児期から学校卒業後までの長期的な視点に立って，医療，保健，福祉，教育，労働等の関係機関が連携して，障害のある子ども一人一人のニーズに対応した支援を効果的に実施するための計画。内容としては，障害のある子どものニーズ，支援の目標や内容，支援を行う者や機関の役割分担，支援の内容や効果の評価方法などが考えられる。

　そして，このガイドラインには，「個別の教育支援計画」は「個別の支援計画」に含まれるものであり，「個別の支援計画」を教育機関が中心となって策定する場合の呼称であるとしています。図16-2は，「個別の支援計画」と「個別の教育支援計画」の関係を時間系列でわかりやすく示したものです。

2　「個別の教育支援計画」と「個別の指導計画」の関係と意味

　次に「個別の教育支援計画」と「個別の指導計画」の関係と意味を示します。改訂学習指導要領（文部科学省，2017）では，第1章「総則」において，特別支援学級に在籍する児童生徒や通級による指導を受ける児童生徒の全員に，

「個々の児童の実態を的確に把握し，個別の教育支援計画や個別の指導計画を作成し，効果的に活用するものとする」とし，両者を次のように説明しています（小学校の学習指導要領より引用します）。

> 障害のある児童などについては，家庭，地域及び医療や福祉，保健，労働等の業務を行う関係機関との連携を図り，長期的な視点で児童への教育的支援を行うために，**個別の教育支援計画**を作成し活用することに努めるとともに，各教科等の指導に当たって，個々の児童の実態を的確に把握し，**個別の指導計画**を作成し活用することに努めるものとする。（太字は筆者による）

「個別の教育支援計画」とは，他機関との連携を図りながら行う，長期的な視点に立った計画です。学校が中心となって作成し，障害のある子ども一人一人について，乳幼児期から学校卒業後までの一貫した長期的な視点で的確な教育的支援を行うことを目的としています。作成に当たっては，文部科学省(2018a)に「当該児童生徒又は保護者の意向を踏まえつつ，関係機関等と当該児童生徒の支援に関する情報の共有を図ること」とあり，学校や教員だけで計画せず，包括的に支援を考えなくてはなりません。また長期的視野から切れ目ない支援を目指す為，適切な引継ぎが重要であると同時に，保護者の承諾を得るなど個人情報の取扱いには細心の注意が必要です。

　一方，「個別の指導計画」とは，きめ細やかに指導を行うためのより短期的な計画です。児童生徒一人一人の教育的なニーズに対応して，指導目標や指導内容・方法が盛り込まれます。たとえば，単元や学期，学年等ごとに作成され，指導が行われます。作成に当たり，こちらも担任が一人で考えるのではなく，他の教員，保護者，関係機関からの情報を集めながら実態把握に努め，教育的ニーズの高いものから重点課題や優先内容を選定していきます。

3　困難を抱える児童生徒への計画的な支援

　「個別の支援計画」「個別の教育支援計画」「個別の指導計画」は，いずれも基本的に障害のある子どもの支援を想定して作成が進められてきたという経緯があります。また，それとは別に日本語指導が必要な外国人児童生徒等の在籍学級以外の教室で行われる指導や不登校児童生徒への組織的・計画的な支援に

ついても指導計画等の資料作成が求められてきました。

　中央教育審議会（2017）がまとめた「新しい時代の教育に向けた持続可能な学校指導・運営体制の構築のための学校における働き方改革に関する総合的な方策について（中間まとめ）」には，「児童生徒ごとに作成される計画については，学校や児童生徒の状況等に応じて複数の計画を１つにまとめて作成することで，業務の適正化を図るとともに，効果的な指導につなげるべきである」と記されました。この中間まとめを踏まえ，文部科学省（2018b）は，不登校児童生徒，障害のある児童生徒及び日本語指導が必要な外国人児童生徒等についての支援計画をまとめて作成する場合の参考様式を示しています。それが「児童生徒理解・支援シート参考様式」です。地方自治体が，各地域の実情に合わせた独自の資料を作成する際の参考様式として作成されたものです。以下に文部科学省（2018b）の説明を抜粋します。

> 【児童生徒理解・支援シート】　支援の必要な児童生徒一人一人の状況を的確に把握するとともに，当該児童生徒の置かれた状況を関係機関で情報共有し，組織的・計画的に支援を行うことを目的として，学級担任，対象分野の担当教員，養護教諭等の教員や，スクールカウンセラー，スクールソーシャルワーカー等を中心に，家庭，地域及び医療や福祉，保健，労働等の関係機関との連携を図り，学校が組織的に作成するもの。

　「児童生徒理解・支援シート」には，以下の３つが含まれます。①共通シート：支援全体を通して利用・保存される児童生徒本人の基本情報を記入するもの，②学年別シート：対象となる児童生徒の状況を随時追記し，具体的な支援の計画を記入するもの，③ケース会議・検討会等記録シート：本人・保護者・関係機関の支援に関連する協議の結果について，実施の度に記入し，加筆するものです。

③　支援を計画・実施する際のポイント

1　支援の計画を立てる際の目的

　計画立案時には，「個別の支援計画」「個別の教育支援計画」「個別の指導計画」「児童生徒理解・支援シート」の各目的を理解しておく必要があります。いずれの計画も児童生徒の人生（過去・現在・未来）を見据え，縦の連続性の中で捉える視点と，児童生徒の家族・地域を含んだ生活全体を見据え，横の連続性の中で捉える視点の中で，計画の目的を明確化していく姿勢が大切です。

2　アセスメント

　計画を立てるのに欠かせないのはアセスメントです。支援計画の対象である子どもは，学校の児童生徒である前に，地域社会や家庭で生活していく一人の子どもであるという全人的な広い視点で捉えます。まずは，誰がどのようなニーズをもっているのかを丁寧に把握します。本人，保護者，教員のいわゆる困り感を出発点にニーズを確認していくのですが，それぞれのニーズには重なるところ，ずれているところが必ずあるという認識を前提に聴き取れるとよいでしょう。たとえば，不登校という問題に対して，教員は「登校すること」を願うかもしれませんが，保護者の気持ちとしては「勉強が遅れないこと」が優先され，子ども本人にとっては「友人関係の修復」が喫緊の課題かもしれません。ニーズに応えていない支援は，本人には届かないと心得ておく必要があります。教員の問題意識とは異なり，保護者が問題を感じていないように見えることがあります。しかし，実は教員や関係機関に対する警戒心から問題を感じていないように振る舞っている可能性や，教員の認識とは別の保護者なりの困り感を抱えている可能性もあります。

　問題の種類や内容によってアセスメントすべきポイントは異なり，それは本書の第Ⅱ部を参照していただきたいのですが，ここで強調しておきたいことは，いずれも問題だけでなく，本人の周囲の強みやリソース（資源）をアセスメン

トし，それを最大限活かすよう支援の計画を立てていくことです。

3　支援の目標の作り方

　教員・保護者・児童生徒本人は，互いに問題の原因を探りあうのではなく，共通のよりよい目標のイメージを作るための話し合いをもつようにすることが大切です。ニーズにズレがある場合には，みんなが了解可能な目標に落とし込む作業に労を惜しまないようにします。特に本人が納得して取り組みたいと思えるものでなければ，目標の達成は困難です。目標達成に対して一番力をもっているのは，多くの場合本人です。問題児としての立場から，目標達成のためのキーマンという位置づけに変えられると，本人も意欲的になります。

　仮に教員が「授業中に他の生徒にちょっかいを出すのが困る」と思っていても，ひとまず先に保護者や本人の気になることを尋ねてみるとよいでしょう。保護者は成績低下による進学への不安を語り，本人は「授業が難しくてつまらない」と言うかもしれません。「適度なレベルの課題に挑戦し，達成感を得る」というみんなが納得できる共通の目標が立てられると，協力関係の糸口になります。

　目標を立てる時のコツは，①具体的に，②行動レベルで，③肯定表現で，の３つです。たとえば，「常識を身につける」だと抽象的なので，「時間までに学校に来る」等の具体的で，誰もが了解できるものにします。また，「落ち着く」等の心の状態で表現されるとわかりにくいので，「授業中は前を見る」等の行動レベルでの表現を使うことが望ましいです。「手を出さない」等の禁止や否定表現よりも，「嫌なことがあれば口で言う」等肯定表現で表し，別の代替となる行動を指し示します。共通の未来の目標に向かって，本人を中心にみんなが前を向いて肩を組み，協力していくイメージをいかに構築できるかがポイントです。

4　保護者との連携

　教員が保護者との関わりで難しさを感じる場面とは，たとえば，学校への要望が強過ぎるように感じる，保護者の教育が不適切に感じる，児童・生徒の問

題行動に対する教職員と保護者の認識が大きく異なる等が考えられます。

　協力関係が築きにくい理由の一つは，互いに学校や家庭での生活の様子や事情が見えにくいブラックボックスなため，相手のことを児童生徒の問題の背景（原因）として位置づけやすいことが挙げられます。相手を問題の原因と見ると，責める気持ちが動きます。たとえば，責任を取ってもらいたい，何とかしてもらいたい，苛立ちや怒りを覚える等の気持ちが生まれやすいのです。また逆に教員，保護者が，自分自身を責める気持ちになることもあります。その場合，相手に対して守りに入りやすくなります。自信がない，後ろめたい，責められるのが怖い，会いたくない，連絡を取りたくない，隠しておきたい等の気持ちが動くかもしれません。実際には，攻撃的・防衛的という両方の気持ちが複雑に絡み合い，協力関係の構築を難しいものにすることがあります。

　問題の原因を追及する姿勢ではなく，共に未来の解決を志向する姿勢に転換できると協力関係を結びやすくなります。問題が複雑で困難を感じる時ほど，誰かに問題の原因を押しつけたくなり，原因志向的な発想に陥りやすいものです。しかし，問題の原因は無数にあり，しばしば特定できません。解決志向的な考え方で，原因と解決を違う次元で捉え，たとえ原因はわからなくても，解決の方法は沢山あり，解決を作り出していくことができると考えてみるとよいと思います。犯人探しはしないこと，責任の押しつけ合いはしないこと，原因を固定的に考えないこと，これは「言うは易し，行うは難し」の典型ですが，保護者と協力体制を築く第一歩となります。

5　関係機関への紹介と他職種・多機関連携

　チーム学校における支援は，担任が一人で児童生徒本人の支援を行うのではなく，いかに適切な共通目標を掲げ，他職種・多機関連携に基づいて，多くの協力者の輪を作れるかが一つのカギとなります。他職種や関係機関だけでなく，友人，家族，兄弟，習いごとの先生，家のペットなど，本人の助けになる意外なサポーターが見つかるかもしれません。教員として自身の力を発揮することも大切ですが，児童生徒やその周囲の人々の支援の力を引き出すような工夫を心がけると事態が好転しやすいです。また一度連携の輪ができあがると，他の

問題が起きた場合にも対応がしやすくなり，問題の予防・早期対応にもつながります。

　学校から児童・生徒や保護者に医療機関等の関係機関を紹介することは，抵抗感を生むなどの困難が生じる場合もあるので注意が必要です。スクールカウンセラー（SC）と相談しながら，役割分担して進めていくとよいかもしれません。まずは保護者との信頼関係を作りつつ，保護者の問題に対する捉え方や抵抗感の把握が大切です。保護者の動機づけの高さを確認しながら，紹介のタイミングを慎重に計ります。保護者の立場に立ち，学校での様子等を丁寧に伝えていくことが，紹介の「種蒔き」になります。問題状況が生じた時だけ保護者と話をするのではなく，問題のない時や状態のよい時にもこまめに連絡を取ることが，信頼関係を築くコツです。折に触れ，関係機関による支援のメリットを繰り返し説明します。「種蒔き」の期間は，年単位に及ぶこともあります。経過を見守る中で，何らかの問題が生じた際や進路を考える際などに紹介の好機が訪れます。筆者は，「いまは様子を見て，○月（○学期）になっても問題が続いていたら，関係機関の利用を考えましょう」などとあらかじめ伝えることがあります。心の準備ができ，その後スムーズに運ぶ場合が多いです。

　紹介する際は，保護者が受け容れやすい伝え方をすることが大切です。特に発達障害等の可能性を伝える場合は，診断は医師しかできないことに留意して，安易なレッテルによって，児童・生徒や保護者を傷つけないよう注意します。障害名よりも本人の特徴や困り感を中心に話を進めていくとよいでしょう。保護者に「学校に見捨てられた」といった印象を与えないために，まず戸惑いや不安を受けとめます。紹介先をあらかじめよく調べ，丁寧に説明し，疑問点等あれば，保護者の目の前で先方に電話をかけるなどして確認するとよいでしょう。また，学校での様子を伝える報告書を保護者から紹介先に渡してもらうこともあります。「見捨てられ不安」を生じさせない一番のコツは，後日に関係機関来訪時の様子を保護者から聴く機会を設定し，結果をもとに，学校側が今まで以上に協力していく姿勢を示すことです。また，保護者や児童・生徒が関係機関へ訪れたものの，続けて通うのを止めることも少なくありません。中断を防ぐために保護者や児童・生徒の関係機関への不満・不安を受けとめながら，

支えていくことも重要です。

　他職種・多機関との信頼関係は極めて重要です。難しいケースほど互いの限界や役割・立場の違いを認識し，サポートし合う姿勢が大切です。児童・生徒や保護者が，学校の不満を関係機関に言い，学校では関係機関の不満を言う場合もあるため，信頼関係が崩れないよう注意します。それぞれが問題の抱え込みや丸投げをせず，役割分担を具体的に確認することが，信頼関係を築くコツです。

6　評価・改訂・引き継ぎ

　計画した支援が順調に進んでいるかどうかは，さまざまな機会にきちんと評価し，改訂していきます。もしうまく進んでいれば，次のステップの目標と支援の方法を考え，また想定していた効果が見えていなければ，改善点を検討し，場合によって，目標や支援の方法の見直しを図る必要があります。

　また支援計画は乳幼児期から学校卒業後まで連続性をもって進めるために，適切な引継ぎを行います。その際，個人情報保護にも十分配慮しなくてはならず，保護者や本人と十分話し合いながら，伝える情報の内容や伝え方について吟味することが大切です。

4　支援の実践例（発達障害のある中学生の事例）

1　事例の概要

　本事例は，筆者が SC として関わった中学生男子 A 君の事例です。支援経過の中で受けた診断名は自閉スペクトラム症です。担任の問題意識に端を発し，家族，校内体制，地域の関係機関が協力しながら，支援の計画を立て，一つ一つの課題を乗り越えていき，希望の進路先への進学が決まった事例です。なお，事例の内容は，プライバシー保護のため本文の趣旨に影響のない範囲で変更しています（萩原，2007の事例を再構成）。

　1年生の頃から A 君はクラスでは独特の雰囲気をもち，学習の遅れも見ら

れたため，担任が発達障害の可能性を感じていました。指示も通りにくく，理解できないこともありました。教室では，比較的大人しいので，周囲を困らせるような様子はなく，性格は素直で真面目です。学校側には，通常の学級で行えるA君にあった指導法はないのか，学習の遅れや進路はどうするのか，などの問題意識がありました。また保護者とどのように話し合っていくのかが課題でした。

2　支援の経過

①担任とのコンサルテーションの開始

　2年生になり，筆者（SC）は新しい担任から毎週のように教室での様子をお聴きしながら，指導法等を一緒に考えるようになりました。しかし，担任からの情報だけではアセスメントや対応の限界もあり，また上記のような問題意識が担任や筆者(SC)にもあったため，生徒本人や保護者との関わりが必要でした。

②本人や保護者との面談とニーズの確認

　まずA君と面談をしました。本人からは，人と比べてできない場面が多く，自信がないことなどが語られました。次に保護者から話を伺いました。A君は幼児期より育てにくいところがあると感じていたが，特別支援教育の対象となるのはとても抵抗感がある様子でした。また，大変な状況の中，母親が子育てと仕事の両立に力を注いできたことが語られました。筆者（SC）は傾聴しながら苦労を労い，母親の立場に立って話を進めていくよう心がけました。母親からは，本人が将来自立できるのか，進路が見つかるかなどの不安が語られました。進路を見極める上での知能検査のメリットや検査内容等を丁寧に説明し，検査実施の了承を母親から得ました。

③知能検査の実施と個別の指導計画

　地域の教育相談機関に依頼をして知能検査（WISC-Ⅲ）を施行しました。全体的に群指数間に大きな差が見られました。知覚推理と処理速度は標準程度なのに対して，言語理解とワーキングメモリーにおける困難が大きいことがわか

りました。その結果を基に，保護者や教員が本人に接する上で役に立つ点を検討し，フィードバックを行いました。また，医療機関の必要性を伝え，進路についても引き続き相談する方針を決めました。知能検査の結果から推測されるA君の特徴も考慮に入れながら，「個別の教育支援計画」「個別の指導計画」を立て，支援を組み立てていきました。指導計画は，学年の先生方および教科担当教員と共有し，学期ごとに見直し，その都度改訂していきました。アセスメントを活かした計画の主なポイントは以下のようなものです。

○視覚的な情報処理の得意さを活かした支援：視覚的な情報処理や空間・図形の認知はとてもよく，また処理も素早いため，言葉での指示だけでなく，極力視覚的な手がかりを用いたり，具体的な物を提示したりします。たとえば，絵や図，文字やモデルを示して伝える，約束は紙に書いて確認する等です。また，何かをやる時に，まず見本を見せてから，本人に繰り返してもらいます。

○言語面や注意集中における困難への支援：言葉の指示はわかりやすい言葉で簡潔に，ゆっくり，はっきり伝えます。また，指示を繰り返す，個別に伝える，注意集中を促してから話しかけるなどの工夫をします。また，覚えておくべきことをメモする習慣をつけます。

○繰り返し作業が得意であることの活用：柔軟性に欠ける所がある反面，決まった作業を繰り返し続けることは本人にとって負担が軽く，むしろ一つのことを丁寧に続けることは得意です。学習時は，応用が必要な難しい問題を解くより簡単な問題から始め，似たような問題を繰り返し解く練習をしていきます。

○記憶方法の特徴に合わせた学習方法：短期記憶が苦手で，覚えるまで何度も繰り返しが必要ですが，一度覚えてしまえば定着しやすいので，成果が積み重ねられていくまで，周囲が焦らずじっくり関わっていきます。

④クラスでの指導の工夫

　クラスの中で特別な支援を一人の生徒にする際には，他の生徒に不公平感を与え，当該生徒が周囲から浮いてしまうこともあり，注意が必要です。担任は，A君がクラスで受け容れられる雰囲気作りに努めました。A君の素直さや頑張っていることをその都度生徒たちに伝えました。A君は，温かな笑いを生む

ムードメーカーのような存在となっていきました。

　3年1学期には，指導目標の最重要課題を「提出物を出す」という1点に絞り，繰り返し伝えました。明確な目標の提示は，本人にも取り組みやすく，成績も上がっていきました。また，家庭との連絡ノートを習慣づけたことは，家庭との協力関係の向上に大変役立ちました。担任は，頻繁に保護者と連絡を取り，本人の頑張りや調子のよさについても情報共有していきました。失敗を温かく受け容れてもらえるクラスの雰囲気の中で，A君は以前よりも明るくなり，自己表現や発言，積極的な姿勢が増えていきました。

⑤進路選択および医療機関への紹介

　保護者にとって，個別の支援がA君の大きな成長と利益をもたらすという実感は，将来のA君の進路選びの際の判断基準に大きく影響するようになっていきました。進路相談を進める中で，担任から特別支援学校を保護者に紹介しました。初めは抵抗感もあったと思われますが，見学や説明会に足を運ぶ中で，親子共に「是非入学したい」という気持ちに変わっていきました。

　入試に伴い診断書が必要になり，医療機関を紹介しました。発達障害の診断を受け，初めは保護者も戸惑いが見られましたが，徐々に支援が実を結ぶ体験により，診断自体の理解も深まっていきました。また障害者手帳取得については，担任と校長が児童相談所と連絡を取り，連携しながら進めていきました。

⑥入試に向けての作文と面接練習

　入試には作文と面接がありました。本人の特徴に合わせた対策の仕方を特別支援教育校内委員会で検討し，チームで入試に向けて取り組んでいきました。作文に関しては，文章に慣れるため，毎日日記を書くところから始めました。最初はその日の出来事を時系列に羅列していく書き方でしたが，段々とその合間に自分の気持ちを書けるようになっていきました。面接は，単語カードの表には面接で聞かれそうな項目を，裏にはそれに対する答え方を書き，それを覚えるよう練習しました。多くの教員に協力してもらい，何度も何度も繰り返し面接の練習をしました。

⑦入試合格と卒業，引継ぎ

　志望校は，とても難関でしたが，無事合格できました。A君は，絵を描きながら生活をしたい，そのためのお金を稼ぐために働けるようになりたいとの希望があり，その夢を胸に中学校を卒業しました。担任は，進路先の学校と頻繁に連絡を取り，「個別の教育支援計画」等を通じて引継ぎを行いました。

3　本事例のまとめ

　本事例の一番のポイントは，A君の将来の人生設計の方向性を視野に入れながら，関係者全体がチームとなって支援を組み立てていったところです。家族にとって，最初は障害の診断自体に抵抗感があったに違いありません。しかし，A君と家族のニーズに寄り添い，本人の得意なところや周囲のリソースを活かす視点に立って，A君，家族，担任，校長，校内委員会，SC，地域の関係機関（教育相談機関，医療機関，児童相談所）が協力をしながら，一つ一つの目標を丁寧にクリアしていきました。関係者全員が，A君の適切なアセスメントと個別の支援が大きな成長につながることを経験する中で，みんなの目指す方向がより明確になり，それぞれの支援の力が結集していったのです。

📖さらに学びたい人のために

○水野治久・家近早苗・石隈利紀（編）(2018)．チーム学校での効果的な援助——学校心理学の最前線——　ナカニシヤ出版
○全国特別支援教育推進連盟（編）(2019)．「個別の教育支援計画」「個別の指導計画」の作成と活用　ジアース教育新社

引用文献

中央教育審議会（2017)．新しい時代の教育に向けた持続可能な学校指導・運営体制の構築のための学校における働き方改革に関する総合的な方策について（中間まとめ）
独立行政法人国立特殊教育総合研究所（2006)．「個別の教育支援計画」の策定に関する実際的研究　Retrieved from https : //www.nise.go.jp/kenshuka/josa/kankobutsu/pub_c/c-61.html（2020年6月14日）
萩原豪人（2007)．個別の支援から適切な進路へつながった事例　菊地雅彦（監修）　高機能

　　自閉症・アスペルガーの子どもへのサポート＆指導事例集　学事出版

文部科学省（2015）．チームとしての学校の在り方と今後の改善方策について（答申）

文部科学省（2017）．小学校学習指導要領

文部科学省（2018a）．学校教育法施行規則の一部を改正する省令

文部科学省（2018b）．不登校児童生徒，障害のある児童生徒及び日本語指導が必要な外国人
　　児童生徒等に対する支援計画を統合した参考様式の送付について（通知）

文部科学省・厚生労働省（2008）．障害のある子どものための地域における相談支援体制整
　　備ガイドライン（試案）

内閣府（2002）．障害者基本計画

特別支援教育の3つの場の特徴

　特別支援教育は，「障害のある幼児児童生徒の自立や社会参加に向けた主体的な取組を支援するという視点に立ち，幼児児童生徒一人一人の教育的ニーズを把握し，その持てる力を高め，生活や学習上の困難を改善又は克服するため，適切な指導及び必要な支援を行うもの」です（文部科学省，2007）。発達障害も含めて，障害により特別な支援を必要とする子どもが在籍する全ての学校において実施されています。

　指導や支援には，特別の教育課程，少人数の学級編制，特別な配慮の下に作成された教科書，専門的な知識・経験のある教職員，障害に配慮した施設・設備などが活用され，通級での指導，特別支援学級，特別支援学校等の場で実施されています。ここでは，文部科学省（2019）の「新しい時代の特別支援教育の在り方に関する有識者会議（第1回）」の会議資料を参考にし，それぞれの実際について説明します。

①通級による指導

　対象は，小・中学校の通常の学級に在籍している障害のある児童生徒であり，大部分の授業は在籍する通常の学級で実施するが，一部の時間のみ特別の場で，障害に応じた特別な指導を受けるものです。週に1単位時間〜8単位時間（LD, ADHDは月1単位時間から週8単位時間）程度，小中学校は，基本的に13人に1人の教員を措置します。障害種は言語障害，自閉症，情緒障害，弱視，難聴，LD，ADHD，肢体不自由，病弱・身体虚弱です。

　2017年度の在籍児は，合計約109,000人となっており，2007年度の約2.4倍と倍増しています。なお，通級による指導は一部地域では特別支援教室と位置づけられていることがあります。

②特別支援学級

　小中学校に置かれている障害の種別ごとの少人数の学級で，一人一人に応じた教育を実施しています。公立校では，1学級8人が標準で，障害種としては，知的障害，肢体不自由，病弱・身体虚弱，弱視，難聴，言語障害，自閉症・情緒障害に分かれています。

　2017年度の在籍児は，約235,500人（2007年度の約2.1倍）となっています。

③特別支援学校

　障害の程度が比較的重い子どもを対象として教育を行う学校で，幼稚部，小学部，中学部，高等部に分かれています。2007年4月から，児童生徒等の障害の重複化等に対応した適切な教育を行うため，従来は盲・聾・養護学校であったものが，特別支援学校となりました。公立の特別支援学校（小・中学部）は，1学級6人（重複障害の場合3人）が標準で，対象の障害は，視覚障害，聴覚障害，知的障害，肢体不自由，病弱・身体虚弱です。

　2017年度の在籍児は，約141,900人

（2007年度の約1.3倍）となっています。

現場が抱える課題

　全児童生徒数が減少傾向にある中，三者とも在籍児数が急増しています。これは，社会における発達障害への関心や診断の増加，特別支援教育開始およびその対象に発達障害が含まれるようになったことなどが，相互に影響しています。実際に知的発達症，自閉スペクトラム症，注意欠如・多動症，限局性学習症の増加が非常に目立ちます。

　そんな中，実際の現場ではさまざまな課題が生じています。特別支援学校の教室不足は，その一つです。在籍児の増加に合わせ，学校数も増加していますが，需要に対して教室が足りず，ハード面の充足が課題です。また，「特別支援教育支援員」の配置増加も課題です。公立幼稚園，小中学校，高等学校に配置され，障害児に対し，日常生活上の介助，発達障害等の子どもに対する学習支援，健康・安全確保，周囲の子どもの障害理解促進等を行います。

　特別支援教育の質の向上も課題です。特別支援教育に携わっている教員の資質・能力は全体的に向上が見られるものの，まだまだ適切な指導・支援の知識・技能が十分とはいえない教員も多数見られます。特別支援学級や特別支援学校の教員は，小中学校教諭免許状に加え，特別支援学校教諭免許状を保有することが望ましく，保有率の上昇に向けての対策がなされているところです。幼稚園や高等学校における支援体制の強化も課題となっています。2018年度より，高等学校における通級指導ができるようになりました。教育の質の向上に向けて，通級における指導方法のガイドの作成，教員の専門性を高めるための仕組みの検討（たとえば，教員配置の工夫，研修内容・方法の検討）が進められています。

変化しつつある教育体制

　通級，特別支援学級，特別支援学校の教育体制の現状は，日進月歩で変化しつつあるといえます。しかしながら，体制整備の程度は，各自治体，各学校，各学級によっていまだ大きな格差があるように筆者には感じられます。年度により，教員の体制，子どもの構成メンバー等が大きく変化することもあり，必ずしも一定の教育環境が保たれているとはいえないように思います。通級，特別支援学級，特別支援学校での支援を選択する保護者，児童生徒の立場に立つならば，それぞれの長所・短所をよく理解し，実際に見学をしながら，本人に一番適切な場所を選択できることが重要かもしれません。同時に，教育を提供する側からすれば，常に水準の高い支援や指導が，いつでもどこでも提供できる体制づくりが，より一層求められていると思われます。

引用文献

文部科学省（2007）．特別支援教育の推進について（通知）

文部科学省（2019）．新しい時代の特別支援教育の在り方に関する有識者会議（第1回）会議資料【資料3-1】日本の特別支援教育の状況について

《執筆者紹介》（執筆順，担当章）

村上香奈（むらかみ　かな）はじめに，第12章，第14章，第15章
　編著者紹介参照。

山崎浩一（やまざき　こういち）はじめに，第1章〜第3章，コラム①
　編著者紹介参照。

齊藤千鶴（さいとう　ちづる）第4章
　現　在　聖徳大学講師。
　資　格　臨床心理士，公認心理師。
　主　著　『基礎から学ぶ発達心理学』（共著）大学図書出版，2020年。

立川公子（たちかわ　ともこ）第5章
　現　在　サイバー大学講師。
　主　著　『人間科学の百科事典』（共著）丸善出版，2015年。

鈴木宏幸（すずき　ひろゆき）第6章，第7章
　現　在　東京都健康長寿医療センター研究所研究副部長。
　主　著　『認知心理学の冒険——認知心理学の視点から日常生活を捉える』（共著）ナカニシヤ出
　　　　　版，2013年。
　　　　　『認知症対策の新常識——「絵本の読み聞かせ」が，予防・機能改善に効く！』（共著）日
　　　　　東書院本社，2018年。

山田泰行（やまだ　やすゆき）コラム②，第8章
　現　在　順天堂大学大学院准教授。
　資　格　東大式人格目録（TPI）社内インストラクター。
　主　著　『実践　産業・組織心理学——産業現場の事例を中心にして（改訂版）』（共著）創成社，2009
　　　　　年。

高澤健司（たかさわ　けんじ）コラム③
　現　在　福山市立大学准教授。
　資　格　臨床発達心理士，高等学校教諭専修免許（公民）。
　主　著　『心の科学——理論から現実社会へ（第2版）』（共著）ナカニシヤ出版，2017年。
　　　　　『つながるって何だろう？——現代社会を考える心理学』（共著）福村出版，2022年。

瀧澤　純（たきざわ　じゅん）第9章
　現　在　宮城学院女子大学准教授。
　資　格　小学校教諭専修免許，特別支援学校教諭第一種免許，認定心理士，心理学検定特1級。

岡田有司（おかだ　ゆうじ）第10章
　現　在　東京都立大学准教授。
　資　格　公認心理師，学校心理士。
　主　著　『中学生の学校適応——適応の支えの理解』（単著）ナカニシヤ出版，2015年。

須田　誠（すだ　まこと）コラム④，コラム⑤
　　現　在　東京未来大学教授。
　　資　格　臨床心理士，公認心理師。
　　主　著　『クローズアップ健康』（共著）福村出版，2015年。
　　　　　　『子ども学への招待——子どもをめぐる22のキーワード』（共著）ミネルヴァ書房，2017年。

阪無勇士（さかなし　ゆうじ）第11章
　　現　在　目白大学専任講師。
　　資　格　臨床心理士，公認心理師。

那須里絵（なす　りえ）第13章，コラム⑥
　　現　在　早稲田大学総合研究機構　次席研究員（研究院講師）。
　　資　格　臨床心理士，公認心理師。
　　主　著　『すべての子どもに寄り添う特別支援教育』（共著）ミネルヴァ書房，2023年。
　　　　　　『実践　子どもと親へのメンタライジング臨床』（共著）岩崎学術出版社，2022年。

萩原豪人（はぎわら　たけひと）第16章，コラム⑦
　　現　在　人間総合科学大学特任教授。
　　資　格　臨床心理士，公認心理師。
　　主　著　『公認心理師必携テキスト』（共著）学研メディカル秀潤社，2018年。
　　　　　　『カウンセリング入門——医療職のために』（共著）人間総合科学大学，2017年。

《編著者紹介》

村上香奈（むらかみ　かな）
　　現　在　帝京大学准教授。
　　資　格　臨床心理士，臨床発達心理士，公認心理師。
　　主　著　『とても基本的な学習心理学』（共著）おうふう，2013年。
　　　　　　『よくわかる心理学実験実習』（共編著）ミネルヴァ書房，2018年。

山崎浩一（やまざき　こういち）
　　現　在　フェリス女学院大学准教授。
　　資　格　臨床発達心理士，公認心理師，保育士，認定心理士（心理調査）。
　　主　著　『とても基本的な学習心理学』（編著）おうふう，2013年。
　　　　　　『よくわかる心理学実験実習』（共編著）ミネルヴァ書房，2018年。

子どもを支援する教育の心理学

| 2021年 6 月30日　初版第 1 刷発行 | 〈検印省略〉 |
| 2024年 9 月30日　初版第 2 刷発行 | |

定価はカバーに
表示しています

	村　上　香　奈
編 著 者	山　崎　浩　一
発 行 者	杉　田　啓　三
印 刷 者	藤　森　英　夫

発行所　株式会社　ミネルヴァ書房
607-8494　京都市山科区日ノ岡堤谷町 1
電話代表　（075）581-5191
振替口座　01020-0-8076

©村上・山崎ほか，2021　　　　亜細亜印刷・新生製本

ISBN978-4-623-09121-8
Printed in Japan

よくわかる心理学実験実習 ［第2版］

―――――――――― 村上香奈・山崎浩一編著　B5判 220頁 本体2500円

●心理学の代表的な実験・調査・検査等を取り上げ，3つのステップでわかりやすく解説。レポート作成のための具体的なポイントや作成例も示した初学者向けテキスト。認定心理士基礎科目C領域（心理学実験・実習）の科目にも対応。

すべての子どもに寄り添う特別支援教育

―――――――――― 村上香奈・中村　晋編著　A5判 256頁 本体2400円

●コアカリキュラム「特別支援教育（特別の支援を必要とする幼児，児童及び生徒に対する理解）」に対応したテキスト。単なる障害や支援の紹介にとどまらず，障害などにより困難さを抱える子どもが，今を，そして，これからを自分らしく生きていく，それに私たちが寄り添い共に生きるという視点に立ち，特別支援教育について理解を深めていく。

小学校教育用語辞典

―――――――――― 細尾萌子・柏木智子編集代表　四六判 408頁 本体2400円

●小学校教育に関わる人名・事項1179項目を19の分野に分けて収録。初学者にもわかりやすい解説の「読む」辞典。小学校教員として知っておくべき幼稚園教育や校種間の連携・接続に関する事項もカバーした。教師を目指す学生，現役の教師の座右の書となる一冊。

カリキュラム研究事典

―― C・クライデル編　西岡加名恵・藤本和久・石井英真・田中耕治監訳
B5判函入り 834頁 本体20000円

●カリキュラム論の発祥地・アメリカ編まれた事典。基本的なキーワードの解説に加えて周辺にあるコンセプトや研究機関の解説まで，全505項目を収録。簡潔で明快な解説で「読む事典」として活用できる。

―――――――――― ミネルヴァ書房 ――――――――――

https://www.minervashobo.co.jp/